DESCRIPTION GÉNÉRALE

DES

PHARES ET FANAUX.

IMPRIMERIE DE BACHELIER,
rue du Jardinet, 12.

DESCRIPTION GÉNÉRALE

DES

PHARES, FANAUX

ET

REMARQUES,

EXISTANT SUR LES PLAGES MARITIMES DU GLOBE,

A L'USAGE DE LA NAVIGATION;

PAR M. COULIER.

❧✳☙

 **4e Édition.**

PARIS,

ROBIQUET, quai des Augustins, 39,
A L'ENTREPÔT GÉNÉRAL DES CARTES DE LA MARINE;
BACHELIER, quai des Augustins, 55,
A LA LIBRAIRIE DES SCIENCES MATHÉMATIQUES ET PHYSIQUES.
CARILIAN-GŒURY, quai des Augustins, 39,
LIBRAIRE DES PONTS-ET-CHAUSSÉES ET DES MINES.

—

1839

PRÉFACE.

La première édition de ce Livre a fait sentir son importance, et plusieurs gouvernemens ont publié des documens officiels dont mes éditions successives ont profité : ainsi la France, l'Angleterre, l'Irlande, les États-Unis, les Pays-Bas, ne laissent plus rien à désirer. J'espère que dans quelques années, les autres États du nord de l'Europe suivront cet exemple.

Il est néanmoins à regretter qu'on ne trouve dans ces documens qu'une nomenclature insuffisante ; l'intérêt principal du marin est cependant moins de savoir des noms insignifians, que les motifs qui ont fait établir les feux, et les moyens d'éviter les dangers qui les environnent.

Indépendamment de ces documens officiels, d'autres renseignemens tout aussi importans, m'ont été communiqués par les hydrographes les plus instruits ; citer MM. *Beautemps-Beaupré, Daussy, Givry, Zahrtmann, Encke, Fabin, de Tallenay, Warden, Maritz, Fontana*, etc., c'est leur donner un caractère irrécusable. J'ai également trouvé un précieux secours dans quelques ouvrages, comme celui de M. *Blunt*, qui a bien voulu m'envoyer sa dernière édition pour cet objet, et auquel j'exprime ici mon entière reconnaissance. Enfin, ma nouvelle édition s'est encore perfectionnée par les communications qui m'ont été faites avec le plus louable empressement, par la Société des Naufrages. Cette Société avait jugé aussi, qu'une Description des Phares était un des moyens les plus efficaces de prévenir les accidens de mer; elle s'était procuré, dans le dessein d'en faire la publication, de nombreux documens, qu'elle a bien voulu mettre à ma disposition aussitôt que je lui eus donné connaissance de mon travail. Une conduite aussi bienveillante parle d'elle-même et n'a pas besoin d'éloges pour en faire ressortir la noblesse désintéressée; je suis persuadé qu'elle méritera l'approbation de tous les amis de l'humanité et des sciences.

J'aurais désiré ajouter un atlas de vues ou une carte des phares, à cette édition, mais ce luxe aurait beaucoup augmenté le prix du Livre' et fait manquer le but d'utilité immédiate que je me suis proposé. C'est dans le même esprit que j'ai retranché un Traité de l'éclairage des Phares, que j'avais écrit comme augmentation, ainsi que la Préface de la première édition, sur les phares de l'antiquité.

TABLE.

SOUTH-BISHOP (Feu du rocher), dans le canal Saint-George. *Feu tournant*, à courtes éclipses et visible dans toutes les directions, ce qui le distingue du feu de *Smalls* et de tous les autres dans son voisinage.

CARTHERET (Phare du cap). Feu à éclipses qui se succèdent de 30″ en 30″, par 49° 22′ 27″ N. et 4° 8′ 40″ O. Le foyer de l'appareil d'éclairage domine de 15^m le sol et de 80^m le niveau des pleines mers d'équinoxes. Sa portée sera de 6 lieues marines. Il sera allumé le 1er juillet 1839.

CHERBOURG (Fanal). Sur le fort central de la digue ; c'est un petit feu varié par des éclats de 3′ en 3′. Son élévation est de 20^m et sa portée de 3 lieues. Il sera allumé le 1er août 1839.

PHARES.

RUSSIE, MER BLANCHE.

ORLOFF. On a élevé sur ce cap un phare à 66 toises du rivage; la tour est blanche.

Plusieurs cartes indiquent sur ce cap, une tour blanche bâtie en 1821, de 40 pieds, et de 160 pieds au-dessus de la mer, sans faire mention d'aucun feu.

ARCHANGEL (Phare), sur l'île *Mudjuko*, à feu *fixe*, élevé pour assurer l'entrée de la Dwina septentrionale, le long de l'île *Mudjuko*; sa hauteur, lanterne comprise, est de 33^{m}55 au-dessus de la mer. 64°54′45″ N., 37°56′26″ E. Le feu n'est allumé que pendant les mois d'août, septembre et octobre.

Lorsqu'on est élevé de 15 pieds au-dessus de l'eau, le feu est visible de 17 milles, du N. N. O. par l'O., jusqu'au S. E. $\frac{1}{4}$ S. (1838).

Une remarque ou tour existait (existe peut-être encore) sur cette même île, pour guider dans la passe E. d'Archangel; on la laisse à bâbord en entrant, avec les bouées sur un banc de sable à tribord, en franchissant la barre.

POULONG (Fanal du cap). Tour *blanche*, bâtie en 1821, sur le bord de la mer, à 1400 sagènes vers le N. du cap *Poulong ;* elle est de 60 pieds , et son élévation au-dessus de la mer de 102 pieds.

Un feu *fixe* est entretenu sur cette tour, qu'on aperçoit à plusieurs lieues au large.

SOSSNOVETZ (Tour). *Rouge ,* au milieu de l'île Sossnovetz ; sa hauteur est de 45 pieds, mais elle a 118 pieds au-dessus de la basse mer (les marées y sont de 10 à 12 pieds). Elle se voit de 10 à 12 lieues d'Italie (1822).

SWESTOINOS (Tour), au *Cap-Saint,* à 300 sagènes de l'ext. de ce cap, sur une hauteur de 70 pieds; se découvre aux navires venant de la mer Blanche, vers le N. O. (1828).

Il a été construit, depuis 1833 , une tour de 50 pieds, par 68° 8' 55" N. et 37° 22' E. Elle est blanche , avec une toiture rouge. Sa hauteur, au-dessus de la mer, est de 244 pieds , à marée basse ; elle est éloignée de la dernière tour, de 2486ᵐ, et de l'ext. du cap, de 3198ᵐ.

NORWÉGE ET SUÈDE.

Les feux des côtes de Suède ne s'allument que du 1ᵉʳ août au 1ᵉʳ mai.

Les feux, au contraire, sur les îles danoises, sont entretenus toute l'année , et allumés depuis le 29 septembre jusqu'à Pâques, une demi-heure avant le coucher du soleil, et le reste de l'année, 1ʰ après le coucher.

On a classé les remarques maritimes sur les côtes de Norwége en deux espèces, celles de haute et celles de basse-terre ; les premières sont visibles à une plus grande distance , et indiquent s'il faut aborder ou s'éloigner des côtes ; on trouvera la description de quelques-unes des remarques de haute terre, pour aider à cette navigation.

Les phares de Norwége sont de trois espèces : ceux nécessaires à connaître pour aborder les côtes, nommés *Kystfyre ;* ceux indiquant les leds (ou passages entre les terres), nommés *Ledfyre,* et ceux à l'entrée des ports, *Havnefyre.*

Les expressions des distances sont en lieues de Norwége, de 24,000 pieds ; le pied étant le $\frac{1391.3}{1440}$ de l'ancien pied français.

ROST (Phare de). *Doit* servir aux vaisseaux destinés pour *Finmarken* et la mer Blanche, ou qui passent en dehors du gouffre de Moskoe. Ce fanal sera éclairé depuis le 14 août jusqu'au 14 avril, et terminé de 1845 à 1848 ; il sera visible à 5 lieues. 67° 42′ 0″ N. et 9° 30′ 0″ E.

HVAHOLMEN (Phare). *Doit* servir à la navigation de la baie *Westfjord,* longue de 20 lieues, dans le *Norland,* où beaucoup de vaisseaux se rendent en hiver pour la pêche. Il *sera* garni de trois lampes à réverbères, et visible à 5 lieues. Il devait être achevé de 1833 à 1836.

LUNDOE-VARDE, pile de pierres qui se voit à 1 et 2 lieues de Norwége.

HUSOE (Bâton de signal), sur le point le plus élevé de l'île. Il se voit de 1 à 2 lieues, et sert, avec la remarque précédente, à trouver le port.

SUULEN (Tour) blanche, remarque, pour naviguer dans la mer de *Froyhavet,* et venir du large ; élevée de 12 pieds , elle en a 200 au-dessus de la mer, et se voit à 4 et 5 lieues.

KOPPEREN. Montagne qui indique la route de *Froy-Fjord* ; elle est blanche et en meule ; on l'aperçoit de 10 à 14 lieues.

TITTERODDEN. Promontoire sur un îlot à l'O. de *Froyen*, très plat, et qui se voit de 5 lieues.

TAANINGEN. Mont de la partie O. de Hitteren, visible à 5 lieues. Le promontoire de *Titterodden* et le mont *Taaningen* sont deux excellentes remarques pour éviter l'archipel dangereux situé au nord ; il faut les tenir toujours à découvert.

TERNINGEN (Phare). Feu *fixe*, produit par trois lampes à réverbères ; il guide à l'entrée du led de *Drontheim* ; il est éclairé dans la direction de O. S. O. par le S. jusqu'à l'E. S. E., élevé de 96 pieds et visible à 2 et 3 lieues. 63° 29′ 30″ N. et 6° 40′ 20″ E. (1838).

THYRHOUG (Phare). Feu *fixe* muni de quatre lampes à réverbères et élevé de 35 pieds ; il sert pour éviter les écueils situés près d'*Edoe* ; on le voit à 2 et 3 lieues. Lat. N. 63° 18′ 50″, long. E. 5° 50′ 40″.

TUSTEREN. Montagne qui, avec celle de *Stevnshest*, est la marque indiquant qu'on se trouve en face de l'entrée de la passe de *Drontheim*. On la voit de 8 lieues.

GRIB. Petite île plate, longue d'environ trois encâblures, qui a plusieurs maisons et une église avec une petite tour pointue. Bonne marque de basseterre. On la voit de 2 à 3 lieues.

HOPPEN. L'église de Hoppen (I. *Smœlen*) est

très utile à reconnaître pour entrer dans *Ram-soefjord* sans pilote ; on la découvre à 1 et 2 lieues.

AGNOES. Le feu de la p^te Agnœs consiste en une lanterne à trois lumières *fixes*, placée dans une maison à 112 pieds au-dessus de la mer ; il est à 4 milles en avant de Drontheim, et sert pour arriver à la baie. On n'aperçoit le feu qu'à une demi-lieue en mer. Lat. 63° 38′ 30″ N., long. 7° 22′ 30″ E.

MUNKHOLM (Feu de port). Composé de trois lampes *fixes*, sert à guider dans le port de Drontheim ; il est élevé de 35 pieds au-dessus de la mer et ne se voit qu'à 1 ½ lieue. Lat. N. 63° 27′ 20″, long. E. 8° 0′ 20″.

STAVNOES (Phare). *Servira* pour trouver le port de *Christiansand*. Feu *fixe* de trois lampes, à lumière rouge, visible en dedans du passage jusqu'à *Thyrhoug*, et en dehors jusqu'à *Sveggen*, par le golfe de Bremsnœsfjord. Il sera visible à 3 lieues, et terminé de 1839 à 1842. Lat. N. 63° 7′ 30″, long. E. 5° 18′ 10″.

QUITHOLMEN (Phare). *Servira* à trouver l'entrée de *Christiansand;* son feu *sera* flamboyant, rouge et entretenu avec du charbon. On le verra à 5 lieues; à terminer de 1839 à 1842. Lat. 63° 2′ 20″, long. 4° 52′ 25″.

L'île de *Quitholm*, visible de 2 à 3 lieues, est une bonne remarque ; elle est haute et blanche, tandis que le reste de la terre est foncé.

FUGLEN. Écueil à l'emb. de la baie de *Christiansand;* on y a placé deux fois une pile de fer surmontée d'un globe ; mais les vagues l'ont constamment enlevée. Ce danger a 30 à 40 pieds au-dessus de la mer et se voit à une lieue. Lat. N. 63° 3′ 20″, long. E. 4° 47′ 3o″.

CHRISTIANSAND. Indépendamment des phares de *Stavnæs* et de *Quitholmen*, on reconnaît encore l'entrée du port aux deux montagnes de *Quærnbjerget* et de *Plakmysen* à Bremnœsland, visibles à 3 et 4 lieues.

STEVNHEST. En allant à Christiansand par le S., on voit trois montagnes, jusqu'à 10 et 12 lieues. Ce sont les monts *Stevnhest*, *Skjulsberg* et *Mælhen*.

MOLDE. Pour entrer à Molde par la passe entre les îles *Romsdal*, on doit reconnaître la montagne d'*Urla* ou *Gamlemsvettan*, visible à 10 lieues.

GIDSKOE, église blanche sans flèche, dont on prend connaissance pour passer par le détroit de Gidskoe.

VALDERHOUG (Feu). Lanterne à trois lumières *fixes*, qui sert à trouver la rade de *Valderhoug* sur le *Led* de Drontheim. Haut de 7 pieds au-dessus du sol et 40 au-dessus de la mer, il n'est visible qu'à $\frac{3}{4}$ de lieue. Latit. N. 62° 3o′, long. E. 3° 47′ 25″.

HESSOE. Le mont *Sukkertoppen*, ou Pain de sucre, visible à 6 et 8 lieues, est une excellente remarque pour entrer par le *Sondre Trondhjem's led*.

RONDOE (Phare). Feu *fixe* ou flamboyant de charbon, sur une tour hexagone de 20 pieds et 163 pieds au-dessus de la mer. Ce fanal est visible à 5 $\frac{1}{4}$ lieues. Il sert à faire distinguer la p^{te} la plus O. de Norwége, nommée *Stat*, et à guider dans le *Breedsund*, à l'entrée de Drontheim's-fiord. Lat. N. 62° 24′ 35″, longit. E. 3° 15′ 25″.

STATLAND. Cette p^{te}, qui n'a aucune remarque, se distingue de toutes les autres terres par son étendue et sa hauteur; on la voit à 12 lieues.

HORNELEN. Mont qu'on voit de 15 lieues; son côté O. s'élève en deux sommets très hauts, et continue ensuite presque horizontalement jusqu'à la mer; conjointement avec le mont *Skolmen* moins élevé, c'est une remarque pour ceux qui se trouvent au côté O. de *Stat*, pour entrer à *Ulosvaag*, et de là, au port de *Selloe* ou *Vaagen*; son élévation au-dessus de la mer est de 2,705 pieds.

BATTALEN. L'île Battalen se voit de 8 lieues; on en prend connaissance pour aller à la plage de *Bremanger* au N., ou à la baie de *Sogn* au S.

KIND. Église blanche à toit rouge, qu'on voit à 2 et 3 lieues. L'île *Kind* est remarquable par ses deux montagnes, dont celle de l'E. est la plus considérable; on la voit à 8 lieues.

TVIBERG est une île qu'on voit à 7 et 9 lieues; elle offre l'aspect de deux meules.

ALDEN. La montagne de cette île, qui se reconnaît à 8 et 10 lieues, s'étend de l'E. à l'O.; c'est une bonne remarque.

HUUSOE. L'église d'*Huusoe* se voit à 2 et 3 lieues; elle est brune, avec toit rouge et flèche.

HOLMENGRAAE. Ile remarquable à l'emb. de *Fens-Fjord*; sert de remarque pour guider dans le led N. de Bergen; se voit à 2 lieues.

HESTOUGE. Montagne remarquable de l'île *Feye*, conique, qui se voit à 2 lieues, et sert pour trouver le *led* par *Feye-Oosen*.

FUGLOEN (Phares). On construira deux phares

entre 1842 et 1845, par 60° 0′ 55″ N. et 2° 42′ 0″ E., dont la portée sera de 5 lieues; ils doivent servir pour trouver l'entrée de Bergen par *Korsfjord* et *Sælboefjord*. Cette route sera préférée à celle du led S., qui passe près du phare de *Hviddingsoe*. Ces deux nouveaux phares seront flamboyans, et placés de telle manière qu'ils seront à couvert l'un de l'autre, lorsqu'on se trouvera de O. à S. et de E à N.

MAARSTENEN. Brisans par 60° 7′ 35″ N., 2° 42′ 30″ E., sur lesquels on élèvera une remarque qu'on verra de 2 à 3 lieues, pour servir à l'entrée de Bergen.

FURREN. Brisans sur lesquels on projette d'élever des marques de jour, qu'on verra de 2 à 3 lieues, et qui doivent servir pour l'entrée du port de Bergen. Lat. 59° 47′ 40″, long. 2° 44′ 20″.

SIGGEN. Mont remarquable sur l'île Bommeloen, qu'on voit à 8 lieues; on le découvre à 4 et 8 lieues avant l'île; il sert à trouver l'entrée de la baie de *Bommelfjord*.

UIBRANDSOEN. Phare sur la côte N. de Carmoe, par 59° 25′ 10″ N. et 2° 55′ 30″ E. Sera terminé de 1842 à 1845; le feu *fixe* se verra de 2 à 3 lieues, indiquant la route pour trouver l'entrée du port de Bergen, au nord de Carmoen. La lumière sera rouge et visible du N. N. E. par le N. jusqu'au O.

HOJEVARDE (Fanal), sur la côte E. de l'île Carmoe, vers le milieu du Carm-Sund; il est composé de trois lumières dans une lanterne qu'on hisse à un mât, pendant toute l'année; il ne se voit qu'à $\frac{1}{2}$ lieue, bien que son élévation soit de 60 pieds au-dessus de la mer ; il guide vers le mouillage de Hojevarde. On a l'intention d'y placer des lampes à réverbères, au moyen desquelles on pourra l'apercevoir à $1\frac{1}{2}$ lieue. Lat. N. 59° 19′ 30″, long. E. 3° 0′ 20″.

BUKKEN ou BOCK-VAN-ZEE. Mont qu'on découvre de 6 à 8 lieues ; il sert à trouver l'entrée du led S. de Bergen, en venant du sud.

SKUDESNÆS (Fanal), à la p^te S. E. de Carmoe, composé de plusieurs lampes en demi-cercle sur un fer courbe ; les lampes sont garnies de réflecteurs, et le feu *fixe*. Il a 75 pieds au-dessus de la mer, et n'est visible qu'à 1 mille.

Conduit au led de Bergen par le détroit de Carm-Sund. On ne l'aperçoit point du côté O. de Carmoen ; mais on le découvre lorsqu'on le tient au N. E. $\frac{1}{4}$ N. Il est éclairé pendant toute l'année. Lat. N. 59° 8′ 45″, long. E. 2° 59′ 0″.

TUNGENES (Fanal). Petit feu *fixe*, à lanterne, qu'on n'éclaire que pendant les mois de janvier et février, saison de la pêche, pour servir à trouver le golfe de *Stavanger*. On ne le voit qu'à une lieue. Lat. 59° 2′ 12″ N., long. 3° 16′ 30″ E.

HVIDDINGSOE (Fanal). Ce feu, qu'on indique quelquefois avec une orthographe différente, sous le nom *Hindingsœ*, est à 129 pieds au-dessus de la mer ; sa tour a 6 côtés et 56 pieds d'élévation ; elle est constamment peinte en blanc. Le feu est dans une lanterne, et quoiqu'il soit alimenté avec du charbon, on le voit à $4\frac{1}{2}$ lieues.

Les deux feux de *Skudesnœs* et de *Hviddingsoe*,

servent à guider dans l'entrée de Berghen et de Stavanger. Lat. N. 59° 3′ 54″, long. E. 3° 3′ 40″.

FEYESTENENE. Écueil de peu de circonférence, qui se voit à 3 et 4 lieues; il est plus haut que la terre-ferme de *Iedderen* et les écueils environnans. 58° 57′ 8″ N., 3° 7′ 15″ E.

AARE. L'église de Aare est une remarque blanche visible à 2 lieues. Un peu plus loin est une maison qu'on voit également à 2 lieues, et qui se trouve à ¼ mille N. de *Oberstad-Brekke*.

VARHOUG. Remarque blanche, qui sert avec l'église de Aare, à reconnaître la côté de *Iedderen*. La montagne d'*Oberstad-Brekke* étant la seule dans cette direction, fait reconnaître si c'est l'église de *Aare* qu'on voit, ou bien celle de *Varhoug*.

EGEROE (Phare). Cette construction importante ne sera achevée qu'entre 1842 et 1845; 58° 17′ 35″ N. et 3° 28′ 35″ E. Le feu sera *fixe*, et visible de 4 à 5 lieues. Ce phare doit servir dans la navigation de *Lister* à *Skudesnœs*, et afin qu'on ne prenne pas le phare d'Egeroe pour celui de Skudesnœs, le premier sera caché du S. à l'E.

LILLE FOGSTEEN. Remarque visible à 2 lieues.

VARNOES (Phare du cap). Par 58° 9′ 30″ N. et 4° 14′ 20″ E., feu *fixe*, élevé de 85 pieds et visible à 2 lieues; sa lumière est rouge. Il sert à trouver l'entrée d'Hitteroe et de Lister-Fiord.

LISTERFLUE est une roche noyée en dehors de *Listersteen* au S. O. ¼ O. de ce phare. En cas de nécessité, même sans connaître la côte, on peut entrer dans le *Fœddefiord* pour chercher refuge;

pour cela, on approche la côte de *Varnœs* et l'on gouverne E. $\frac{1}{2}$ N. ; quand on a dépassé le Phare et qu'on le relève à $\frac{1}{7}$ de mille O. S. O., on se trouvera dans sa plus forte lumière de ce côté ; on fait alors route à l'E. N. E. $\frac{1}{4}$ E., veillant avec soin à reconnaître les roches *Elleholms* au S. et celles de *Mosseskjer* au N.; continuant de même, on traverse le milieu du *Fœddefjord*, dans lequel les hautes montagnes noires des deux côtés guideront suffisamment, si le temps n'est pas trop obscur, même après avoir passé *Fœdde* et *Rorvig*, où l'on a perdu le feu de vue. Arrivé à ce point, après avoir altéré la route à l'E. $\frac{1}{4}$ N. E., on commence à sonder : la distance entière entre *Fœdde* et le fond du golfe à *Ojesand*, est $\frac{1}{4}$ de mille (de 15 au dégré), et quand on se trouve par 20 et 30 brasses, on mouille immédiatement, car le banc est très accore.

Sur la côte N. de *Fœddefjord* se trouvent trois autres endroits, ayant en partie le feu en vue, où l'on peut mouiller le jour; ce sont les baies de *Lillehavn*, *Hougelandsvingen* et *Fœdde*; on y trouve de 20 à 30 brasses, fond de vase et accore.

Quand on est pratique, on passe dans le détroit entre *Hitterôe* et *Annabelôe*, pour gagner *Abelnœs* ou *Engelsholm*; pour cela, on tient le milieu dans le *Listerfjord*, entre *Klubben* et *Varnœs*, jusqu'à ce qu'on amène ce feu au S. O. $\frac{1}{4}$ O., ensuite un cours de N. N. E. $\frac{1}{4}$ E. fait passer dans le détroit.

GUNNARSHOUG (Phare). *Feu tournant*, à éclipses; ses éclats de 1′ en 1′, durent 12″, mais les éclipses n'ont lieu qu'au-delà d'une distance de 2 milles. Par un beau temps, on le voit à 4 et 5 milles (de 15 au degré), de tous les points de l'horizon compris entre le S. E. ½ E., par le S., l'O., le N. et le N. N. O. ; lorsqu'on est plus près de *Gunnarshoug* que de *Markoe* et qu'on amène le feu à l'O. du N. N. O., on ne peut pas compter avec certitude sur le feu, qui peut être caché pendant quelque temps par les hautes terres qui sont au S. ; mais en approchant davantage de *Markoe*, le feu se voit jusque près des rochers, même en l'amenant à l'O. du N. N. O.

Ce phare, par lat. N. 58° 5′ 45″ et long. E. 4° 10′ 30″, est élevé de 125 pieds au-dessus du niveau de la mer ; et afin qu'il serve de bonne remarque, on l'a peint en blanc, avec une ceinture foncée par son milieu.

Afin de prévenir toute méprise entre ce phare et celui d'Oxöe, on a rendu ce dernier à courtes éclipses, c'est-à-dire à feu *fixe*, mais avec un éclair de 4′ en 4′, ce qui le distingue d'une manière satisfaisante.

LISTERLAND. La côte de *Listerland* étant basse et le courant violent, en fait une des plages les plus dangereuses de la Norwége.

Trois remarques servent à faire reconnaître la plage de *Lister*, et trouver le port de *Brœknœsholm* lorsqu'on ne peut éviter la côte ; ces remarques sont : *Hesselnœsvetten*, qu'on voit à une lieue, remarque de pilote représentant un cône en terre et couvert de verdure, le tout surmonté d'un mât ; *Kiöronœsvetten*, deux marques visibles à une lieue, et à peu près au N. O. de la terre de *Kiorve* : elles sont en gazon, mais il n'y en a qu'une qui soit surmontée d'un mât; et *Vaagshull,* cône en pierre, visible à une lieue.

FERROE. A l'entrée de Fahrsund, une lieue O. du feu de *Markoe,* est une maison rouge, carrée, à toit pointu, sur laquelle est un mât où l'on arbore un pavillon pour annoncer les cas où les pilotes ne peuvent sortir. Son élévation est de 180 pieds, et elle se voit à $3\frac{1}{2}$ lieues.

LANG-OE (Phare), à feu *fixe,* sur un îlot à l'entrée du golfe de Farsand, qu'on laisse à tribord en entrant.

MARKOE (Phare), sur l'île du même nom, à quelques lieues O. de celui de Lindes-Ness; feu *fixe* à 190 pieds au-dessus de la mer; il sert avec celui de *Lindesnœs* à reconnaître la côte la plus S. de la Norwége. Portée $5\frac{1}{4}$ lieues; 57° 59′ 0″ N. et 4° 38′ 40″ E.

LINDESNOES (Phare). Tour carrée de 12 pieds danois au-dessus du sol, et de 148 au-dessus de la mer, sur laquelle est un feu *fixe ;* on la maintient toujours blanche à l'extérieur, pour faire distinguer le cap de la cime beaucoup plus élevée de l'île *Markoe,* sur laquelle un autre feu est également entretenu.

Ce cap est encore nommé *Naze-Ness* ou *Derneus.* Il est très dangereux. Le feu de charbon y est entretenu toute l'année dans une lanterne en fer de 17 pieds de diamètre. Sa portée est de $4\frac{3}{4}$ lieues, 57° 57′ 55″ N., 4° 42′ 50″ E.

MANDAL. La plage de sable qui s'étend en dehors de *Mandal,* visible à $1\frac{1}{2}$ lieue, marque la

route au port de *Klevene*. Deux montagnes remarques, les *Korn* et *Kalven*, sont des marques
de haute terre également importantes.

RYVINGEN. Remarque blanche en forme de
chapiteau à 3 côtés, élevée sur une charpente;
très utile pour trouver le port de *Klevene* en dehors de la ville de *Mandal*. Sa hauteur est de 30
pieds au-dessus du rocher et de 275 au-dessus de
la mer. On la voit de 4 à 5 lieues.

HELLESUNDS-VARDER. Remarques consistant en deux cônes coupés, blanches et fort re-
connaissables. Elles servent à trouver le port
Nie-Hellesund. On voit ces balises à 4 lieues.

ODDEROE (Phare). C'est le feu de port de
Christiansand, par 58° 7′ 15″ N. et 5° 43′ 55″ E.
Feu *fixe* garni de lampes à réverbère, et lumière rouge. Conjointement avec le phare
d'*Oxoe*, il guide sur *Christiansand*; il est élevé
de 26 pieds au-dessus de la mer.

OXOE (Phare) du 2ᵉ ordre, lenticulaire et à
courtes éclipses de 4′ en 4′, sur une petite île, par
58° 3′ 30″ N. et 5° 46′ 42″ E. La lanterne est à
135 pieds anglais au-dessus de la mer. Le chenal
entre *Oxoe* et l'île *Groningen* n'ayant que 3 à 4
encâblures entre les roches, le feu de port *Odderoe* a été disposé de manière à ce que sa lumière
perde d'intensité quand on s'écarte de la ligne du
milieu.

La tour du phare d'*Oxoe* est blanche; ce feu
est très utile quand on vient à manquer le feu de
Lindesnœs; il indique en même temps l'entrée de
Christiansand, car lorsqu'on est à 1 mille N. 25°

20' O., on peut voir le feu de port d'*Odderoe* des haubans au N. 14° O. On gouverne dessus et l'on évite toutes les roches et bas-fonds, jusqu'à ce qu'on arrive par 20 brasses du fanal ; on fait alors route au N. 36° 30' O., jusqu'à ce qu'on ait dépassé le feu de 4 à 5 encâblures, où l'on mouille par 30 et 40 brasses de fond.

ULVOESUND. A près de 1 ½ mille E. de *Flekkeroe*, est une remarque formée d'un tonneau surmonté d'une croix ; le tout est blanc et visible à 2 ½ lieues ; elle a 31 pieds et 145 pieds au-dessus de la mer. Elle indique le port d'*Ulvoesund*.

STEENSOE. Moulin près de *Gamle-Hellesund*, visible à 2 lieues. Ce moulin et celui de l'île *Homborg* sont les seuls sur cette côte ; on les distingue facilement, mais ce dernier est le plus près de la mer et caché par des îles, lorsqu'on se trouve au S. et à l'E. S. E.

BRÆKKESTOE. Remarque blanche de basse terre, en cône ou tambour, surmonté d'une croix. Sert à trouver le port de *Brekkestoe;* elle est à l'O. du lieu de débarquement de *Lillesand*, et à 3 milles E. (à peu près) de *Flekkeroe;* hauteur, 26 pieds au-dessus du sol et 70 au-dessus de la mer ; on la voit à 2 ½ lieues.

HOMBORG. Moulin visible à 2 lieues; il est gris, isolé et mène au port de *Homborgsund*.

HESNESOE. Un peu à l'E. du lieu de débarquement de *Grimstad*, est une remarque de basse terre, à toiture rouge et poteaux blancs; elle a 31 pieds et guide sur le port de Hesnœsoe. Cette remarque est à 2 milles E. de *Homborgoes-Molle* et

2 ½ milles O. de l'église de *Tromoe*, très remarquable en ce qu'elle a 40 pieds d'élévation et 125 pieds au-dessus de la mer.

TROMOE. Église blanche, visible à 3 lieues. Deux pyramides en pierre ont été placées pour indiquer l'entrée E. du détroit de *Tromoe*; la 1re *Shindseltangen*; la 2e, *Jetmertangen*, qu'on voit à 1 lieue.

SANDOE. Pyramide de 33 pieds, moitié rouge et blanche, avec une bande noire par le travers; le sommet noir. A 2 ½ milles E. *de Tromoe*, et à peu près à la même distance O. de *Risoer-Flekke*; son élévation est de 155 pieds, on l'aperçoit à 2 ½ lieues.

RISOER-FLEKKE. Tache blanche très remarquable, de 93 pieds sur 51 ; sur la montagne au-dessus de la ville de *Oster-Risoer*; se voit à 4 et 5 lieues. Élévation, 275 pieds.

JOMFRUELAND, par 58° 57′ 30″ N. et 7° 21′ 30″ E. Maisons sur le haut pays, indiquant la route de la baie de *Langesund* et de la ville de *Krageroe*.

LANGOE (Phare), sur les côtes de l'île *Jomfrueland*, par 58° 50′ 35″ N. et 7° 20′ 40″ E., dont la portée sera de 5 lieues. Le feu sera *tournant*, les éclipses auront lieu de 30″ en 30″, visibles à 6 et 7 lieues marines; elles ne seront totales qu'au-delà de 3 lieues. Il servira aux vaisseaux entraînés par le courant irrégulier de l'embouchure de *Langesundsfjorden*, ou ceux qui suivent la direction E. et O. (*Position incertaine.*)

STRAAEHOLM. Ilot par 58° 52′ 55″ N. et 7°

24′ 25″ E., près duquel est le *Moesteen*, écueil blanc en pain de sucre ; il indique la baie de *Langesund*.

LANGETANGEN (Phare), près *Langesund*, par 58° 58′ 38″ N. et 7° 30′ 20″ E. Il ne sera achevé qu'en 1839. Le feu *fixe* sera rouge et visible à 2 ½ lieues dans la direction de l'E. par S., jusqu'au S. O. (du compas) ; il guidera dans la baie de *Langesund*. (*Il se pourrait que ce fût le même feu que celui décrit sous le nom de Langoë, ci-dessus.*)

LANGESUND. L'église blanche est visible à 2 lieues ; avec les marques de *Straacholm* et de *Jomfrueland*, elle sert à trouver l'entrée de la baie.

UDKIK. Vigie près de *Fredericksværn*, de 22 pieds et 176 au-dessus de la mer ; elle est visible à 5 lieues ; cette maison sert, avec la remarque de *Svenoe*, à trouver l'entrée de la baie *Laurvig*.

SVENOE. Blanche pyramide placée sur quatre poteaux isolés. Sert à trouver l'entrée de la baie de *Laurvig* ; son sommet a 65 pieds au-dessus de l'eau et se voit à 3 lieues.

FOERDER (Phare de). Feu *fixe* et flamboyant, entretenu dans une lanterne au moyen de charbon de terre. Sert à trouver l'entrée du golfe de *Christiania*. La tour est blanche. Sa hauteur est de 210 pieds au-dessus de la mer, dont 12 pour la tour et 198 pour la roche. On la voit de 6 à 7 lieues marines. Lat. N. 59° 3′ 28″, long. E. 8° 16′ 25″.

TORBJORNSJER. Remarque de basse terre, composée d'une barre de fer surmontée d'un tonneau, le tout peint en noir. Sert à éviter l'écueil dangereux de *Torbjorn*, à l'E. de l'entrée du golfe de Christiania ; elle est à 54 pieds au-dessus de la mer, et se voit à 1 ½ lieue.

FULEHUK ou FUGLEHUK (Phare). Feu *tournant* de trois lampes à réverbères, dont le plus grand diamètre est de 17 pouces. Il fait une révolution en 1′ 30″, offrant trois éclats de 8″ et trois éclipses de 22″ chacune. Il sert à éviter nombre d'écueils dangereux au-dehors des îles *Bellerne*, au côté O. du golfe de Christiania ; il est éclairé toute l'année. La tour, grise, a 28 pieds d'élévation et 42 au-dessus de la mer. Sa portée est de 3 lieues. Lat. N. 59° 10′ 20″, long. E. 8° 20′ 10″.

OSTENSKJER (Phare), dans le golfe de Christiania, par 59° 21′ 15″ N. et 8° 12′ 48″ E. ; il ne sera terminé que de 1839 à 1842 ; il sera visible à 1 ½ lieue, et doit guider au mouillage de *Bastoe*, quand on ne peut louvoyer dans le golfe.

HEGHOLMEN (Phare). Feu *fixe* qui sert à trouver le mouillage de *Hegholmen* et la route au port de *Christiania*. Il est éclairé depuis le 1ᵉʳ août jusqu'au 30 avril, excepté lorsque la mer est gelée. Ne se voit guère qu'à ½ mille. Sa hauteur est de 23 pieds au-dessus de la mer. Lat. N. 59° 53′ 12″, long. E. 8° 25′ 30″ ?

SALO-KANNING (Tour), de 64 pieds sur le rocher de Sal, à ½ mille de *Kongshamn*, 4 milles d'*Uddevalla* et 5 de *Stromstadt*.

SALO. Il y a deux amers dont le sommet est à 135 pieds suédois au-dessus de la mer, de forme hexagone, ayant les deux tiers supérieurs peints en blanc, et l'inférieur rouge : une balise est au sommet. Ces remarques servent pour attérir à *Kungs-hamn* et aux havres des environs. On les voit de 12 à 14 milles.

SAINT-OLOSS DRANGAR. Deux amers ayant le sommet à 240 pieds au-dessus de l'eau ; ils servent à signaler les *Pater-noster-Skarn*. Ils sont visibles de 16 à 18 milles marins.

CARLSTEN. Le phare du château de Marstrand est à feu *tournant*, élevé de 250 pieds suédois au-dessus de la mer ; c'est un point de reconnaissance qu'on voit à une grande distance de jour et de nuit ; c'est la p^{te} N. de l'entrée du Cattégat, dont la tour à feu de Skagen forme la p^{te} S. Les 6 réverbères produisent une révolution en 5′ ; les miroirs de dimensions inégales, donnent 9 éclats, dont 6 forts et 3 faibles, avec des éclipses de demi-minute. 57° 53′ 11″ N. 9° 14′ 25″ E.

WINGAAE. Petite île sur laquelle on a élevé une tour en bois, rouge-brun, pyramidale, et surmontée d'une grosse boule qui la fait distinguer des autres îles sous la grande terre. La petite île *Niddengen* en est à 22 milles S. 26° 30′ E ; l'écueil dangereux de *Trindelen*, à 6 lieues S. O. corrigé. Auprès de *Wingaae* on aperçoit les cabanes des pilotes de Gottemberg ; on les appelle par un pavillon à la tête du petit mât de hune.

KANSOE. On a établi sur cette île (archipel de Gottemberg) une tour ronde de 4^{T}, en plate-forme, dont la partie supérieure est en briques avec le larmier blanc. Cette tour est au S. 71° E. de *Win-gaae*; 20° E. de *Yttra Tistlarne* et S. 71° E. (du compas) de *Buskarsarm*.

TRINDELEN (Feu flottant). Quoique sur la côte de Lessoe, cette description est placée ici, parce qu'en entrant dans le Cattégat, on passe ordinairement entre ce feu et celui de Nidengen. C'est un bâtiment à deux mâts gréé en schooner ; ses côtés sont jaunes avec croix rouge ; il est à 5oo brasses environ S. E. du banc de Trindelen, et au N. N. E. 1 ½ mille danois de la p^te N. E de Lessoë appelée *Syrodden*.

Son feu consiste en neuf lampes à réverbères entourant le mât d'arrière, à 25 pieds danois au-dessus de la mer ; quand la mer est très houleuse, il est hissé à 3o pieds. Il est allumé aussi long-temps que le navire peut rester en station.

Dans les temps orageux et les brouillards, on frappe une cloche pendant 1o′, avec des inter-valles de 5′ ; le jour, on remarque un pavillon rouge, et pendant les orages un large guidon, à la tête de son grand mât. Il est défendu à l'équipage de communiquer avec aucun navire, à moins d'un danger pressant ; il quitte sa station le 21 dé-cembre, à cause des glaces ; il sert à éviter les bas-fonds qui entourent les parties N. et E. de Lessoë. 57° 25′ 3o″ N., 8° 55′ 2o″ E.

NIDENGEN (Feux). Cet îlot est un des points les plus importans à reconnaître dans le Cattégat. Deux phares y ont été construits ; ce sont des tours hexagones, en granite gris, de 4^m 45 de dia-mètre. Leur élévation est de 13^m o7, et les foyers sont à 14^m 85 au-dessus de la mer. Le tiers supé-rieur est blanc, ainsi que les lanternes. Les deux tours marquent l'E. N. E. du compas, et leur distance est de 29^m 71. Par un beau temps, les feux se voient à 12 milles, lorsqu'on est élevé de 10 pieds.

Cet îlot est encore fourni d'une forte cloche, qu'on sonne dans les temps brumeux et couverts. 57° 18′ 12″ N., 9° 33′ 53″ E.

ANHOLT (Feux de l'île danoise). Ce phare est une tour carrée, dont le feu *fixe* a 119 pieds danois au-dessus de la mer : on l'aperçoit à 6 et 7 lieues. 56° 44′ 17″ N., 9° 18′ 46″ E.

Un second feu à lampes est placé à 50 pieds au-dessous et en dehors du phare principal, afin d'offrir aux marins des combinaisons qui puissent les mettre à portée d'estimer leur distance.

Ce phare est précieux pour ces parages : le relèvement du feu supérieur est le seul moyen qu'on ait pour se placer à l'égard des dangers qui existent entre les côtes de Suède et l'île d'Anholt, et entre celle-ci et *Lessoë*; au moyen du feu inférieur on estime sa position par rapport au danger de *Knoben*.

La clarté du feu supérieur empêche qu'on n'aperçoive, à la vue simple, le feu inférieur, quand celui-ci est à l'horizon ; mais on le voit très bien avec la lunette ; et dans cette position, dans laquelle ces deux feux paraissent très rapprochés à un observateur placé sur le pont d'une frégate, élevé de 16 pieds environ au-dessus de la mer, on peut s'estimer à 10 ou 12 milles de la tour. Le feu inférieur étant placé extérieurement et dans l'E. du phare, est masqué pour qui se trouve dans l'O. de la tour, depuis le N. N. O. jusqu'au S. S. O. Le banc très dangereux du petit *Middelground* est à l'E. N. E. ou un peu plus N., 5 lieues de distance environ du feu d'Anholt ; on ne saurait prendre trop de précautions pour l'éviter, même avec des petits navires.

HALLSUND. Amers carré et rouge, à 110 pieds au-dessus de l'eau.

KULLEN (Fanal du cap). Le promontoire de ce cap est très élevé et se voit de 8 à 9 lieues ; son fanal, placé à sa partie N. O., est à feu *fixe ;* c'est le seul édifice qu'on aperçoive sur le cap, dont on peut approcher de très près. 56° 18′ 3″ N. et 10° 6′ 54″ E.

La tour a 30 pieds de hauteur et 257 au-dessus de la mer. Son feu est rouge vif et produit par le bois et le charbon de terre : il sert à éviter les écueils dangereux de *Svinbadarne* dans le N. du phare, ainsi que pour l'attérage du *Sund* en venant du nord.

NAKKEHOVED et CRONENBURG. Feux du Danemarck. (*Voir* plus bas.)

HOGANAS. Balise de 59 pieds, formée d'une barre rouge, avec tête carrée en bois blanc.

MALMOE. Phare à feu *fixe,* dont le sommet a 95 pieds d'élévation et dont la tour est carrée et rouge. Il sert pour attérir au port *Malmo.* 55° 36′ 26″ N., 10° 40′ E.

FALSTERBO (Phare de la p^te). Feu de houille, allumé pendant neuf mois de l'année, à l'air libre ; il ne peut donc être confondu avec le feu tournant de *Steven's Klint,* élevé de 140 pieds, et dont le retour périodique a lieu toutes les 30″. Cette sage précaution lève toute espèce d'incertitude sur sa position. On peut prendre connaissance de ces deux feux, avec la certitude de trouver sa vraie position par leur relèvement. Il faut éviter d'approcher le feu de Falsterbo, et ranger de préférence les falaises élevées et fort saines de Steven's Klint. 55° 23′ 8″ N., 10° 29′ 20″ E.

Il y avait autrefois sur le récif du même nom et au S. S. O., 6 milles marins du phare de Falsterbo, un feu flottant; il a été supprimé.

BORNHOLM (Phare). Cette île est assez élevée pour être vue de 9 lieues; son phare a un feu *fixe*, sur la côte N., au penchant de la montagne dite le *Steileberg*, près de *Hammeren*. 55° 16′ 53″ N., 12° 25′ 23″ E.

CHRISTIANSOE (Phare). Les petites îles *Christiansoe* offrent un point très important. Un feu *à rotation* est sur une tour ronde qui domine la principale et la plus E. des îles *Christiansoe*, ou *Ertholmar*, à près de 5 lieues E. 9° N. du feu fixe de Bornholm, dont il se distingue facilement. Son élévation n'est que de 92 pieds, mais on l'aperçoit néanmoins à 4 lieues. Il consiste en neuf grandes lampes à réflecteurs, dont la révolution est de 3′. Pour arriver au mouillage, on doit appeler un pilote en mettant un pavillon en tête du petit mât de hune; le fort répond ou ne répond pas; dans le premier cas, c'est l'annonce de l'arrivée du pilote; dans le second cas, que le port est encombré. 55° 19′ 19″ N., 12° 51′ 16″ E.

ASPO. Balise à 109 pieds d'élévation, qui sert pour l'attérage de *Carlscrona*.

OLAND (Phare de l'île), sur la p^te S. par 56°

11′ 50″ N. et 14° 4′ 28″ E ; excellente reconnaissance quand on vient du S. ; la tour est blanche et le feu *fixe*, à 120 pieds au-dessus de la mer, visible à 6 lieues. L'île est très basse dans sa partie S. et plus élevée dans le N.

SPARO. Amers ronds, blancs, avec toits rouges, de 220 pieds d'élévation ; servent pour passer l'*Ido-Marke*, entre les basses extérieures, en allant à *Vesterwick* et aux autres mouillages.

HARADSKAR. Amers octogones, rouges, à toits noirs, ayant 149 pieds au-dessus de l'eau ; servent pour aller à *Norrkoping* par le chenal du S., ou pour attérir à la douane de *Barosund*. Ils font éviter les hauts-fonds dangereux en dehors de ces amers, à 4 et 6 milles marins de la côte.

ARKO. Amers gris construits avec des perches, et ayant 68 pieds au-dessus de la mer ; ils servent pour aller à *Soderkoping* et à *Norrkoping*, et à éviter les basses du dehors. 58° 36″ N., 14° 58′ 2″ E.

HAFRINGE. Amers hexagones, à toits noirs et à 116 pieds au-dessus de la mer ; la hauteur est divisée en trois parties égales, dont les deux extrêmes sont rouges et la moyenne blanche ; ils indiquent la route de *Nikoping* et les écueils du dehors.

ENSKAR. Amers de 114 pieds au-dessus de l'eau, ayant la forme d'une quille rouge : ils servent à éviter les bancs du dehors, à indiquer la route du mouillage près du *Hartgo* et l'attérage du phare de *Landshort*.

LANDSHORT (Phare), par 58° 44′ 28″ N. et 15° 32′ 23″ E., sur la p^te S. de l'îlot d'*Oja*, est un point de reconnaissance très important, tant de jour que de nuit, en venant du S. Cette tour à feu, blanche et haute de 70 pieds, se découvre à 5 lieues ; le feu *fixe* n'est point allumé pendant les trois mois et demi d'été. On peut, en venant du large, en approcher avec confiance, tant qu'on le relève entre le N. E. et le N. N. O. Les pilotes viennent à la rencontre des bâtimens en dehors de Landshort ; mais lorsque le temps est trop mauvais, il faut, en gouvernant au N. N. E., approcher la p^te S. d'*Oja*, où est le phare, à deux encâblures dans le S. E., et là mettre en panne, pour donner au pilote le temps d'arriver.

Quand on est destiné pour le golfe de Finlande, après avoir rectifié sa position par des relèvements sur la p^te d'Hobborg, ou sur le phare d'OEstergarn, on gouverne pour reconnaître Dagerort ou son phare.

GRONSCAR (Phare), à feu *fixe*, alimenté par le charbon de terre, de forme ronde et blanc. Lat. N. 59° 17′ 3″, long. E. 16° 41′ 50″. Son sommet est à 128 pieds d'élévation, et peut se voir de 14 milles.

KORZO (Phare), à feu *tournant*, dont la lumière change toutes les 4′ ; la bâtisse est ronde, grise, avec un toit noir. Son élévation est de 194 pieds suédois au-dessus de la mer, et le feu peut se voir de 16 à 17 milles. Lat. N. 59° 17′ 10″, long. E. 16° 36′ 30″.

Nota. Les deux phares précédents servent à la navigation de *Stockholm* par le chenal dangereux de *Sandhamn*, ainsi que pour l'attérage de *Alands-Quarken* en venant du sud.

STOR-JUNGFRA (Phare), à feu *fixe*, de char-bon, à 8 milles S. E. de *Soderarm*, par 61° 9′ 20″ N. et 15° 29′ E. Ce feu a 90 pieds au-dessus de la mer, et se voit à 12 milles. La tour, constamment blanchie, est placée à l'E. de *Tiskare-Capellet*.

SODERARM. Amers hexagone, rouge, avec toit noir, à 120 pieds au-dessus de l'eau ; il sert pour attérir sur l'archipel de Stockholm, en venant de la mer *d'Aland*. 59° 46′ 0″ N., 17° 6′ 15″ E. *Schubert* y indique un phare par 59° 45′ 15″ N. et 17° 4′ 54″ E. C'est sans doute une tour de re-marque sans feu.

ARHOLMA. Amers rond et blanc, avec un toit rouge, à 163 pieds au-dessus de la mer ; il guide dans l'archipel de Stockholm en venant du N. *Schubert* y place un phare par 59° 50′ 58″ N., et 16° 46′ 58″ E. ; mais c'est sans doute une tour sans feu.

SVARTKLUB (Phare), à feu *fixe ;* bâtisse ronde, blanche, avec toit noir, à 80 pieds au-dessus de la mer, qui se voit de 8 à 12 milles marins. Il sert pour attérir dans l'archipel d'*Oregrund* en venant du S., ainsi que pour la navigation dans les *Alands-Quarken*. On voit le feu de 3 à 4 lieues. 50° 9′ 50″ N., 16° 29′ 30″ E.

DJURSTEN (Phare), carré, blanc et à feu *fixe*, qui sert pour attérir sur *Oregrund*, et à la navi-gation du *Oregrunds-Grepen ;* n'a que 41 pieds d'élévation, et ne se voit que de 6 à 8 milles. Lat. N. 60° 21′ 50″, long. E. 16° 3′ 30″.

ORSKAR. Feu *tournant,* dont les éclipses se font de 4′ en 4′. Le bâtiment est blanc, avec toit rouge, à 128 pieds au-dessus de la mer ; il se voit de 12 à 14 milles et guide sur le passage d'*Oregrund* nommé *Oregrunds-Grepen*. Il faut avoir soin d'éviter le banc *Fingrunden*, qui lui reste au N. ¼ N. E. 60° 30′ 40″ N. 16° 2′ 0″ E.

OREGRUND (Remarque et Fanal). On a établi sur l'écueil *Byorn*, situé sur le banc d'Oregrund, une amarque octogone de 41 pieds, recouverte en planches rouges et goudronnées. Sa pointe est surmontée d'une perche de 11 pieds, à l'extrémité de laquelle sont deux tonnes blanches. Cette balise est à 3 milles ¼ d'Allemagne O. N. O. de celle à fanal de l'écueil *Oer*, et 3 ¼ milles E. S. E. (du compas) d'Eggegrund-Kas. Ce feu *fixe* est par 60° 15′ 0″ N., 24° 14′ 50″ E.

EGGEGRUND. Amers construit avec des perches pour reconnaître l'entrée de Gèfle.

HARNO-KLUBB. Amers construit avec des perches en piliers, ayant la forme d'une quille, pour reconnaître l'entrée d'*Hernosand*.

HOLMO-GADDAR (Phare), à feu *fixe*. Tour blanche, servant à reconnaître l'entrée S. du *Vestra-Quarken*; elle n'a que 50 pieds, mais le feu a 85 pieds d'élévation et se voit à 12 milles en mer. Lat. N. 63° 35′ 25″, long. E. 18° 17′ 32″.

BREDSCAR. Il y a deux balises, une noire avec un baril blanc sur la pointe, et l'autre blanche avec une croix noire. Elles servent pour attérir à *Umea*, et pour la navigation du *Vestra-Quarken*.

UMEA (Phare). On annonce qu'un nouveau phare est en construction, pour assurer la navigation de ce port. Ce serait un feu de charbon à

85 pieds au-dessus de la mer et visible à 12 milles; aussitôt en activité, celui de *Holmo-Gaddar* cesserait d'être éclairé.

RATA-SKAR. Amers hexagone dont les côtés sont noirs et rouges; fait reconnaître le havre de *Ratan* et pénétrer dans le *Vestra-Quarken*.

STOR-REB. Amers carré et gris, servant pour l'attérage dans l'archipel *Lulea*.

MALORN. Amers rond qui guide dans les havres de *Haparanda* et de *Tornea*.

Nota. Indépendamment des remarques ci-dessus, dont les descriptions m'ont été transmises de Stockholm, les cartes modernes placent dans l'archipel d'*Aland* les suivantes : *Ogsten*, *Signilskar*, *Marsund*, *Nyhamn*, *Ledsund*, etc., sur lesquelles nous appelons l'attention des marins.

OESTERGARNSHOLM (Phare), près l'île Gothland; sur la p^te la plus élevée de l'île OEstergarn, à environ 1 mille allemand de la côte E. de Gothland; ce phare a 18^m 717 d'élévation. Il est de forme ronde et peint en blanc. La lanterne est fermée sur le haut. Le toit, garni d'un ventilateur, est composé de plaques de tôle. La hauteur de la lumière au-dessus de la mer est de 23^m 768; c'est un feu de charbon qu'on découvre à 5 lieues, ce qui satisfait à tout ce que peut réclamer la sûreté de la navigation de l'île de Borholm à celle de Dago. 57° 26′ 30″ N., 16° 24′ 47″ E.

RUSSIE.

En suivant le golfe de *Bothnie*, les cartes modernes placent les signaux ci-après, qui ne sont pas autrement connus : p^te O. de l'île *Carlton*; l'entrée S. de *Brahestad*; l'île *Trullo*; l'îlot *Moikepa*; celui de *Torngrund* (entrée S. de Christinestad); l'île *Loko*, etc.

Tous les feux du golfe de Finlande sont allumés depuis le 12 juillet jusqu'à l'époque des premières glaces, et depuis le moment où ce golfe se débarrasse jusqu'à la fin de mai, à l'exception de ceux de Revel et de l'O. de ce port, parce qu'il arrive quelquefois que les vents du S. permettent d'y arriver dans l'arrière-saison.

Par arrêté de 1829, il doit avoir été mis dans les passes du golfe de Finlande, depuis Cronstadt jusqu'à Hogland, des balais à la place des bouées à pavillons rouges, et l'on doit avoir ajouté des balais aux bouées placées près des bancs de sable et des écueils des golfes de Finlande et de Riga, pour indiquer ces endroits dangereux. Dans la partie N. des bas-fonds, ces balais doivent avoir la p^te de leurs verges en haut, et dans la partie S., la p^te en bas.

D'après une note officielle de 1834, les hauts-fonds et écueils sont signalés ainsi qu'il suit :

Un pavillon blanc, si le passage se trouve du côté N. du pavillon et du haut-fond.

Un pavillon blanc ayant un carré rouge au milieu, si le passage se trouve du côté E.

Un pavillon rouge avec un carré blanc au milieu, si le passage se trouve du côté O.

3..

Un pavillon moitié rouge et blanc, quand la navigation peut avoir lieu de tous les côtés.

Les écueils sur lesquels on n'aura pas mis de pavillon, seront comme avant, désignés par des balises.

ENSKAR (Phare) à feu *fixe*, sur l'île du même nom, dans la partie S. du golfe de Bothnie, à quelques milles de l'entrée de *Nystad*, par 60° 45′ 10″ N. et 18° 50′ 30″ E.? Le feu est élevé de 145 pieds au-dessus de la mer; il est composé de 9 lampes à réflecteurs et visible du S. E. au N. E. (du compas), à la distance de 18 milles, lorsqu'on est élevé de 12 pieds au-dessus de la mer.

UTO (Fanal). Un feu est marqué sur cette île dans les cartes publiées en 1825. L'île d'Uto est en dehors de l'Archipel d'*Abo*. Ce phare était autrefois composé d'un feu tournant; aujourd'hui il serait rendu *fixe* et élevé de 100 pieds. 59° 46′ 28″ N. , 19° 2′ 0″ E?

GOUSVOUTSKER. Une tour de remarque est sur l'îlot de ce nom, dans l'archipel d'*Abo*.

HANGO-UDD (Phare) à *feu tournant* sur la petite île *Hango*, qui marque au N. l'entrée du golfe de Finlande; la tour en bois, sert de remarque pour la passe qui conduit à la baie d'Hango; elle se voit à 4 lieues; elle est à 27 milles ½ seulement du phare d'*Odensholm*. On peut juger d'après cela quelle est l'utilité de ces deux points. Ce feu consiste en 9 réflecteurs munis de leurs lampes partagées en 3 groupes séparés. La révolution entière a lieu en 3′ et présente de 1′ en 1′ une lumière forte et 2 plus faibles; les éclipses totales n'ont lieu qu'au-delà d'une distance de 5 à 6 milles, elles sont de 15″ à 20″. Le feu est à 100 pieds au-dessus du niveau de la mer et doit se voir à 15 milles de distance, quand on est élevé de 12 pieds. 59° 46′ N., 20° 36′ E.

PORKALA ou KOUSKAR (Phare de). Feu actuellement *fixe*, consistant en 13 réflecteurs munis de leurs lampes, dont la lumière s'étend de l'E. S. E. au O. S. O. (vrai) ou sur 12 points du compas, avec une portée de 19 milles; élevé de 150 pieds au-dessus de la mer; placé sur la petite île *Kouskar*, à 2 milles S. du cap Porkala; on l'aperçoit à 17 milles $\frac{1}{2}$ avec 10 pieds d'élévation; à 18 milles $\frac{1}{2}$ avec 15 pieds, et à 19 milles $\frac{1}{4}$ avec 20 pieds de hauteur. Lat. N. 59° 56′ 10″, long. E. 22° 3′ 25″?

GRAHARUN (Fanal). On a élevé une tour sur cet îlot, pour reconnaître l'entrée de *Sveaborg*, on y entretient un feu *fixe*. 60° 6′ 18″ N., 22° 38′ 28″ E.?

GLOSHOLM (Phare de l'île), par 60° 10′ 30″ N. et 23° 32′ 6″ E.? *feu tournant*, dont la lumière est visible toutes les trois minutes pendant 20″, et disparaît ensuite pendant 40″.

Sa hauteur est de 120 pieds au-dessus de la mer, et son feu se voit à 3 $\frac{1}{2}$ milles d'Allemagne. Il est vis-à-vis le cap S. de l'île Pellinge.

ROTHSCAR (Fanal). On a transporté sur cette île, à environ 9 milles S. O. $\frac{1}{4}$ O. de l'île *Hogland*, le fanal qui était établi sur le cap *Lativanem*.

Ce fanal a 50 pieds au-dessus de la mer, et se distingue de ceux des environs d'Hogland, en ce

que sa lumière *s'éclipse* et reparaît alternativement de 2′ en 2′; on l'aperçoit à 13 milles, lorsqu'on est élevé de 29 pieds. Lat. 59° 58′ 10″ N.,
long. 24° 20′ 37″ E.

HOGLAND (Feux de l'île). Deux phares sont
dans sa partie N.; le premier à *feu fixe*, n'a que
28 pieds d'élévation. Il est à l'ext. de la p^te N. Le
second, sur une éminence à un demi-mille dans
le S., est élevé de 328 pieds au-dessus de la mer;
son feu est à *rotation* et à réverbères. Les brouillards s'opposent souvent à ce qu'on puisse voir
ces feux par suite de leur élévation. C'est ce qui
en a fait élever un sur l'île *Rothscar*, à 3 lieues
dans le S. O. ¼ O. de la p^te N. d'Hogland.

Les derniers renseignemens sur les feux du
golfe de Finlande, portent ce qui suit : *Hogland-
le-Haut*, élevé de 382 pieds ½; on l'aperçoit à
26 milles à la hauteur de 10 pieds; à 27 milles à
celle de 15 pieds, et à 27 ½ milles à celle de
20 pieds. 60° 5′ 41″ N., 24° 37′ 0″ E. *Hogland-le-
Bas*, élevé de 28 ½ pieds; on l'aperçoit à 9 ¼
milles à la hauteur de 10 pieds; à 10 ½ milles à
celle de 15 pieds, et à 11 ¼ milles à celle de
20 pieds. 60° 6′ 20″ N., 24° 37′ 19″ E.

Le haut Hogland est éloigné du *bas* d'une verste
au S. Les vaisseaux peuvent approcher le bas
Hogland sans danger : il éclaire seulement les côtés
N. E. et N. O., et reste invisible aux côtés S. E.
et S. O., à cause des montagnes. L'île Hogland
est un point de reconnaissance indispensable pour
pénétrer au fond du golfe; elle est élevée et se
découvre de 10 lieues.

(33)

ORENGROUND. Tour sur un îlot, signalant la passe de la rade *Lovisa*. 60° 17′ 15″ N., 24° 9′ 15″ E.

ASPO et **LESKER**, îlots de l'archipel *Perkel-chker*, qui ont chacun une tour, distantes de 1 ¼ mille N. O. Lat. 60° 15′ 15″ N., long. 24° 57′ E.

SOMMARO (Phare), sur un monticule au milieu de l'île ; *feu fixe* brillant, à 84 pieds au-dessus de la mer. Ce phare est très utile lorsqu'on est forcé de louvoyer entre les îles Hogland et Sommaro : par un temps clair, on ne perd jamais de vue l'une de ces deux îles. On aperçoit le phare de 14 milles à la hauteur de 10 pieds ; de 15 milles à celle de 15 pieds, et de 15 ½ milles à celle de 20 pieds. Lat. 60° 12′ 25″ N., long. 25° 18′ 17″ E.

NERVOE (Amers), tour rouge au centre de l'île, extrêmement basse ; à égale distance dans l'E. et l'O., sont deux tourelles.

BJORKO. Tour sur la côte N. de cette île.

TOLBAKEN (Phare). Il a 85 pieds de hauteur et un *feu fixe*. L'île *Tolbaken* est à l'ext. O. de l'île *Cronstadt* ; son feu dirige vers l'entrée de ce port. On le découvre de 6 lieues et bien avant de distinguer l'île. C'est pour assurer ce passage qu'on a établi le feu flottant du récif de *Londonskagrundet*. Lat. 60° 2′ 35″ N., long. 27° 12′ 11″ E.

LONDONSKAGRUNDET. Feu flottant qui consiste en trois fanaux disposés en triangle équilatéral. Comme l'accore S. du haut-fond au S. S. E. de la tour *Tolbaken*, est signalé par un pavillon rouge, et que l'ext. du *Londonskagrundet* est indiquée par un pavillon blanc, entre lesquels commence la passe de Cronstadt, il est toujours facile d'aller prendre ce mouillage.

DOLGUENOSS et STRIS-OUDIN, tours de remarque sur la côte S. du premier de ces caps, et sur la côte N. du second.

La première ayant été entraînée à la mer, il en a été construit une nouvelle sur la montagne *Soikin*, district de Yambourg, par 59° 44′ 59″ N. et 26° 12′ 0″.

SESKAR. (Feu de l'île) sur la p^te N. O. Il a 80 pieds d'élévation et consiste en une tour blanche où l'on entretient un *feu fixe* qu'on aperçoit avant de perdre de vue celui de *Sommaro*. L'île Seskar est basse, entourée de récifs de trois côtés ; la p^te N. O. du récif est signalée par un amer à pavillon blanc. Lat. 60° 2′ 9″ N., long. 26° 1′ 33″ E. On le voit à 16 milles, étant élevé de 20 pieds.

NARVA (Phare) à droite de l'emb. de la rivière ; son élévation paraît être de 22^m 95. On l'aperçoit à 13 $\frac{1}{4}$ milles à la hauteur de 10 pieds ; à 14 $\frac{1}{2}$ milles à celle de 15 pieds, et à 15 milles à celle de 20 pieds. Son feu est *fixe*. Lat. 59° 27′ 45″ N. ,long. 25° 45′ 30″ E.

EKHOLM (Phare de l'île). Feu *fixe* dans la baie de Monwick et servant à la navigation des baies de Paponwick, Casperwick et Monwick, particulièrement cette dernière qui a un bon mouillage abrité. Son élévation est de 23^m 90. On l'aperçoit à 13 $\frac{1}{2}$ milles à 10 pieds de hauteur ; à 14 $\frac{1}{2}$ milles à celle de 15 pieds, et à 15 milles à celle de 20 pieds. Lat. 59° 41′ 8″ N., long. 23° 27′ 35″ E.

KOSKAR-EYR (Fanal). Feu *fixe*, à 30^m 48 au-dessus de l'eau ; il est sur la roche du même nom. On l'aperçoit à 15 milles à la hauteur de 10 pieds; à 10 milles à celle de 15 pieds, et à 16 – milles à celle de 20 pieds. Lat. 59° 42' N., long 22° 41' 19" E.

REVEL (Phare), construit près des casernes sur la montagne de Cathérinental, à 1 mille de Revel, et à feu *fixe*. Il est placé de telle manière qu'on ne voit le feu que lorsqu'on arrive contre les récifs au N. de l'île de *Wolf* et au bas-fond couvert de 18 pieds d'eau à l'E. de *Nargo*.

Ce phare a 41^m 15. On l'aperçoit à 16 ¾ milles à 19 pieds de hauteur; à 17 ½ milles à celle de 15 pieds, et à 18 ¼ milles à celle de 20 pieds. Lat. N. 59° 25', long. E. 22° 26'.

Au N. O. de l'île *Wolf* est un signal monté sur une pierre, par 59° 36' 45" N. et 22° 23' E.; enfin on annonce que sur l'écueil à l'E. du banc de sable de Revel, il existe une petite balise avec une touffe en haut; une autre balise avec une touffe en bas, est au midi de la première dans la direction S. de la p^te du bas-fond visible, qui part du banc de Revel dans l'E. S. E., et par une profondeur de 10^m. Ces balises sont sujettes à être déplacées.

REVEL (Nouveau phare) nommé *phare méridional de Cathérinenthal*, installé sur le mont *Laksberg*, à 500 sagènes S. 54° E. de l'ancien par 59° 25' 47" N. et 22° 29' 2" E. Le feu est *fixe* et à 64^m au-dessus de la mer. Il assure l'entrée et la sortie de la rade de Revel, entre les bancs nommés *nouveau banc et Revenstein*.

Ce feu, produit par 7 réverbères, se voit à 20

milles, lorsqu'on est élevé de 15 pieds au-dessus du niveau de la mer.

NARGO (Phare), à feu *tournant*, au N. de l'île du même nom ; il a 28ᵐ 50 d'élévation et s'éclipse de 2' en 2'. On l'aperçoit à 11 ¼ milles à 10 pieds d'élévation ; à 12 milles à celle de 15 pieds, et 12 ¾ à celle de 20 pieds. Lat. N. 59° 36' 22'', long. E. 22° 10'40''. On a annoncé que ce phare avait été reculé de 100 sagènes S. E., à cause des dommages occasionés par les eaux en 1824 ; qu'il est de 15ᵐ plus élevé ; qu'il est, comme autrefois, éclairé de trois côtés, avec des réflecteurs qui ont la même dir.

SUROP (Phare), sur le cap de ce nom (Esthonie), par le 59° 27' 55'' N. et 22° 2' 45'' E. ; feu *fixe* de 11ᵐ d'élévation. On l'aperçoit à 17 milles ¾ quand on est élevé de 15 pieds, et à 18 ½ milles quand on a 20 pieds de hauteur.

PAKERORT (Phare de), par 59° 29' 30'' lat. N. et 21° 40' 15'' E., sur la côte S. du cap du même nom ; il a 44ᵐ d'élévation. On le découvre à 17 ½ milles à 10 pieds d'élévation ; à 18 ¼ milles à la hauteur de 15 pieds, et à 19 milles à celle de 20 pieds. Il sert principalement de remarque pour gagner le port Baltique ou Revel.

ODENZHOLM (Phare). L'îlot d'Odenzholm est à 9 lieues N. 56° E. de la pᵗᵉ *Simpenas* (cap N. de l'île Dago) ; le feu *fixe* est sur la pᵗᵉ N., à 33ᵐ 80 au-dessus de la mer, à 19 milles S. O. de Pakerort. On l'aperçoit à 15 milles ¾ à la hauteur de 10 pieds ; à 16 ½ milles à celle de 15 pieds, et à 17 ¼ milles à celle de 20 pieds. Lat. N. 59° 18' 19'', long. E. 21° 1' 35''.

Pour se garantir des dangers qui existent entre Dagerort et Odenzholm, il faut se tenir à 4 ou 5 lieues de l'île Dago ; quand, à cette distance de l'île, on sera N. et S. avec le phare de Dagerort, on découvrira le cap Simpenas, très élevé et formant saillie ; son relèvement indiquera la route à suivre pour passer suffisamment au large du danger. Le haut-fond, nommé *Nygrund*, signalé par deux amers à pavillon, et sur lequel il n'y a que 10 pieds d'eau, est à 4 milles dans le N. E. de l'île Odenzholm.

DAGERORT (Phare), sur la partie la plus élevée de l'île Dago, à 5 milles E. du cap Dagerort. C'est un *feu fixe* sur une tour, qu'on aperçoit à 9 lieues ; le feu est à 163^{m}70 au-dessus de l'eau. Le cap *Simpenas*, ou p^{te} N. de l'île Dago, est à 13 milles N. E. $\frac{1}{4}$ E. du cap Dagerort. A 10 pieds d'élévation, le feu se voit à 30 $\frac{1}{4}$ milles ; à 15 pieds de hauteur on le voit à 31 milles, et à celle de 20 pieds il est visible à 31 $\frac{3}{4}$ milles. Lat. N. 58° 54′ 59″, long. E. 19° 51′ 30″.

FILSAND (Phare). La petite île Filsand, à la côte O. d'OEssel, porte un phare de 33^{m}80 au-dessus de la mer, dont le feu est à *rotation*, pour le distinguer des feux fixes de *Dagerort* et de *Svarferort*. La lumière paraît, croît et s'éclipse en 2′. Après avoir rectifié sa position au moyen de ce feu, on peut facilement diriger sa route vers le golfe de Livonie, avec les précautions nécessaires. Lat. 58° 23′ 10″ N., long. 19° 26′ 15″ E.

Nota. Le *Moniteur* du 29 mai 1828 a annoncé qu'à *Vielsand*, indépendamment du phare qui existait déjà, on en a construit un second; et au lieu d'un feu tournant, il aurait été rendu fixe pour l'un et l'autre phare. La hauteur du dernier construit, au N., serait de 27^m40; ce phare est donc de quelques mètres moins élevé que l'ancien. Ils sont distans l'un de l'autre de 80 sagènes.

SVARFERORT. Le fort nommé le *Zerlich* ou le *Zerla*, est sur la p^te S. de l'île d'OEssel, par $57^\circ 54' 35''$ N. et $19^\circ 44' 51''$ E., 33^m85 au-dessus de la mer; il est à deux feux : le plus élevé éclaire tout l'horizon vers la mer; l'inférieur n'est qu'à 24^m70 au-dessus de l'eau. Le fanal supérieur *tourne sans cesse ;* chaque révolution est d'une minute avec éclipse. On les aperçoit à 15 milles.

Le haut-fond de Saint-Michel est à environ 5 lieues dans le S. 44° O. du phare de Svarferort, ce qui rend sa position importante àreconnaître, puisque si l'on relève ce feu du N. E. au N. à la distance indiquée, on peut conclure que l'on est très approché du danger.

ARENSBOURG. A l'entrée d'Arensbourg, île d'OEssel, sur le banc de sable nommé *Kalkgrund*, et sur le banc de sable au S. S. E. de ce dernier, sont des balises; celles au N. sont en blanc, et celles au S. rouges. Elles sont sujettes à être changées de position; néanmoins, il a été décidé que pour prévenir les accidens qui résultent de l'absence de tout signal sur le banc de *Kalkgrund*, deux signaux y seraient toujours placés; celui de l'E. guidera pour louvoyer dans le golfe de Riga, et l'autre pour ceux qui se rendent à *Arensbourg*.

RUNO (Phare). Feu *fixe* dans une tour à l'ext. N.

de l'île *Runo*, au milieu d'un banc qui n'a que très peu d'eau ; on ne doit jamais l'approcher à une distance moindre de 4 milles : sa hauteur est de 23^m 75. Lat. 57° 48′ N., long. 20° 51′ E.

RIGA (Phare). On a établi sur la digue du fort *Comet*, un phare composé de deux feux ; le premier, élevé de 32^m au-dessus de la mer, est visible à près de 4 lieues ; le second, placé sur la même ligne, à 7^m 6 de hauteur, ne s'aperçoit qu'à 2 ½ lieues.

Le feu inférieur indique l'approche de l'endroit où l'on peut mouiller, et sert à faire éviter le récif qui s'étend devant *Magnusholm*, ainsi que le banc de sable qui entoure cette île. Il éclaire aussi l'emb. de la *Duna*.

Les *Instructions nautiques* apprennent que pour entrer, il faut relever l'une par l'autre les deux balises de 45 pieds plantées sur la rive droite de la *Duna* ; celle le plus en dehors, est surmontée d'une boule ; l'autre est en triangle. Il n'y a sur la barre que 12 à 13 pieds d'eau. Les bouées ou tonnes qu'on doit laisser à tribord en entrant, sont blanches, et celles de la rive opposée noires.

DOMESNÆS (Phares). Il y a deux tours à feu sur la p^te Domesnæs, ext. N. E. de la Courlande : ces tours sont carrées, peintes en blanc et peu élevées ; quand on les voit l'une par l'autre dans le N. O. (corrigé), on est dans l'alignement du récif dont l'ext. avance à 3 milles au large de la p^te ci-dessus, dans la direction N. E. En naviguant dans la baie de Riga, on doit manœuvrer de manière à ce que l'angle de ces deux feux, que l'on voit à l'E., croisse toujours; dans le cas contraire, ce serait une preuve que l'on court sur la côte de Courlande. Leur élévation est de 26^m 60, et on les voit à 14 milles, par 57° 46' 30" N. et 20° 11' 59" E.

PRUSSE.

MEMEL (Phare), à feu *fixe*, entretenu toute l'année, moins les mois de juin et de juillet; on le laisse à bâbord en entrant dans le Curische-Haff.

Le feu est *fixe* et produit par 13 lampes d'*Argant*, munies de réflecteurs paraboliques de 20 pouces de large sur 8 de profondeur; on le distingue à 20 milles; il est élevé de 11^m 17. 55° 43' 27" N. et 18° 50' 11" E.

Il y a plusieurs remarques, auxquelles il faut faire attention lorsqu'on veut passer sur la barre de Memel quand les pilotes ne peuvent pas sortir; une instruction avec plan, qui indique la ligne à suivre, sert à cette navigation.

Trois remarques sont entre la ville et le phare; il faut les amener en ligne avec la bouée noire extérieure, qu'on peut passer de l'un ou de l'autre côté; puis donner entre deux autres bouées et continuer en tenant les remarques de terre en ligne, jusqu'au mouillage, après avoir dépassé le fanal.

BRUSTER-ORT. Deux feux sont sur le cap de ce nom, par 54° 57' 36" N. et 17° 39' E.

Ces feux consistent en deux amarques, au sommet desquels on hisse, pendant la nuit, deux lanternes. La terre y est de 35^m 66 au-dessus de la mer, et les lanternes à 6^m 09 plus haut ; cependant, comme la lumière n'est produite que par des chandelles , elle ne se distingue qu'à petite distance.

PILLAU (Phare). Ce feu *fixe* produit par 9 lampes d'Argant, à réflecteurs paraboliques, est disposé de manière à ce que, au moment de perdre celui de la p^{te} *Hela* de vue, on puisse retrouver celui de Pillau, qui n'est allumé que du 1e août au 15 mai. Le phare de *Pillau* est à 6 milles S., à peu près, du feu de *Brusterort*. Il est par 54° 38' 25" N. et 17° 33' 36" E., élevé de 33^m 80 sur une tour de 29^m et visible à 4 ½ milles du N. N. E. au S. O. ¾ O.

On a placé 3 grandes balises en ligne du phare, pour conduire dans la passe ; mais le premier objet qu'on remarque du large, est une grande tour élevée de 36^m 45 au-dessus de la mer, près de Alt-Pillau , qui se montre comme un navire sous voiles à trois mâts ; on la voit à 2 milles.

NEUFAHRWASSER (Fanaux), à la p^{te} O. de la nouvelle entrée de la Vistule, par 54° 24' 16" N. et 16° 28' 14" E. L'un de ces feux est dans une tour de 21^m 95 et produit par 7 réverbères paraboliques, sur deux rangs ; l'autre n'est qu'une simple lampe à l'ext. d'une balise. Ces *feux fixes* se voient à 3 milles du N. O. ¼ O. au N. E. ¾ N., et sont alimentés par le gaz.

RIXHOFT (Phare), *feu fixe* produit par 15 lampes placées sur deux rangs ; les miroirs sont des paraboles parallèles ; il est élevé de 66^m 75 au-dessus de la mer, par 54° 59' 52" N. et 15° 58' 51" E. , et se voit à 5 milles.

4..

OXHOFT (Signal). Ce signal est placé à l'O. de Dantzick.

HELA (Phare), à 4 encâblures **N. E $\frac{1}{2}$ E.** de la p^te. Ce feu a 28^m 5o d'élévation ; il est composé de 6 lampes disposées de manière à produire les apparences d'un feu *tournant*, avec des éclats et des éclipses de demi-minute, visibles à 4 milles. 54° 36′ 10″ N., 16° 26′ 22″ E.

JERSHOFT (Phare), à *feu tournant*, par 54° 33′ N. et 14° 16′ E., à l'ext. E. de la roche *Robert Hooft*, entre Rügenwalde et Stolpmunde ; ce phare est circulaire, sa lanterne est en fer ; 15 réverbères paraboliques de 20 pouces sont divisés en trois groupes et placés sur l'axe, en sorte qu'à chaque rotation, il y a trois temps d'obscurcissement : la rotation totale étant de 6′, les trois temps de lumière sont de 70″, et ceux des éclipses de 5o″, ce qui distingue ce phare des feux fixes de *Rixhoft* et d'*Arcona*, et du feu tournant de *Hela*, dont les périodes sont égales entre elles.

Le sol sur lequel ce phare est construit, est élevé de 22^m au-dessus de la mer, et la hauteur de l'édifice de 28^m, ce qui donne 5o^m pour l'élévation du feu. Il se voit à 18 milles dans tout l'espace compris entre l'E. N. E. et le S. O., en passant par le N.; mais dans la baie où se trouve le port de *Stolpmunde*, le feu est caché par les dunes voisines du lac de *Vietzig*, de sorte que de ce côté, le feu n'est vu que dans la rade.

SWINEMUNDE (Fanal), par 53° 55′ N. et 11°

55′ E. Sa lumière est fournie par 5 lampes avec réflecteurs paraboliques, à 11^m 58 au-dessus de la mer, et visible à 10 milles

Pour distinguer l'entrée lorsque les pilotes ne peuvent arriver, on a placé deux remarques, la première, sur le môle E., l'autre sur les dunes E. On montre alors un pavillon rouge à la remarque du môle ; en entrant on laisse les bouées blanches à tribord ; on gouverne jusqu'à relever le fanal au N. O. $\frac{1}{4}$ N. du compas, p^{te} extérieure du môle E. , en ayant soin de conserver la grande bouée blanche la plus extérieure, placée à l'ext. du bas-fond O. par 16 pieds d'eau , à tribord ; et la bouée noire suivante , suivant une ligne oblique, vers le fanal, à bâbord. Dans cette situation, les deux nouvelles remarques se relèvent au S. S. E. et conduisent dans le port. Lorsqu'il n'y a point de pilote dehors, et qu'on ne hisse aucun signal , on ne doit point tenter l'entrée ; on doit mouiller en rade ou rester à la mer.

GRIESWALD-OIE (Fanal). Ce feu est par 54° 15′ 19″ N. et 11° 47′ 15″ E. , sur une colline de 26^m 50 au-dessus de la mer. Un échafaudage en fer contient deux lanternes à 25 pieds l'une au-dessus de l'autre : elles se voient à 6 milles. A cette distance et depuis le S. O. $\frac{1}{4}$ S. jusqu'au N. N. O., ceux qui se dirigent vers *Swinemunde* voient une lumière double ; mais dans la partie S. on ne voit qu'une lumière.

ARCONA (Phare d'), à la p^{te} N. E. de l'île Rugen, par 54° 40′ 48″ N. et 11° 26′ 4″ E. ; éclairé par des lampes garnies de miroirs paraboliques , à 59ᵐ 4o au-dessus de la mer. Ce feu est visible à 6 milles de l'E. 59° S. ou O. 31° S.

GELLEN (Feu), à l'entrée du chenal de Stral-sund, d'après la carte de 1815, et par 54° 28′ N. et 10° 52′ 45″ O., selon quelques auteurs.

WARNEMUNDE (Phare), *feu sidéral*, à l'O. de l'entrée, qu'on allume du 1ᵉʳ août au 3o avril. On le voit à 8 milles de l'O. N. O. par le N. jusqu'à l'E. N. E $\frac{1}{2}$ N., et lorsqu'on le perd de vue, on doit cesser de gouverner sur la côte.

Proche du fanal est un mât de signaux. Un grand ballon, peint blanc et noir, indique 11 pieds suédois (3ᵐ 265) et les petits ballons, demi-pied en plus s'ils sont au-dessus, et en moins en-dessous. En hissant une flamme, on annonce la haute-mer, et son absence, la basse. Enfin, un pavillon latéral montre la marche à suivre, lorsque les pilotes ne peuvent sortir et qu'on est forcé d'entrer.

WISMAR (Remarques). On a placé une bouée rouge sur le banc *Jackelberg*, qui s'étend de l'île *Poel*. A $\frac{1}{2}$ mille N. O. à peu près, et à l'angle S. E. du bas-fond *Hannibal*, est une bouée blanche; elles comprennent le chenal le grand *Tief*, et elles sont par 4 $\frac{1}{4}$ brasses d'eau.

Le clocher de Sainte-Marie (le plus élevé de Wismar) reste au S. $\frac{1}{4}$ O. de la bouée rouge, et la maison des pilotes à Poel, au S. O. $\frac{1}{4}$ O.

En gouvernant S. O. $\frac{1}{4}$ O. vent arrière, on peut approcher le *Poel* jusqu'à trois brasses d'eau; mais avant d'y arriver et à l'endroit le plus resserré du chenal, il faut relever du côté de la terre, une perche surmontée d'un pavillon *rouge* ou d'un panier; et du côté de la mer, une autre perche surmontée d'un pavillon *blanc* ou d'un panier : on laisse la première à bâbord et la dernière à tribord, en entrant.

La bouée blanche reste à l'E. S. E. de l'*Hannibal*; au N. du *clocher de Sainte-Marie*; au N. O. $\frac{1}{2}$ N. du clocher de *Hohenkirchen*, et au N. $\frac{1}{4}$ E. de *Poel*.

Lorsqu'en venant du N., on veut entrer par le chenal dit *Mittel-Tief*, on trouve entre l'île de *Lieps* et l'*Hannibal*, sur un fond coloré et par 17 pieds d'eau, une grande bouée noire.

DANEMARCK.

Les feux danois sont allumés depuis la Saint-Michel jusqu'à Pâques, une demi-heure après le coucher du soleil, et depuis Pâques jusqu'à la Saint-Michel, une heure après ce coucher.

Les phares danois de Trindelen, d'Anholt, de Bornholm et de Christiansoe, ont été décrits avec ceux de la Suède, par suite de leur position géographique.

GIEDSER-ODDE, feu *fixe*, à la p^te S. de l'île *Falster*, élevé de 12^m.60, qui sert à la navigation du Grand-Belt et des ports du Holstein. On le décrit semblable à celui de Skagen. 54° 34′ 16″ N., 9° 37′ 55″ E.

TRAVEMUNDE (Phare). La passe est indiquée par deux rangées de bouées blanches à droite, et noires à gauche en entrant. Le phare, à toit plat, a environ 7^m 20 ; mais sa hauteur totale est 33^m 6o. Sa lumière porte sur une grande étendue ; elle est *fixe*, produite par des lampes d'Argant et réfléchie par trois réverbères paraboliques. 53° 57′ 40″ N. , 8° 32′ 29″ E.

Pour que ce feu puisse servir plus efficacement, il n'éclaire que l'angle dans lequel est le chenal ; ainsi, en le perdant de vue, on est assuré qu'on tombe trop sous les côtes de *Holstein* ou de *Mecklembourg*.

Comme il existe une haute falaise sur la côte de Lubeck, du côté de Holstein et près du village de *Brodsten*, il ne convenait pas non plus que le feu fût plus élevé qu'il ne l'est maintenant, pour ne pas le voir par-dessus cette falaise lorsqu'on s'en est rapproché.

Il existe à l'O. du village de Nieudorf (Holstein), à 4 lieues et sur une butte nommée *Gromnitzerberg*, une tour ronde de 13^m 5o, excellente remarque qu'on voit de 5 à 6 milles allemands.

NYESTEDE. On allumait autrefois un petit feu fixe sur la tour de l'église de cette ville (Laaland), pour le service des postes du gouvernement.

FEHMERN (Phare), à feu *tournant*, sur le côté N. E. de l'île Fehmern, sur le Oldenburgh-Huk, dans le voisinage d'un récif dangereux que les Anglais nomment *Put-gardens-reef*.

A 27^m 6o au-dessus de la mer, est placée une lampe qu'on voit tout autour de l'île quand on est à 10 pieds d'élévation et à la distance de 15 milles, et jusqu'à ce qu'on en approche de 1 ou 2 milles ; à cette dernière distance, le feu est caché par la colline de *Catharinenhof*, depuis le S. 7° O. jusqu'au S. 15° E. du compas.

Le feu consiste en 6 lampes garnies de réverbérateurs qui achèvent une révolution en 3′, pendant lesquelles les six éclats de 10″ à peu près, sont suivis d'autant d'éclipses de 20″; mais lorsqu'on est très rapproché, il n'y a point d'éclipses complètes.

Le feu de *Fehmern* se distingue de ceux du voisinage, en ce qu'il est *tournant*, les autres fixes. Des feux de *Giedserodde* (p^te S. de Falster), le feu de Fehmern reste à l'O. 9° N., 25 milles; et du feu de Fakkebierg, au S. 33° E., 23 milles.

BULCK (Fanal). Un petit feu *fixe* avec des lampes à réflecteurs et élevé de 9^m 90, indique le port de *Kiel* et l'entrée du canal du *Holstein*. Dans l'intérieur de la baie de Kiel sont encore deux autres feux qui ont le même but; l'un sur le fort de *Fridrichsort*, l'autre à *Hotteneau*, près de l'emb. de ce canal.

FAKKEBIERG (Fanal). Feu *fixe* au cap S. de l'île Langeland, construit sur le système de celui de Skagen; élevé de 38^m 40, il sert au passage des Belts. 54° 44′ 20″ N., 8° 21′ 44″ E.

KNUDS-HOVED (Fanal). Feu *sidéral* à la p^te E. de Fionie et à l'entrée de la baie de *Niborg*; n'est éclairé que pour le service des postes du Gouvernement. 55° 17′ 24″ N., 8° 31′ 3″ E.

SPROGOE (Fanal). Feu *à éclipses* sur l'îlot de ce nom; sert au même usage que le précédent. 55° 19′ 50″ N., 8° 38′ 8″ E.

KORSOER. Deux feux *fixes* sont établis près

de Korsoer, par 55° 20′ 22″ N. et 8° 47′ 51″ E.

Ces trois derniers établissemens sont sur le grand Belt ; sur le petit Belt, on a les trois suivans, qui ont une même destination.

ASSENS (Feu). Lanterne sur la tête du pont.

BAAGOE (Feu). Lanterne sur la p^te S. de l'îlot de ce nom. 55° 17′ 46″ N., 7° 27′ 50″ E.

AAROESUND (Feu). Lanterne dans la maison de la poste.

THUNOE (Fanal). Feu *fixe* et à lampes, placé sur l'île de ce nom et élevé de 29^m 09 ; sert au cabotage du petit Belt et pour passer entre le Jutland et l'île Samoe. 55° 56′ 58″ N., 8° 6′ 36″ E.

KYHOLM (Fanal). Feu *fixe* sur l'îlot de ce nom, côte N. E. de Samoe ; il a 16^m 80 de hauteur, par 55° 56′ 3″ N. et 8° 20′ 8″ E.

STEVEN'S-KLINT (Phare), à feu *tournant*, sur les falaises élevées de Steven's-Klint, côte de Zélande. Consiste en lampes tournantes à 6 réverbères, qui font un tour en 3′, de sorte que dans cet espace de temps, une grande lumière paraît et disparaît alternativement six fois ; ainsi, on le distingue facilement du feu de charbon de terre, qui brûle pendant les mois d'hiver sur la côte opposée.

Ce feu a 42^m au-dessus de la mer ; il est établi dans un bâtiment construit à la p^te S. de Steven's-Klint, à 1335^m N. N. E. de l'église de *Hoyerup*. Le bâtiment est blanc et sert de remarque.

COPENHAGUE. Un feu de lanterne est allumé à la batterie des trois Couronnes, au N. du mât de pavillon, et à 9^m au-dessus du parapet. On l'allume une heure après le coucher du soleil en été, et demi-heure après ce coucher en hiver, lorsque le Sund n'est pas embarrassé par les glaces.

DROGDEN (Feu flottant du chenal de). Dans le Sund, entre les îles *Amack* et *Saltholm*, au S. O. du lieu nommé *Qvartusgrond*. Goëlette dont les côtés sont peints en rouge avec une croix blanche, mouillée par 4 brasses $\frac{1}{2}$ d'eau, au S. $\frac{1}{4}$ E., 2824^m du port de Dragœ; et à l'E. S. E., 1412^m de la tonne de Sandrew. Le feu consiste en 9 lampes à réflecteurs placées autour du grand mât, à 7^m 8 au-dessus de la mer. Une cloche est tintée 10′ de suite pendant les brouillards, avec des intervalles de 5′. Un pavillon rouge flotte à la tête de son grand mât, et l'on y trouve toujours des pilotes.

KRONBORG. Feu *fixe* et à lampes sur la tour N. E. du château; il est élevé de 34^m 70, et indique l'entrée du Sund et le mouillage dans la rade d'Helsingoer. 56° 2′ 20″ N. , 10° 17′ 6″ E.

NAKKEHOVED (Feux) Ce cap, côte N. de Zélande, étant un point essentiel à reconnaître, on y a établi deux feux *fixes* renfermés dans des lanternes qui n'ont point d'ouverture du côté des terres et qui répandent une très grande clarté; on les découvre à 5 et 6 lieues; celui N. O. a 42^m 90 au-dessus de la mer, et l'autre n'en a que 30^m 90. Le feu E., par 56° 7′ 5″ N. , 10° 1′ 8″ E.

C'est à petite distance du cap, aux villages de Gilleleye et d'Hornbeck, qu'on trouve les pilotes; le moyen de les appeler sur toutes les côtes du Danemarck, est de mettre un pavillon en tête du mât de misaine, en appuyant ce signal d'un ou

5

plusieurs coups de canons ; ils ne conduisent que jusqu'en rade d'Elseneur.

FREDERICKSHAVEN (Fanal de). Depuis que les jetées de ce port sont terminées, on a placé sur la plus S. , par 57°16′12″ N. et par 8° 12′ 40″ E. , un feu de port *fixe*, élevé de 6ᵐ 90 au-dessus de la mer. Ce nouveau port peut admettre des navires tirant 13 à 14 pieds (angl.) d'eau.

TRINDELEN (Feu *flottant*). L'écueil Trindelen, au N. de Lessoe, est un des points les plus dangereux du Cattégat ; il est situé à 6 lieues S. O. (corrigé) de l'île Wingo ; il n'a qu'une encâblure de diamètre et 4 ou 5 pieds d'eau. On y a placé une balise qui sert à le faire reconnaître de jour ; il est accore partout, excepté au N. E. et à l'O. , où des récifs s'avancent à très petite distance. (*Voir* la description de ce feu flottant page 20.)

Il existe deux autres dangers portant le même nom, un à la pᵗᵉ S. de l'île Falster, en dehors du feu de *Griedser-Odde* ; l'autre dans la passe de *Malmo* (côte de Suède).

HIRTSHOLMEN (Phare), à *feu tournant*, sur la petite île de ce nom ; il consiste en une lampe à 3 réverbères, qui fait sa révolution en 1′ 30″, en sorte que durant ce temps la lumière est éclipsée trois fois. La tour de ce phare est carrée, élevée d'environ 13ᵐ 18 au-dessus de la mer, et peut se voir à 11 milles quand on est placé à 3ᵐ 14 au-dessus de l'eau. Sa position est au S. S. O. ½ S. , 14 milles ½ du phare de *Skagen* ; à l'E. N. E. 8°11′ N., 4 milles de *Frederickshaven*, et au O. N. O. ½ N. , 21 milles du feu flottant de Trindelen.

Cette tour sera constamment blanchie, et servira de remarque pendant le jour.

SKAGEN (Fanal). L'ext. de la p^{te} N. du Jutland, quoique très basse, se reconnaît facilement par une tour à feu, bâtie dans l'O. Cette tour blanche, par 57° 43′ 47″ N. et 8° 16′ 4″ E., est élevée de 20^m 88 au-dessus de la mer; on y entretient toute l'année un feu *fixe*, renfermé dans une lanterne, qu'on peut voir de 5 à 6 lieues. Au S. de cette tour, on trouve à petite distance, une église très remarquable, qu'on voit presque en même temps; il faut se tenir en garde contre les récifs de la pointe.

Pour indiquer la présence des glaces dans le Cattégat, on hisse un drapeau blanc à bandes perpendiculaires noires, sur cette tour.

HERTSHALS (Remarques), à l'angle N. O. de la presqu'île de Jutland. Ces remarques consistent en moulins qui se voient à 6 lieues, par un temps favorable : la côte entre elles et le cap Skagen est très basse.

AGGER. La mer ayant déchiré la côte du Jutland, vers 56° 45′ N., et établi une communication avec le *Lymefiord*, on y a établi des signaux qui conduisent dans la passe, une station de pilotes et un mât de signaux, dont les mouvemens du pavillon indiquent les brasses du fond.

EIDEREN (Feu d'). Un petit feu flottant à l'emb. de la rivière de ce nom, tout en faisant connaître son entrée, sert comme stationnaire aux pilotes; il est élevé de 10^m; son bordage est rouge avec une bande blanche. On tinte une cloche ou l'on tire le canon , suivant les circonstances de la brume , pour assurer la position des navires qui sont dans ses eaux.

ALLEMAGNE , MER DU NORD.

HELIGOLAND (Feu). Ce fanal est établi sur la p^{te} la plus élevée de l'île , à 11 lieues N. O. $\frac{1}{4}$ N. de Cuxhaven ; il est *stationnaire* et se voit à 6 ou 7 lieues lorsque l'atmosphère le permet. 54° 11′ 34″ N. , 5° 32′ 58″ E.

M. Zahrtmann donne le chiffre 54° 10′ 50″ N. et 5° 52′ 42″ E. pour le *nouveau* fanal , d'où il faudrait conclure qu'il a été reconstruit.

ELBE (Feux de l'entrée). La passe est balisée par des tonnes et bouées noires et blanches , les premières au S. et les secondes au N. le long du chenal. Les deux extrêmes désignent l'entrée de l'Elbe , la tonne *rouge* étant posée en dehors des bancs.

Comme on les déplace en hivers , on a établi différens amers et fanaux pour déterminer plus précisément l'entrée cherchée.

Il existe deux feux sur l'île *Neuwerk* , éloignés l'un de l'autre de 2100 pieds. Le plus élevé est au S. par 53° 54′ 57″ N. et 6° 9′ 25″ E. , et à 128 pieds au-dessus des marées ordinaires ; il se voit à 4 lieues , l'œil étant à la surface de l'eau ; à 16 pieds au-dessus on le voit à 5 lieues , ou à 2 lieues $\frac{1}{2}$ au-delà de la tonne rouge.

L'autre feu , situé au N. , n'ayant que 64 pieds

au-dessus de la mer, ne se voit qu'à 4 lieues sur le pont d'un vaisseau, c'est-à-dire une lieue au-delà de la tonne rouge. On voit les feux de Neuwerk avant d'avoir perdu de vue celui d'Heligoland.

Lorsqu'on voit le plus élevé des feux de Neuwerk, on le tient au S. 56° E. jusque par 13 et 12 brasses d'eau, où on laisse tomber l'ancre en attendant le jour.

ELBE (Feux flottans). Le premier est sur la ligne qui passe par la bouée rouge, la remarque *Scharhorn* et la grande tour *Neuwerk ;* la bouée blanche n° 1 restant à l'E. S. E. Cette galiote est mouillée par 13 brasses de haute mer ; le jour elle porte un pavillon rouge, et la nuit un fanal à son mât, à 38 pieds au-dessus du pont. On déplace la galiote en janvier et février. En temps de brume, on sonne une cloche de 15' en 15' et pendant une minute de temps ; enfin, quand on voit des navires disparaître dans des bancs de pluie ou de neiges subites, on tire des coups de canon. Ce feu flottant sert aussi de galiote à signaux.

Un bâtiment auxiliaire semblable au premier, la galiote des pilotes, a sa station près de la tonne rouge ou près de Neuwerk, suivant les circonstances. Cependant, comme le chenal éprouve des grands changemens, et que les pilotes ne pouvaient plus aborder les navires sans les plus grands dangers, on a choisi une nouvelle station pour la galiote, beaucoup plus convenable pour les bâtimens entrant en rivière ; en conséquence, lorsque le mauvais temps aura chassé la galiote de sa station ordinaire, on la trouvera ancrée dans le triangle formé par les bouées D, C et n° 6.

Depuis le 15 septembre 1827, il a été stationné un second feu flottant, à l'endroit où le chenal se fourche entre les deux bouées blanches n°s 3 et 4. Du premier au deuxième de ces feux flottans, on a le N. E. $\frac{1}{4}$ E., 6 milles de distance. Les relèvemens exacts du dernier feu sont le S. E. $\frac{1}{4}$ E. de la balise *Scharhorn*, et le N. 12° O. de la grande tour Neuwerk. Il est mouillé par 11 brasses et ne quitte la station que chassé par les glaces.

Ce deuxième bateau est gréé en galiote, et pour le distinguer du premier, il montre de jour un pavillon bleu et blanc à bandes horizontales, à la tête du grand mât; de nuit *deux fanaux* sont hissés à la distance de 18 pieds l'un dessus de l'autre, au même mât, avec son feu supérieur à 38 pieds d'élévation au-dessus du pont, comme dans le premier feu flottant.

Comme les deux feux flottans peuvent être déplacés par les glaces de la rivière pour se réfugier en mer, c'est une indication des dangers qu'il y aurait à vouloir entrer dans l'Elbe, ou des précautions à prendre pour gagner le mouillage, particulièrement celle de la sonde, pour éviter les bancs.

HUGEL-BAAK, balise située à la p^{te} S. de l'entrée de l'Elbe; elle a remplacé la balise provisoire qui y était autrefois. Elle est d'un très grand secours pour la navigation du fleuve.

CUXHAVEN (Fanal). Ce feu, élevé de 25^m 23, éclaire immédiatement le port de Cuxhaven. Il est *fixe;* il y a un bon mouillage devant ce port. 53° 52′ 21″ N., 6° 22′ 46″ E.

WESER (Feu flottant). *Un signal Schiff* a été établi à l'entrée de cette rivière, en remplacement de la tour de bois qui y a long-temps servi. Il est entre les parties du lit du Weser nommé *Tegelersplate* et *Rothengrund*, non loin de la septième bouée noire dite *Hellum*, à 10 brasses de fond, au commencement du flux. Il est assujéti par des ancres à chaînes, et ne peut quitter la station que lorsqu'il y est forcé par les glaces.

On peut reconnaître ce bâtiment à ses deux mâts et au pavillon blanc avec croix rouge, hissé au tenon du grand mât. Pendant la nuit, on allume au même mât, à la hauteur d'environ 28 pieds, un fanal visible à 3 milles, par un temps clair. On y relève : Heligoland au nord $\frac{1}{4}$ E. ; la tour Wangeroog à l'O. $\frac{3}{4}$ N. ; l'église de Minse à Zeverland, au S. O. $\frac{1}{4}$ O. (du compas).

WANGEROOG (Phare). Détruit par les flots orageux de l'hiver de 1825, il serait important à la navigation du Weser et de l'Elbe qu'il fût reconstruit. 53° 47′ 30″ N., 5° 31′ 2″ E.

BREMER-BAACKE. Indépendamment du feu flottant à l'entrée du Weser, il existe une remarque nommée *Bremer-Baacke*, grande tour à signaux, destinée à communiquer avec les navires, et située sur le banc dit *Hohe-Weg*. Cette tour est en bois, sur un fondement de granite, entre la 13ᵉ et la 14ᵉ bouée de mer, directement entre le clocher de *Langwarder* et l'île d'*Heligoland*.

BORKUM (Phare). L'île de ce nom, à l'embouchure de l'Ems, a un feu de 27 lampes garnies de réflecteurs paraboliques, renfermées dans une lanterne de 14 pieds de diamètre et placées au haut de la tour de l'église, à 150 pieds au-dessus de la mer. Neuf de ces lampes sont tournées vers la terre et dix-huit vers la mer. Le feu est entretenu d'un soleil à l'autre, et on l'aperçoit à près de 32 milles.

Indépendamment de ce phare, il existe un signal de 70 pieds, qui, avec le fanal et deux signaux de l'île *Rothum*, indiquent l'entrée de l'Ems O.

Un autre grand signal de 80 pieds correspond au fanal et sert à marquer l'entrée de l'Ems E. ; en tenant ce dernier signal un peu à l'E. du fanal, on trouve devant l'embouchure de l'Ems E. un tonneau noir qui indique 7 et 8 brasses.

Deux petits signaux à l'E. de Borkum servent pour passer dans le *Homme-gat,* où l'on trouve les tonneaux de direction.

Dans l'île hollandaise de *Rothum*, il y a donc deux signaux qui indiquent l'entrée de l'Ems O. ; l'un des deux est entretenu par le gouvernement hollandais, l'autre par le gouvernement hanovrien ; il se trouve sur l'*Ems* E. et O., l'*Homme-gat,* l'*Accumer-ehe* et le *Harle,* cinquante-trois tonneaux qu'on distingue parfaitement les uns des autres ; on ôte ceux de l'intérieur, en hiver, pour les remplacer par des balises, mais on les replace au printemps.

On ne saurait prendre trop de précautions dans cette navigation, pour éviter les écueils de l'île *Juister*, de *Ramsel,* de *Baltrum* et de *Lander-oge.*

On doit toujours prendre pilote en entrant dans l'*Ems*.

PAYS-BAS.

SCHIERMONNIKOOG (Remarques). Les changemens survenus en 1828-1829, dans les sables de la passe *Wriessche-Slenk*, ont occasioné un déplacement des bouées extérieures de cette passe. De la tonne rouge qui est par 7 brasses d'eau, on relève le grand signal d'*Angelmans-Plaat* au S. 28° O., et le grand signal de l'île *Schiermonnikoog* au S. 28° E. S., c'est-à-dire que l'on trouve cette tonne rouge lorsque le petit signal d'Angelmans-Plaat reste à environ une envergure O. du grand signal, tandis que la direction de cette tonne rouge à la tonne *triangulaire* est le S. 39°30′ O. avec 2 et 2 brasses ¼ d'eau au milieu du chenal. On ne trouve qu'une seule tonne noire entre ces deux dernières, mais entre la tonne rouge et les sables de l'île, on en rencontre trois blanches, sans toutefois compter la dernière. La passe commence à la tonne triangulaire qui a conservé sa position primitive et qui est marquée comme dans les années précédentes (relèvement du compas).

TERSCHELLING (Phare). Sur la partie O. de l'île ; feu *tournant* à éclipses de 1′ à 1′ ; la lumière se fait voir pendant 14″ à 15″, mais l'éclat n'a que 6″ de durée.

Ce feu est placé sur la tour *Brandaris*, par 53°21′40″ N. et 2°52′43″ E. ; il est élevé de 52^m au-dessus de la haute mer, et sa portée sur tout l'horizon est de 20 milles.

VLIELAND (Phare). Feu *fixe* lenticulaire et à lampes, de 4ᵉ ordre. Le phare est en pierres, sur la Dune, à l'O. du village, par 53°17'47" N. et 2°43'21" E. Son élévation au-dessus des hautes mers ordinaires est de 46ᵐ, et sa portée de 12 milles. Il éclaire tout l'horizon, excepté au S. O.

HARLINGUE (Fanal). Feu de port *fixe* de 4ᵉ ordre.

KYDUIN. Grand phare à feu *fixe* comme celui de *West-Capell*. Ce superbe phare est à 23ᵐ au-dessus de sa base et à 47 au-dessus de la mer; un navire qui a 7ᵐ au-dessus de la flottaison, peut le reconnaître à 16 milles : il est composé de 26 lampes d'Argant avec réflecteurs. 52°57'4" N., 2°23'12" E.

ZANDDYK. Deux balises ont été établies au S. des bouées à boules de la digue dite *Zanddyk*, au S. de Kykduin, afin que l'on puisse se diriger sur le chenal dit *Schulpengat* au Texel, sans avoir à craindre de toucher sur le bas-fond de *Zuider-haak*. Ces balises sont distantes d'environ 500ᵐ S. E. 2° E. La plus élevée et en même temps la plus E., est surmontée d'un châssis circulaire; elle est par 52°52'55"N. et 2°22'34"E. La moins élevée ou la plus O., a un châssis carré et vertical. Dans le même but, une grosse bouée noire, d'une forme allongée et surmontée d'une boule, a été placée au S. du bas-fond du *Zuiderhaak*, par une profondeur de 10ᵐ (6 brasses) à marée basse.

En venant de la mer pour passer dans le Schulpengat, on aura soin, en apercevant les deux balises de *Zanddyk*, de les relever l'une par l'autre ; et, gardant cet alignement, en avançant sur une sonde graduellement décroissante de 12 brasses à $5\frac{1}{2}$, on aura bientôt en vue la bouée à boule. Dans tous les cas, il sera prudent de ne pas laisser la balise la moins haute à l'O. ou au S. de la plus haute, avant d'avoir dépassé la bouée à boule et de se trouver sur les marques du chenal dit *Schulpengat*.

WIERINGEN (Fanaux). Deux feux placés à l'extrémité O. de cette île, rendent de grands services à la navigation du Zuiderzée.

ENKHUISEN (Phare). *Feu fixe* de 4e ordre, installé depuis le 1er oct. 1835, sur la tour du *Ven*.

URK (Phare de l'île d'). *Feu tournant* de 4e ordre ; feu varié par des éclats de 3' en 3', c'est-à-dire à courtes éclipses.

MARKEN (Fanal). Une lanterne est allumée toutes les nuits sur le bras de mer dit *Goudsee*, entre l'île *Marken* et la digue de *Kalwoude*, à peu près au milieu, pour indiquer la *berme* servant de barrage du Goudsee, 52° 27′ 38″ N, 2° 48′ 14″ E.

Y (Fanal de l'entrée de l') ; *feu fixe* de 4e ordre.

EGMOND (Fanaux). Cette ville a pour reconnaissance de jour, un signal en bois ; et de nuit, deux feux *fixes* à lampes garnies d'appareils lenticulaires du 3e ordre, sur des tours séparées de 310m N. 30° 56′ O. du compas : leur élévation au-dessus de la pleine mer est, celui du N., de 36m 6, et celui du S., de 38m 4. Par un beau temps on les voit de 18 milles ; ils éclairent l'horizon du

N. ¼ N. E., par le N. et l'O., jusqu'au S. S. O.
Tour N., 52°37′10° N., 2°17′7″ E.

Par suite des dispositions prises, la tour N. servira désormais de monument en l'honneur du marin *J. Van-Speyk*, et portera son nom.

ZANDVOORT (Fanal), à *feu fixe*, alimenté par
le charbon; il est au N. du village sur la dune
au bord de l'eau, par 52°22′28″ N. et 2°11′37″
E.; son élévation est de 17ᵐ, et sa portée sur tout
l'horizon, de 4 milles.

Observ. Ce feu n'est allumé que lorsqu'on attend des pêcheurs.

NOORDWYK (Fanal). Petit feu de pêcheur
fixe, qu'on n'éclaire que pendant l'absence de la
lune et lorsqu'il y a des embarcations dehors. Il
est au S. du village sur une dune au bord de
l'eau, par 52°14′34″ N. et 2°5′33″ E. Son élévation est de 20ᵐ, et sa portée de 5 milles; il
éclaire tout l'horizon du N. N. E. par le N., et l'O.
jusqu'au O. S. O.

KATWYK. Feu *fixe* de pêcheur, qui indique
le débarquement, dans les temps de pêche. Ce feu
est sur une tour, sur la dune S. du village, à
150ᵐ du bord de l'eau, par 52°12′2″ N. et 2°3′
18″ E. Son élévation est de 25ᵐ, et sa portée de 6
milles; il éclaire tout l'horizon du N. N. E. par le
N., et l'O. jusqu'au O. S. O.

SCHEVENINGEN (Fanal). Par 52°6′16″ N. et
1°56′ E. Le feu est produit par trois lampes d'Argant, et à 23ᵐ d'élévation. Il guide sur l'entrée de
la Meuse et éclaire jusqu'à la portée de 6 milles
la partie de l'horizon comprise entre le N. et l'O.

BRIEL (Fanaux). Le 1er est un feu *fixe*, installé sur la tour de ville par 51°54′10″ N. et 1° 49′34″ E. Son élévation est de 62^m et sa portée de 7 milles. Il éclaire la partie de l'horizon comprise entre le N. E. $\frac{1}{4}$ N. , le N. et l'O.

Le 2e est un *feu de port*, *fixe*, sur un poteau à l'ext. de la jetée E. ; son élévation est de 5^m et sa portée de 4 milles. Il éclaire les parties de l'horizon comprises entre le S. E. , l'E., le N. et le N. N. O.

Ce dernier feu n'est allumé que pendant l'absence de la lune.

OOST-VORN (Fanal). Par suite des changements survenus dans le chenal de l'entrée de la Meuse , le petit feu de la dune , qui était en arrière d'Oost-Voorn, a été déplacé et transporté un peu en dedans des terres; de manière que le même feu qui présente une lumière *fixe*, étant amené sur le feu de la tour de *Briel*, indique la route qui permet d'entrer dans la Meuse. Ce *feu fixe* est composé de deux lampes d'Argant à miroirs paraboliques; l'une éclaire la passe sur le *Maas drooge* (banc de la Meuse) et dans la direction du N. $\frac{1}{4}$ N. O.; la seconde, dans la direction du nouveau chenal nommé le *Spleet*, par conséquent dans le N. O. $\frac{1}{4}$ O.

Il est installé sur un échafaudage placé sur la dune; il a 12^m 5o d'élévation et il se voit à 3 milles.

On a l'intention de construire à *Oost-Vorn*, un grand phare à feu tournant.

DORDRECHT (Fanal du Kil). *Feu fixe* de 4e ordre; ne sert qu'à la navigation intérieure.

GOERÉE (Phare) à *feu fixe*, lenticulaire et de 2ᵉ ordre. Ce feu est placé sur la tour de l'église, par 51° 49′ 7″ N. et 1° 38′ 23″ E. ; son élévation au-dessus de la haute mer est de 45ᵐ, et sa portée de 18 milles ; il éclaire tout l'horizon , à l'exception de la partie comprise entre le S. E. et le S. O. , en passant par le S.

Il existe un 2ᵉ *feu fixe* à la batterie N. de Goerée, de 4ᵉ ordre ; il est installé sur un échafaudage de bois , élevé de 22ᵐ au-dessus de la mer, et visible à 10 milles ; il éclaire l'horizon compris entre l'E. , le N. , l'O. et le O. S. O.

HELVOETSLUIS (Feu) *fixe*, dans une lanterne de cuivre près la jetée O. , ayant 14ᵐ au-dessus de la mer, par 51° 49′ 12″ N. et 1° 47′ 27″ E. Il est composé de trois lampes d'Argant munies de réflecteurs paraboliques , dont deux vers la mer et le troisième vers le *Flakke*. Ce feu est visible à 8 milles ; il éclaire l'horizon du S. E. jusqu'au N. O. , en passant par le N.

SCHOUWEN (Fanaux), sur la pᵗᵉ O. de l'île *Schouwen*, au N. de l'entrée de l'Escaut E. , par 51° 42′ N. ; 1° 20′ 40″ E. Il y a deux feux de houille distans de 269ᵐ N. E. ¼ E. ; leur élévation est de 36ᵐ au-dessus de la mer ; ils sont visibles à 7 milles , du S. par l'O. jusqu'à l'E. N. E.

Observ. Un phare à feu tournant, dont les éclipses auront lieu de 30″ en 30″ et la lumière se verra pendant 25″ avec un éclat de 10″, remplacera ces petits feux en 1839. Il sera installé sur une tour construite à cet effet, dont l'élévation sera suffisante pour le voir en mer à 20 milles. Il se verra de tout l'horizon. 51° 42' 33" N. et 1° 21' 21" E.

BOLBAKEN (Signal), à bâbord en entrant dans l'Escaut E., à quelque distance du port de *Zierikzée*.

ZIERIKZÉE (Fanal). C'est un petit feu *fixe* de 3 lampes, sur l'Escaut E. Il est sur la jetée O., par 51° 37' 55" N. et 1° 33' 13" E. ; son élévation n'est que de 13^m et sa portée de 5 milles. Il éclaire l'Escaut E., la rade de *Zierikzée*, et l'entrée de *Rompot*.

VEERE. Petit feu de lampes sur la tour *Kamp-veersche*, par 51° 32' 56" N. et 1° 20' 8" E. ; son élévation au-dessus de la haute mer est de 11^m 70 et sa portée de 4 à 5 milles ; il éclaire les rhumbs N. ¼ N. E., E., S. et S. ¼ S. O. Il est invisible en dehors des bancs.

MIDDELBOURG (Fanal) à *feu fixe*, dans le *Sloe*, près du *Sandkreek* et au S. du nouveau port de *Middelbourg*. C'est un feu de lampes installé sur un échafaudage en bois de la digue S., par 51° 31' 44" N. et 2° 20' 41" E. ; il est élevé de près de 10^m au-dessus des hautes eaux ordinaires, avec une portée de 3 milles, éclairant l'horizon par le S. S. E., l'E. et le N., par conséquent le *Sloe*, le *Sandkreek* et la passe de *Veere*.

WEST-CAPPEL (Fanal), *feu fixe* produit par 15 lampes d'Argant, munies de réflecteurs argentés. Ce feu est installé sur la tour de la vieille église, par 51° 31' 45" N. et 1° 6' 39" E. Il a 44^m d'élévation au-dessus de la haute mer, avec une portée de 14 milles, éclairant tout l'horizon, à l'exception de la partie comprise entre l'E. S. E. et le N. E.

FLESSINGUE (Feu). A l'O. du port marchand est un feu de lampes qui a 15^m d'élévation ; c'est aussi une bonne remarque de jour. Il est installé sur un échafaudage en bois du bastion, par 51° 26′ 23″ N. et 1° 14′ 20″ E. ; sa portée est de 10 à 12 milles, et il éclaire tout l'horizon depuis l'E. S. E., par le S. jusqu'au N. $\frac{1}{4}$ N. O.

BLANKENBERG. Petit feu *fixe*, qui ne s'allume que lorsque des pêcheurs sont en mer ; il est visible à 3 milles, étant élevé de 16 mètres.

OSTENDE (Feux). Deux feux tenus l'un par l'autre, conduisent dans le chenal qui mène à l'entrée du port. L'un est le feu des dunes, communément appelé le *petit fanal*, à l'E. du port ; l'autre est le *muroir*, sur la p^{te} de la jetée de l'E.

Le phare principal a 38^m au-dessus de la basse mer ; c'est un feu lenticulaire du 3e ordre, visible à 5 et 6 lieues. 51° 14′ 10″ N., 0° 35′ E.

Le petit feu s'allume à chaque mi-marée de 16 pieds d'eau sur les barres ; il est sur la jetée E. et visible à 3 milles ; ce feu communique avec un second établi dans les dunes, à 18^m au-dessus de la haute mer, qu'on ne voit que dans la direction du port pour en indiquer l'entrée.

Pendant le jour, on annonce le moment où il y a assez d'eau sur la barre, en hissant un pavillon bleu au mât placé sur le rempart à l'O. du phare.

NIEUPORT (Fanal). On éclaire occasionnellement un feu de port pour le cabotage.

GRANDE-BRETAGNE.

Remarques. Les feux flottans sont munis de *tam-tams* que l'on frappe pendant les brouillards, de 10' en 10', généralement.

Pendant le jour, les navires portent des pavillons rouges ou des boules de la même couleur, à la tête de leur grand mât : leur absence indique que le navire n'est pas à sa station accoutumée.

Les élévations sont en pieds anglais, et les relèvemens sont magnétiques.

BERWICK (Feux), à l'ext. de la jetée E., à tribord en entrant. Il y a deux lumières *fixes* dans la même tour, à 44 et 24 pieds au-dessus de la mer ; le supérieur est de couleur naturelle, et l'inférieur, que l'on n'allume que lorsqu'il y a 10 pieds d'eau sur la barre, est rouge ; on voit ce dernier à 2 lieues depuis le N. 73° E. jusqu'au S. 22° 30' O. ; et le premier à 3 lieues du N. 11°. O. jusqu'au S. 56° 15' O. Lat. 55°46' 0" N., 4° 18' 24" O.

LONGSTONE. Le feu extérieur sur le *Long-stone*, est *tournant* et accomplit sa révolution en 30" ; visible à 13 milles de tous les points de l'horizon, il est élevé de 74 pieds au-dessus de la mer, sur une construction en briques. 55° 38' 9" N., 3° 57' 29" O. Ce feu est en ligne avec le feu supérieur de Farn, quand on est sur le *Knavestone* (1827).

FARN. Deux phares, le plus élevé près la p.te S. O., l'inférieur près la p.te N. O. de l'île, par

55º 37′ 0″ N. et 4º 0′ 24″ O. ; ils ont leurs sommets rouges, et sont distans de 560 pieds N. ¼ N. O. Le plus élevé, de 82 pieds au-dessus de la mer, est *tournant*, et accomplit sa révolution en 30″ ; il se voit à 14 milles tout autour de l'horizon ; le plus bas, qui n'est qu'à 38 pieds d'élévation, est *fixe*, et ne se voit qu'à 10 milles du N. à l'O. Le haut feu, tenu un peu moins de sa longueur à l'E. du feu inférieur, conduit entre le *Megstone* et *Oxscar*. Les feux et le Megstone en ligne, conduisent entre le *Plougseat* et le *Goldstone* (1776 et 1810).

BLYTH (Feu). A bâbord en entrant en rivière, feu *fixe*, qu'on allume lorsqu'il y a 8 pieds d'eau sur la barre. Le jour, on hisse un pavillon pour indiquer la même quantité. On le voit à 10 milles ; il est élevé de 52 pieds, sur une tour blanche de 37 pieds. 55º 7′ 0″ N., 3º 50′ 24″ O.

TYNEMOUTH (Fanal du château). Au côté N. de l'entrée de la riv. *Tyne*, ce feu est *tournant*, très brillant, et se voit à 18 milles. Le plus grand éclat a lieu de 1′ en 1′ ; la lumière se perd graduellement jusqu'à l'éclipse. 55º 1′ 20″ N., 3º 44′ 55″ O. On le voit du N. E. au S. ½ E. Le phare est en pierre et élevé de 62 pieds ; sa lumière est à 148 pieds au-dessus de la mer (1802).

TYNE (Fanaux). Ils sont dans l'intérieur de la rivière, à *feux fixes* et à tribord en entrant, sur des tours séparées de 720 pieds E. ½ S. et élevées l'une de 49, l'autre de 76 pieds, les feux à 123 et à 77 pieds au-dessus de la mer, visibles de 18 et de 15 milles ; ils indiquent la direction de l'entrée, c'est-à-dire que lorsqu'on les amène en ligne, on est dans les plus profondes eaux près du banc *Herd* (côté S.). On ne trouve que 7 pieds d'eau sur la barre pendant les marées d'équinoxe. On allume les feux depuis le premier quart du flot jusqu'au premier quart du jusant ; on hisse un pavillon le jour pendant les mêmes époques. 55° 0′ 0″ N. et 3° 46′ 24″ O (1808 et 1810).

SUNDERLAND (Feux). Placés de chaque côté de l'entrée de la rivière Wier, et *fixes*. Celui de la jetée N., le plus élevé (73 pieds), a deux feux, dont un rouge à 18 pieds au-dessous de l'autre et se voyant à 20 milles, par 54° 55′ 12″ N. et 3° 41′ 40″ O. Le fanal inférieur, qui n'a que 32 pieds, est sur la jetée S., allumé suivant l'état de l'atmosphère et l'eau sur la barre ; lorsque le vent et la marée sont favorables, on l'allume vers la mi-marée jusqu'au premier quart du reflux : on le voit à 10 milles. Le jour, on hisse un pavillon pendant les mêmes circonstances. Avec des vents d'O., on éteint le feu inférieur à marée haute (1780 et 1802).

HARTLEPOOL (Phare et fanaux) ; le phare à *feu rouge*, *fixe*, a été construit sur la jetée ; il est éclairé toutes les nuits. On y relève (magn.).

La partie extérieure de Hartlepool-Heugh, E. S. E. $\frac{1}{4}$ de mille.

La bouée Langscar, S. $\frac{1}{2}$ E, 2 milles.

Rowcliff, S. E. $\frac{1}{4}$ S., 12 milles.

La bouée rayée de la barre, S. S. O. $\frac{1}{2}$ O., 120 brasses.

Les navires venant du nord, ouvriront le feu,

qu'on relèvera alors au O. N. O. , ils n'approche-
ront pas à plus de 6 à 7 brasses de haute mer,
pendant la nuit, et quand le feu est relevé au N.
N. O. , on peut mouiller si c'est nécessaire.
Pendant le jour, après avoir passé la bouée rayée,
on laisse toutes les bouées noires à tribord. Un
pavillon rouge est hissé à mi-marée.

Un *feu de marée*, blanc, est placé immédiatement sous le feu rouge ; on l'allume depuis la mi-
marée jusqu'à la mi-baissée.

Enfin deux autres *feux rouges* ont également
été placés sur les murs du chantier. En entrant, et
lorsque le feu de la jetée reste au N. N. E. $\frac{1}{2}$ E. , à
peu près 120 brasses de distance, on gouverne au
N. $\frac{1}{2}$ E. jusqu'à ce que les deux derniers feux se
confondent et restent au N. $\frac{1}{2}$ N. O. $\frac{1}{4}$ O. , direction qui conduit à l'entrée du port intérieur.

TEES. Plusieurs nouveaux phares sont en construction à l'embouchure de ce fleuve.

WHITBY (Fanal). Feu *fixe* sur la jetée O. , à
tribord en entrant ; il se voit à près de 12 milles ;
on ne l'allume que lorsqu'il y a 8 pieds d'eau sur
la barre. Le jour, on hisse un pavillon sur le rocher O. dans les mêmes circonstances ; il est élevé
de 83 pieds. Sa tour est en pierre jaune (1831).

SCARBOROUGH (Feu), à tribord en entrant ;
fixe et visible à 11 milles ; on ne l'allume que
lorsqu'il y a 12 pieds d'eau à l'entrée, ce qu'on
marque par un pavillon, le jour. Il est élevé de
41 pieds au-dessus de la mer, avec sa tour blanche. 54° 17′ 0″ N. 2° 43′ 24″ O. (1800).

FLAMBOROUGH (Fanal du cap). Feu *tour-*

nant, et montrant de la même chambre deux feux semblables l'un après l'autre, puis une lumière rouge avec des intervalles de 2'. Après l'éclat, elles diminuent jusqu'à l'éclipse; les lumières jaunes se voient à 18 milles. 54° 7' 50" N., 2°.25' 24" O. Tour blanche élevée de 22^m 18, et sa lanterne de 65^m 6 au-dessus de la mer (1806).

SPURN (Feux du cap), sur une petite péninsule, côté N. de l'entrée de l'*Humber*. Tous les deux sont *fixes* et sur des tours séparées de 540 pieds N. O. – N.; l'une en brique noire, l'autre rouge foncé. On découvre les feux à 15 milles. Lorsqu'on ouvre le fanal inférieur à l'E. du supérieur, il est nécessaire pour entrer en rivière de se placer E. O. avec le feu flottant (dont la description suit) du large, de manière que ce dernier reste à l'E., et le feu supérieur au N. N. E. Ce dernier a 100 pieds, l'autre 90 pieds au-dessus de la mer. Feu supérieur, 53° 34' 44" N., 2° 13' 15" O. (1770).

CLEA-COMMON (Remarque), élevée pour éviter les bancs *Inner-Binks*. Cette remarque est de forme octogone, noire et de 60 pieds d'élévation. Pour éviter les dangers, on tient le signal par le travers de l'église de *Grimsby*, restant N. 61° 50' O. (1834).

SPURN (Feu flottant), ancré par 8 brasses d'eau, à une lieue S. E. $\frac{1}{4}$ E des feux de la p^{te} *Spurn*. Le feu, élevé de 30 pieds, ne consiste qu'en une seule lumière en *mouvement* ou *stationnaire*, suivant la mer. On le voit de 9 milles. 53° 34' 14" N., 2° 7' 24" O. (1820).

Nota. *Une autre description dit :* (Feu flottant) à l'ext. S. E. du banc dit *Bull-Sand ;* un seul feu par 4 ½ brasses de basse mer, à peu près de 1 ½ mille de la p^te Spurn, et ½ de mille de l'ext. S. E. de Bull-Sand, qui est la plus élevée. Le haut fanal de Spurn lui reste au N. E. ½ E., et la bouée de Bull-Sand au N. ¼ N. O.

DUDGEON (Feu flottant), par 8 brasses d'eau au côté S. O. du banc *Dudgeon,* à 7 lieues N. E. ¼ E. de *Wels* en Norfolk. Ce feu n'a qu'une lumière *fixe* ou en *mouvement,* suivant la mer. On le voit à 10 milles, et son élévation est de 33 pieds. Le jour on hisse un pavillon à la tête du grand mât. Lat. 53°16′ N., long. 1° 23′ 15″ O. (1736).

SOUTH-KILLINGHOLM, bord S. de l'Humber. Deux phares à *feux fixes,* l'un à 50 pieds, l'autre à peu près 35 pieds d'élévation.

Lorsqu'on les amène l'un par l'autre, le N. O. ¼ N., ils conduisent directement en rivière, après avoir doublé le cap Spurn. En les approchant, on voit le feu fixe de *Paull* (au côté N. de la rivière); c'est le moment de diriger au N.; mais on ne doit faire cette manœuvre que lorsque le plus élevé des feux de *Killingholm* reste au O. S. O.; on doit avoir égard à la marée. Enfin, quand on veut entrer à Hull, on doit se guider autour du banc *Skitter,* au moyen de la sonde; la bouée de ce banc restant à l'O. du feu de *Paull.* En cas d'urgence, on peut se mettre à la côte, fond de vase, en tenant les feux de Killingholm l'un par l'autre (1836).

PAULL, bord N. de l'Humber ; *feu fixe*. Il concourt avec les précédens à assurer la navigation de cette rivière : il a 30 pieds d'élévation.

LYNN-WELL (Feu flottant). Le bâtiment est à 20 brasses d'eau au large de la p^te de *Long-Sand*, à $\frac{1}{2}$ mille S. E. de la bouée de ce banc, et une lieue N. $\frac{1}{2}$ O. du fanal *Hunstanton*.

Ce feu a deux lumières à 32 pieds de hauteur, sur des mâts différens ; ils sont *fixes* ou en *mouvement*, suivant la mer, et se voient à 10 milles. Un pavillon est placé au grand mât (1828).

LINN-REGIS (Fanal). Sur la baraque des pilotes ; il est *fixe* et ne se voit que lorsque le flot permet l'entrée du port?

HUNSTANTON (Fanal). A 5 lieues N. E. de Lynn, feu *fixe* qui se voit à 14 milles ; il est élevé de 85 pieds au-dessus de la mer ; sa tour blanche a 30 pieds. 52° 57′ 8″ N., 1° 50′ 43″ O. (1665).

CROMER (Fanal). Sur la p^te N. E. de Norfolk, à l'entrée E. de *Lynn-Well* ; ce fanal est brillant et *tourne* toutes les 2′ ; on le voit de 22 milles ; avant de s'éclipser, il perd graduellement sa lumière. 52° 55′ 21″ N. et 1° 0′ 54″ O. Il est élevé de 274 pieds au-dessus de la mer, et sa tour en pierre a 38 pieds (1719).

HAISBOROUGH (Feux). Sur la côte E. de Norfolk, entre ceux de *Winterton* et de *Cromer* ; ils sont *fixes*, sur deux tours séparées de $\frac{1}{2}$ mille, N. O. $\frac{1}{4}$ O. ; ils sont visibles de 15 et 17 milles, et conduisent dans la passe d'*Haisborough*, entre le *Newarp* et *Ridge-Sands*. L'un a 137 pieds ;

l'autre 100 au-dessus de la mer. 52° 48′ 47″ N., 0° 49′ 21″ O. (1791).

HAISBOROUGH (Feu flottant). A l'ext. N. du banc Haisborough ; il a 2 lanternes sur des mâts séparés, à 37 pieds d'élévation, visibles à 9 milles, par 13 ½ brasses d'eau de basse mer; on y relève :

Le feu de Cromer, à l'O. ¼ N. O. ;

Le grand phare d'Haisborough , au S. O. ¼ S. ;

La bouée N. à 1 mille du banc d'Haisborough , à l'E. ¼ S. E.

Les mots *Haisbro' light* (feu d'Haisbro) sont écrits sur ses côtés, tandis que sur celui qui est placé dans l'Haisborough-Gatt, on lira le mot *Newarp*, au lieu de *Happisburg-Gatt*, qui y était auparavant (1831).

WINTERTON (Fanal), sur la p.^{te} de ce nom ; *feu fixe*, qui se voit à 20 milles, dans une bâtisse en pierre, de 52 pieds (1790).

NEWARP (Feu flottant). Par 21 brasses d'eau à l'ext. N. du banc dit *Newarp*, dans le N. O. ¼ O. du fanal *Winterton*, distant de 6 milles. Le bâtiment porte 3 feux sur ses 3 mâts, et comme le grand mât est le plus élevé (ayant 37 pieds, les autres 22), l'apparence est triangulaire. Leurs mouvemens ne sont produits que par l'état de la mer, et ils ne se voient qu'à 9 milles; un pavillon est hissé à la tête du grand mât, et par des brumes ou des neiges, on frappe un tam-tam. Le mot *Newarp* est écrit sur ses côtés (1791).

YARMOURTH (Feux flottans). Trois nouveaux feux flottans signalent les principales passes de cette rade ; ils sont placés :

1º. A la passe *Saint-Nicolas*, par 6 brasses dans les basses mers d'équinoxes ; on y relève le moulin S. de *Gorleston*, par le travers de la jetée S. du port de Yarmouth, au O. $\frac{1}{4}$ N. O. $\frac{1}{4}$ N. La tour de Yarmouth, ouvrant de sa largeur au N. sur la jetée, au N. $\frac{1}{4}$ N. O. $\frac{1}{4}$ O.

2º. A l'ext. N. E. du banc dit *Shipwash*, dans 4 $\frac{3}{4}$ brasses, le grand fanal d'Orfordness restant au N. $\frac{1}{2}$ O.

3º. A l'ext. O. du banc *Swin-Middle*, dans 4 brasses ; la remarque *Sheers* restant au S. O. $\frac{1}{4}$ O., et celle de *Whitaker*, au N. $\frac{1}{4}$ E.

Ces feux sont uniques, élevés de 36 pieds ; le jour, les bâtimens se distinguent par une boule rouge à la tête de leur mât. La coque des bâtimens est rouge, avec des inscriptions pour les reconnaître (1837).

LOWESTOFF (Feux). Situés à la p.^{te} E. du comté de *Suffolk* ; *fixes*, sur des tours séparées, au N. $\frac{3}{4}$ E., 3,040 pieds de distance ; se voient à 10 et 16 milles, et servent à se diriger entre les bancs de *Holm* et de *New-Combe*, en les tenant en ligne, le grand fanal inclinant vers le N. $\frac{1}{4}$ N. E. L'un a 119 pieds, l'autre 38 au-dessus de la mer. Feu supérieur. 52º 29′ 10″ N., 0º 37′ 10″ O. (1609).

STANFORD (Feu flottant). Ce feu était autrefois dans la passe de Stanford ; mais il a été déplacé, et se trouve aujourd'hui à l'ext. N. du banc *Newcome*, de manière à guider les navires venant de la rade de Yarmouth, et à indiquer le côté E. de l'entrée N. du chenal de la rade S. de *Lowestoff* ; une bouée noire est à la p.^{te} S. du banc

Newcome, et son côté intérieur ou O. est encore marqué par 3 autres bouées. En passant par ce chenal, il faut donc laisser le feu flottant et les bouées à l'E.

Ce feu flottant est par 3 $\frac{3}{4}$ brasses, à marées basses d'équinoxe; on y relève le fanal de *Pakefield*, S. O. $\frac{1}{4}$ O. Il est à deux lumières placées à 3o pieds de hauteur, stationnaires ou en mouvement, suivant l'état de la mer : le jour on hisse un pavillon, et dans les brouillards on frappe un tam-tam.

PAKEFIELD (Fanal). Feu *fixe*, rouge, visible à 9 milles, qui facilite la navigation entre les bancs *Barnard* et *Newcome*, dans la rade de Lowestoff : il reste au N. $\frac{1}{4}$ N. O. $\frac{1}{2}$ O. de la bouée *Barnard*, et l'O. $\frac{1}{4}$ N. O. de la bouée S. de *Newcome*. Son élévation est de 68 pieds sur la mer. 52° 26′ N., 0° 36′ 24″ O. (1832).

ORFORDNESS (Feux), sur une p^{te} de terre à l'E. d'*Orford;* ils sont *fixes*, sur deux tours séparées, marquant le N. E. $\frac{1}{4}$ E., 43ı8 pieds de distance; l'une de 83, l'autre de 55 pieds. On les voit à 22 milles; amenés en ligne, ils conduisent à l'entrée N. du canal, entre le banc d'*Aldborough-Knapes* et la côte, ainsi qu'à l'entrée S., entre le *Ridge* et le *Knoll*. 52° 5′ N., 0° 46′ 10″ O. (1792).

GALLOPER (Feu flottant). Par 16 brasses d'eau, à 2 milles S. O. de la partie la plus élevée du banc *Galloper* (Tamise), et à 7 lieues S. $\frac{1}{2}$ E. d'*Orfordness*. Le bâtiment porte deux fanaux sur des mâts séparés à 32 pieds d'élévation, *stationnaires* ou *fixes*, suivant l'état de la mer ; on les voit de 2 à 3 lieues. Le jour, un pavillon est hissé à la tête du mât (1803).

SUNK (Feu flottant), par 11 brasses à l'ext. E. du *Sunkbank*, 13 milles S. E. $\frac{1}{4}$ E. des feux de Harwich. Il n'y a qu'une lumière à 30 pieds d'élévation, visible à 9 milles; un pavillon est hissé au grand mât, le jour. Il conduit principalement aux *Sunk* et *King's channels*, et de là à la Tamise (1802).

A 12′ O. S. O. de ce feu flottant, est le *Gun-Fleet*, banc marqué par une balise qu'on laisse à tribord en entrant dans le *King's channel*, par le N.

HARWICH (Feux). La tour du fanal supérieur est de 40 pieds plus élevée que le fanal lui-même, afin de mieux reconnaître l'entrée du port pendant le jour. Ces feux sont *fixes* et se voient à 12 milles. Ils restent au N. N. O. $\frac{1}{2}$ O., 653 pieds de distance, et font éviter le *Rolling-Ground*, le *Church-Bank* et autres hauts-fonds à l'entrée des rivières *Stour* et *Orwell*. Le grand fanal est gris et a 69 pieds d'élévation, le second est blanc et n'en a que 29. 51° 56′ 43″ N., 1° 3′ 16″ O.

NORE (Feu flottant). Par 3 brasses, à près de 3 milles E. N. E. $\frac{3}{4}$ E. de la p^{te} *Garrisson* de Sheernes. Il n'a qu'une lumière à 33 pieds d'élévation, qu'on voit à 10 milles. Ce fanal conduit à l'entrée de la Tamise et de la Medway. Je crois que c'est le premier de ce genre qui ait été établi (1734).

TAMISE. On annonce que deux nouveaux feux

flottans doivent être placés, pour faciliter la navigation des bateaux à vapeur.

Indépendamment d'un grand nombre de bouées qui signalent les différentes passes de l'entrée de ce fleuve, il a été établi les balises suivantes : 1°. *Shears Beacon*, sur le *Maplin-Spit*; 2°. *Black-Head*, à la p^{te} S. E. du *Maplin-Sand*. On les laisse à tribord en entrant par le *West-Swin*.

MARGATE (Phare). Au milieu de la jetée, babord en entrant, feu *fixe*, rouge, qui se voit à 13 milles; on l'allume lorsqu'il y a 10 pieds d'eau dans le port; on le remplace par un pavillon dans les mêmes circonstances, le jour. C'est une colonne de 70 pieds, dont le feu a 85 pieds au-dessus de la mer. 51° 23′ 28″ N. , 0° 57′ 24″ O.

JARVIS (Fanal), feu *fixe*, rouge, allumé à l'ext. de la débarcadère, près Margate.

NORTH-FORELAND (Fanal), à l'ext. N. du Kent, feu *fixe*, qui se voit à 22 milles. 51° 22′ 30″ N. , 0° 53′ 21″ O. Le feu a 340 pieds au-dessus de la mer, sur une tour de 50 pieds (1790).

RAMSGATE (Phare), blanc sur la jetée S. à bâbord en entrant, à feu *fixe*, qui se voit de 6 milles; on ne l'allume que lorsqu'il y a 10 pieds d'eau entre les jetées; pendant le jour, un pavillon est hissé sur la côte, près de l'échelle de *Jacob*, dans la même circonstance. 51° 19′ 39″ N., 0° 54′ 24″ O.

Une heure après le signal des 10 pieds, on trouve 16 pieds; 2^h après, 20 pieds; et enfin, 3^h après, 21 pieds d'eau. Dans les marées mortes, le brassage ci-dessus varie de 14, 17 et 18 pieds.

GOODWIN-SANDS (Feu flottant de la p^te N.).
Le bâtiment est par 9 brasses, à $\frac{1}{4}$ de mille E. $\frac{1}{2}$ S.
de l'ext. N. du banc *Goodwin*, et 7 milles S. S.
E. $\frac{1}{2}$ E. du fanal de North-Foreland. Il a trois
feux, et comme celui du grand mât a 35 pieds
d'élévation, il offre la figure triangulaire. On les
voit à 9 milles (1793).

GULL-STREAM (Feu flottant), sur le bord O.
du banc *Goodwin*, par 11 brasses d'eau, au large
de *Trinity-Swash*, une des passes qui conduisent
à la rade des Dunes ; il reste au N. E. $\frac{1}{4}$ E.,
9 milles du fanal de *Sud-Foreland*.

Le fanal de *Gull-Stream* montre deux feux à
14 pieds d'élévation ; ils se voient à 7 milles (1809).

GOODWIN-SANDS (Feu flottant de la p^te S.),
visible à 10 milles. Au large de la p^te S. du banc,
ce feu consiste en une lumière élevée de 35 pieds.
Le bâtiment est mouillé par 13 brasses d'eau (de
basse mer), dans les directions suivantes (1832) :

Le côté S. d'une coupure remarquable dans la
terre élevée à l'O. des fortifications de Douvres,
par l'ext. de la p^te de Sud-Foreland, à l'O. ;

L'ext. O. des arbres du parc de l'amiral Harvey,
à Walmer, par le centre du château de Walmer,
au N. N. O. 3° O. ;

Le phare supérieur de Sud-Foreland, à l'O.
3° N.;

Le feu flottant de Gull-Stream, au N. N. E. $\frac{1}{2}$ E.

SOUTH-FORELAND (Phares), à feux *fixes*,
sur deux tours élevées de 41 et 32 pieds, marquant l'E. $\frac{1}{4}$ S. E., distantes de 1347 pieds :
leurs lumières à 380 et 275 pieds au-dessus de la

mer, se voient à 20 milles; ils conduisent sous le banc *Goodwin*. 51° 8′ 26″ N., 0° 58′ 24″ O. (1793 et 1795).

DOUVRES (Feux), sur des mâts séparés de 15 pieds et placés sur la jetée S. à bâbord en entrant; *fixes*, l'un plus haut que l'autre, et visibles à 12 milles. Amenés en ligne N. N. O., ils conduisent dans le port quand il y a 10 pieds. Pendant le jour, on hisse un pavillon dans la même circonstance. 51° 7′ 0″ N., 1° 2′ 24″ O.

FOLKSTONE (Feu) *fixe*, sur la tête de la jetée S.; n'est allumé que lorsqu'il y a 10 pieds d'eau dans le port; on le voit à 6 milles; il a 25 pieds au-dessus de la mer. 51° 5′ 0″ N., 1° 9′ 24″ O. (1810).

DUNGENESS (Fanal), sur une p^te entre Douvres et *Beachy-Head*; feu *fixe*, qui se voit à 20 milles. Pour le distinguer le jour, on a peint le phare en rouge. Il est haut de 86 pieds, et son feu a 92 pieds au-dessus de la mer.

Ce fanal a été frappé de la foudre en 1821, et tellement endommagé, qu'il a fallu le reconstruire en entier. Il est par 50° 54′ 52″ N., 1° 22′ 36″ O. (1792).

RYE (Feux). A tribord en entrant, sont deux feux *fixes*, marquant le N. ¼ N. O., 420 pieds de distance, ayant 36 et 26 pieds au-dessus de la mer; ils ne sont éclairés que lorsqu'il y a 10 pieds d'eau sur la barre. Dans le jour, un pavillon indique la même circonstance. Feu supérieur, 50° 57′ 00″ N., 1° 35′ 24″ O., visible à 9 milles.

Un télégraphe, dont le corps et les volets son. noirs, est près le mât de pavillon.

A   8 pieds d'eau, on ouvre un des tiroirs;
A   9   —   on les ouvre tous les deux;
A 10   —   on hisse un pavillon;
A 11   —   on voit le pavillon et un tiroir ouvert;

A 12 pieds on voit le pavillon avec les deux tiroirs ouverts; de sorte que le pavillon marque +10 pieds; son absence —10 pieds.

Une boule noire est hissée près le mât de pavillon, pour signifier que les pilotes ne peuvent sortir et qu'on ne peut approcher sans danger.

HASTINGS. Deux fanaux N. N. O., 400 pieds de distance et à feu *fixe*, rouge et ordinaire, dirigent les pêcheurs sur la côte, et ne sont allumés que du 25 mars au 29 septembre; ils sont à 60 et 30 pieds au-dessus de la mer. Le feu supérieur, visible à 9 milles, est en ville; l'inférieur, sur la grève. 50° 52′ 0″ N., 1° 44′ 24″ O.

BEACHY-HEAD (Phare) à feu *tournant* de 2′ en 2′, qui se voit à 28 milles, élevé de 285 pieds au-dessus de la mer, sur la falaise *Belletout* : le phare est blanc et a 20 pieds; en le tenant à l'ouvert de la falaise E., on évite les bas-fonds du *Royal-souverain*. Il est nécessaire néanmoins de ne point diminuer son eau de moins de 15 brasses, soit en descendant, soit en remontant la Manche, pour être assuré d'éviter tout danger ? 50° 44′ 00″ N., 2° 7′ 24″ O. (1828).

Six cavernes, ayant une entrée de 3 pieds et un escalier de 20 pieds de haut, aboutissant à une chambre de 8 pieds carrés, ont été creusées dans les falaises entre Cuckmore et Beachy-Head, ainsi qu'une caverne appelée la *Grotte de Derby*, dans laquelle les marins et les passagers, qui y font naufrage, trouvent un asile assuré.

NEWHAVEN. Deux feux *fixes*, à l'ext. de la jetée O., sur une vergue transversale de 44 pieds; le plus bas n'est allumé que lorsqu'il y a 13 pieds d'eau sur la barre; le plus haut pendant toute la nuit. Leur élévation est 23 et 11 pieds. 50° 47′ N., 2° 16′ 24″ O. La direction de la vergue change avec celle du chenal.

BRIGHTON. Feu *fixe*, vert, élevé de 35 pieds au-dessus de la mer, et qui se voit à 9 milles. La jetée de Brighton a été endommagée par la foudre en 1833. Il serait encore aujourd'hui imprudent d'approcher la côte à moins de 4 brasses, en passant près de cette ville. 50° 50′ N., 2° 29′ 24″ O.

SHOREHAN. Deux feux *fixes* à l'entrée du port, marquant le N. N. E., 1100 pieds de distance, et visibles à 8 milles; ils sont à 42 et 23 pieds au-dessus de la mer; le plus bas n'est éclairé que pendant $\frac{1}{2}$ heure de haute mer; l'autre toute la nuit (1825).

OWERS (Feu flottant), par 11 brasses, à 6 milles S. S. E. $\frac{1}{2}$ E. de *Selsea-Bill*; il n'a qu'une lumière, *stationnaire* ou en *mouvement*, suivant l'état de la mer. Le feu a 26 pieds, et se voit à 9 milles. Le jour, on hisse un pavillon, où l'on sonne un tam-tam, si le temps le rend nécessaire. Lorsqu'on voit un navire courant sur les dangers, on tire un coup de canon et l'on amène le pavillon à mi-mât, jusqu'à ce qu'on le voie dans une meilleure route (1788).

BEMBRIDGE (Fanal flottant). Par 5 brasses d'eau, à 140 brasses E. de la bouée du cap *Naprock*, qui est à 2 milles S. E. $\frac{1}{4}$ E. de la grande Saint-Hélène (île de Wight).

Deux feux sont sur des mâts différens, à 32 pieds et à 20 pieds d'élévation. On les voit à 8 milles; pendant le jour, un pavillon, ou un tam-tam, dans les brouillards, avertissent de son approche (1812).

SOUTH-SEA (Fanal) à *feu fixe*, dans le château du même nom, visible à 8 milles, et élevé de 31 pieds sur la mer. Ce feu paraît *rouge* lorsque le chenal entre les bouées du *Spit* et de *Boyne* est ouvert; mais *pâle* entre les bouées du *Spit* et d'*Edgar*. A l'O. de l'*Edgar* et à l'E. du *Horse*, le feu est invisible (1822).

SAINTE-CATHERINE. Un nouveau phare est en construction dans la partie S. de l'île Wight. Son feu sera *fixe* et allumé au printemps de 1839. Il sera visible de tous les points de la mer.

CALSHOT. Feu *fixe*, de deux couleurs, au sommet du château; le feu *naturel* se voit en arrivant de l'O. vers la rade de *Southampton*, quand on est parvenu par le travers de *Stonepoint* et à deux encâblures de la côte, jusque par le travers de la bouée O. des *Brambles;* à partir de ce dernier point, on voit un feu *rouge*, jusqu'à ce qu'on arrive à l'E. de la ligne menée de la bouée marquetée des *Brambles* à la bouée dite *Blackjack*, au large du château; à partir de quelle ligne, on voit de nouveau le feu naturel. En gouvernant ainsi, on évite la p^te *Cadland* en remontant, si on ne l'a pas fermée à l'O., le feu étant établi de manière à ne se montrer à l'O. que jusqu'à la bouée O. des *Brambles*, et à l'E. jusqu'à la bouée marquetée. De haute mer, ce feu est un guide sûr pour la rivière, en venant de Spithead, et pour Cowes ou Southampton, en traversant le chenal O. Les navires venant de l'O. doivent juger leur distance de la côte.

COWES (Fanal) à *feu fixe*; on y relève : le château du Calshot, au N. 16° 50′ E.; les bouées des *Brambles* au N. 22° 30′ E. en ligne; la bouée blanche près la p^te *Old-Castle*, à l'E. 11°15′ S. (1839).

HURST (Feux du château), sur la côte au N. du saut de *Needles*, dans le Hampshire. Les feux sont *fixes*, sur tours séparées, marquant le N. E. ¼ E., 755 pieds de distance; ils se voient à 12 et 9 milles. Amenés en ligne, ils conduisent sur *Needles-Bridge* et *Shingles*. 50° 42′ 23″ N., 3° 53′ 14″ O.

Le plus élevé, qui est rouge, a 66 pieds; le plus bas 29 pieds au-dessus de la mer; leurs tours ont 60 et 23 pieds de hauteur.

On allume un autre feu dans le fanal inférieur ou S. O., rouge, et qu'on ne voit que dans la direction de l'E. S. E. ½ E. (1786 et 1812).

NEEDLES (Fanal). Sur la p^te O. de l'île *Wight*, *fixe*, qui se voit à 20 milles; le feu est élevé de 469 pieds au-dessus de la mer, dont 443 pour le cap et 26 pour le bâtiment. 50° 39′ 53″ N., 3° 54′ 19″ O. (1786).

Nota. Au moment où l'on allumera le feu fixe de *Sainte-Catherine*, celui des *Needles* sera altéré, de manière a ne plus être visible au S. de la ligne de direction de la p^te Saint-Alban, et son feu sera *rouge*.

WEYMOUTH (Fanal) à *feu rouge* et *fixe*, à l'ext. de la nouvelle jetée : éclairé pour la première fois le 8 octobre 1838.

PORTLAND (Feux). A l'ext. S. de la presqu'île de ce nom, sont deux phares à *feux fixes*, marquant le N. N. O. $\frac{1}{2}$ O., 1509 pieds de distance : on les voit à 19 et 13 milles, ayant 198 pieds et 131 pieds au-dessus de la mer. Ils servent d'amarques pour le *Portland race* et les *Shambles*. 50° 31′ 22″ N., 4° 47′ 13″ O. (1716 et 1789).

DARMOUTH. *Feu fixe, rouge*, sur la tour du château de la p^te Saint-Petrox, élevé de 49 pieds au-dessus des hautes eaux ; il est visible à 7 milles entre le N. O. $\frac{1}{2}$ N. et le N. $\frac{1}{4}$ N. E. Il ne sera point allumé pendant les mois de juin, juillet et août. (1837.)

CASQUETS (Feux), sur l'îlot Casquet, à 6 milles de la p^te N. O. de l'île d'*Aurigny*. Ils sont *tournans* et visibles à 4 ou 5 lieues. Leur éclat a lieu de 15″ en 15″ ; leur lumière disparaît ensuite jusqu'à l'éclipse. Ils forment un triangle , excepté lorsqu'ils restent par le S. E., où l'on n'en aperçoit que deux. Ces feux ont 120 pieds au-dessus de la mer. 49° 42′ 17″ N., 4° 43′ 58″ O. (1723).

GUERNESEY. Un feu *fixe* a été établi sur la *maison-ronde* de la jetée S. , par 49° 27′ 0″ N. et 5° 53′ 28″ O.

L'élévation des réflecteurs au-dessus de la mer est de 40 pieds. On aperçoit ce feu en venant par la passe N. (petit Russel), par celle E. (grand Russel), et aussi par le S., lorsqu'on aura doublé la p^te Saint-Martin.

La maison-ronde sert de marque le jour pour les différens chenaux ; le feu servira de nuit de la même manière, ainsi qu'il suit : en venant du N. ou de l'E., par le grand Russel, on amène le feu au N. O. $\frac{1}{4}$ N., ou ouvert au S. du château Cornet ; on est alors paré de la tête d'Aval ou Lower-Heads.

En approchant du château pour entrer dans le port, on amène le feu à l'O. N. O., ou si c'est pour mouiller en rade, à l'O. $\frac{1}{4}$ N. O.

Pour gagner le petit Russel, on amène les feux des Casquets au N. E. $\frac{1}{4}$ N., jusqu'à ce qu'on relève le feu de la jetée à l'O. S. O $\frac{1}{4}$ S., direction à suivre pour faire ce passage.

Il faut la plus grande attention lorsqu'on passe de nuit dans le petit Russel. En venant du S. après avoir doublé la p^te Martin, on doit courir à l'E. jusqu'à ce que le feu reste au N. $\frac{1}{2}$ O., et porter alors au N. $\frac{1}{2}$ E., jusqu'à ce qu'on le relève à l'O. $\frac{1}{4}$ N. O. Le feu est alors ouvert au N. du château Cornet, et l'on peut se diriger vers la rade ou le port. Le feu est à bâbord ; l'entrée a 80 pieds d'ouverture (relèvemens du compas) (1832).

GUERNESEY (Colonne de l'île), construite à Saint-Pierre, sur la p^te élevée au S. E. de cette île ; elle a 400 pieds au-dessus de la mer. Cette colonne et le clocher *Torteval*, à l'ext. O. de l'île, servent à la faire reconnaître aux bâtimens qui viennent du S. O. Le clocher est l'objet le plus remarquable de l'île.

Dans la grande rade de Guernesey, au N. E. de la p^{te} du château *Cornet*, à deux encâblures et en face de la ville, est une chaîne de fer, destinée à donner assistance aux navires de toutes grandeurs, désemparés par la tempête dans les parages de cette île, et qui voudraient y chercher refuge.

Une bouée flottante, d'une surface assez étendue pour porter 6 ou 8 hommes, est mouillée sur cette chaîne; elle est elle-même affourchée avec deux fortes ancres dans un fond de bonne tenue et par 6 brasses d'eau à basse mer.

START-POINT (Phare), à *feu intermittent*, montrant ses éclats de 1′ en 1′, qui sont visibles à 18 milles. Il est en pierre, élevé de 94 pieds, mais ayant son feu à 204 pieds au-dessus de la mer.

Un *feu stationnaire* est également allumé dans la même tour, dans la direction de *Berry-Head*. 50° 13′ 22″ N., 5° 58′ 7″ O. Ce phare est à 420 pieds de l'entrée S. E. de la p^{te} Start (1836).

PLYMOUTH (Feu flottant), par 7 brasses d'eau, à l'ext. O. du barrage, E. N. E. $\frac{1}{2}$ E. de *Pen-Point*, 1 mille $\frac{1}{2}$ de distance; et à $\frac{3}{4}$ mille S. de la p^{te} *Redding*. Ce fanal a deux feux horizontaux, qu'on voit à 5 milles; le jour, on remplace les feux par un pavillon.

— *Feu de port* à bâbord en entrant, *fixe;* on le voit à 9 milles; il est très utile pour le passage à l'E. du barrage, et lorsqu'on le ferme par la p^{te} *Fish* ou *Fish's nose*, à l'ext. E. de la citadelle, il mène sur le *Cobler*, banc qui se trouve au large du mont *Batten*. Ce feu, par 50° 22′ 0″ N. et 6° 27′ 24″ O., a 29 pieds au-dessus de la mer (1822).

— (Remarque) à l'ext. E. du barrage ; c'est une pyramide en fer, qui aide à reconnaître l'entrée du port. Cette balise est quelquefois enlevée par la force des mers ; mais on ne manque jamais de la rétablir.

EDDYSTONE (Phare). Une des merveilles de l'art en Angleterre, situé sur le rocher du même nom, à l'entrée de la baie de Plymouth. La première pierre en fut posée par *Smeaton*, le 12 juin 1757, et on l'alluma le 16 octobre 1759 ; la hauteur du sommet de la lanterne, non compris la coupole, est de 72 pieds à marée basse ; la hauteur totale de 100 pieds. La p^te *Ram-Head* en est à peu près à 9 milles S. O. $\frac{3}{4}$ S. Le feu est *fixe* et se voit à 13 milles. 50° 10′ 54″ N., 6° 35′ 27″ O.

Il y a plusieurs dangers dans le voisinage : celui du S. s'étend jusqu'à 78 brasses du fanal ; celui de l'E. à 65 brasses, et celui du N. E. à 150 brasses (1759).

Nota. Les orages de 1838-1839, ayant ébranlé cette bâtisse jusque dans ses fondations, un feu flottant a été préparé pour l'époque où l'on sera contraint de l'abandonner.

GRIBBEN-HEAD, près Fowey. Un signal remarquable est élevé sur cette p^te à l'O. de l'entrée de *Fowey*. Cette tour, qui a 85 pieds, se trouve sur une terre élevée de 257 pieds ; c'est une excellente remarque, qui fait éviter les nombreux accidens que les méprises y occasionaient, lorsqu'on confond cette côte avec celle du cap Saint-Antoine, à l'entrée de Falmouth.

FALMOUTH (Feu de port) sur la p^te Saint-Antoine, *feu intermittent*, élevé de 65 pieds et visible dans toutes les directions, depuis le S. 40° E. vers la mer, jusqu'au port de Falmouth ; pour le faire reconnaître des autres feux du voisinage, on l'a combiné de manière à présenter une succession d'*éclats* brillans. 50° 9' 0" N., 7° 20' 24" O. (1835).

LEZARD (Feux), ext. S. du Cornwall. Ils sont *fixes*, sur deux tours blanches de 45 pieds, marquant le N. N. O., 223 pieds de distance, et à 221 et 224 pieds au-dessus de la mer ; on les voit à 20 milles. Ils font éviter les roches nommées *Stags* et *Manacles*. 49° 57' 18" N., 7° 31' 34" O. pour la tour O. (1751).

PENZANCE (Feu), à l'ext. de la jetée, *fixe*, visible à 9 milles ; allumé lorsqu'il y a dix pieds d'eau. Il a 29 pieds au-dessus de la mer, sur une tour blanche de 22 pieds. 50° 7' 0" N., 7° 51' 24" O. (1817).

LONGSHIPS. Ce fanal est sur le rocher le plus élevé du *Longships*, à 3 milles de l'ext. S. O. de *Land's end* ; le feu est *fixe*, et paraît de tous les points de l'horizon à 14 milles, étant élevé de 88 pieds, sur une tour en pierre de 36 pieds. 50° 4' 0" N., 8° 4' 24" O. (1795).

SAINT-AGNÈS (Feu) sur l'île du même nom (Sorlingues) ; il est *tournant* et se voit à 17 milles. Le plus grand éclat a lieu de 1' en 1', et l'éclipse n'a lieu qu'après que la lumière s'est perdue graduellement. 49° 53′ 37″ N., 8° 39′ 47″ O. Il est élevé de 138 pieds au-dessus de la mer, sur une tour blanche de 53 pieds (1680).

LUNDEY (Phare) au S. O. de cette île, par 51° 9′ 47″ N. et 6° 59′ 6″ O. C'est une tour ronde de 79 pieds, dont 70 jusqu'à la lanterne. Il est à *deux lumières distinctes*; la supérieure *tourne* autour du cercle en 45″ sans intervalle d'obscurité; l'inférieure, distante de 30 pieds, fait face à l'O. et projette une lumière *fixe* sur 90° seulement de l'horizon, dans cette direction, c'est-à-dire du N. N. O. ou O. S. O. du compas. La terre y est si élevée que le feu supérieur a 542 pieds au-dessus de la mer, et l'inférieur 470. Par un temps clair ils se voient, l'un à 25 et l'autre à 24 milles. Il y a 8 lumières dans le feu supérieur et 4 dans l'inférieur; mais on a remarqué qu'à 5 milles elles se confondaient en une très forte lumière *tournante*, dans la direction de l'O. Il est aussi des momens où les brouillards les cachent, l'île restant parfaitement visible. Au moyen de ces feux, les navires entrant dans le canal de Bristol, sauront distinguer leur position, par l'impossibilité de les confondre avec les autres fanaux de toute cette côte (1820).

BIDEFORD (Feux de la barre). Un banc dangereux s'étant formé dans le chenal, les nouveaux travaux ont été faits et l'alignement changé; les bâtimens traverseront la barre avec sécurité, en tenant les feux l'un par l'autre au S. 42° E. environ, ce qui conduit au N. E. du nouveau banc; alors en laissant les bouées à tribord, on se dirige sur *Appledore-Pool*. Les deux fanaux sont sur la ligne N. O. $\frac{1}{7}$ O., 933 pieds de distance. Le plus élevé, qui a 86 pieds au-dessus de l'eau, montre son feu à 14 milles ; l'inférieur, de 40 pieds, ne se voit qu'à 10 milles. 51° 6′ N., 6° 32′ 24″ O. (1820).

Nota. On ne les éclaire qu'à la mi-marée. Le jour, un pavillon indique la même circonstance.

ILFRACOMBE (Feu) dans le canal de Bristol, à près de 20 milles E. S. E. de l'île Lundey ; ce fanal montre un feu *fixe* visible à 15 milles ; il est élevé de 100 pieds au-dessus de l'eau. 51° 13′ 0″ N., 6° 27′ 44″ O. Ce fanal n'est éclairé que pendant les mois d'hiver.

BRIDGEWATER (Fanaux) à l'E. en entrant dans la rivière *Perret*. Ces deux fanaux sont distans de 1 500 pieds N. 71° O. ; le supérieur est *tournant*, sa révolution s'achève toutes les 3′ 30″, avec obscurcissement de 30″ ; il est visible à 14 milles et élevé de 91 pieds. L'inférieur est *fixe*, visible à 9 milles, n'étant élevé que de 23 pieds. Ces deux feux conduisent sur la barre. 51° 14′ 26″ N., 5° 19′ 39″ O. (1832).

FLATHOLM. Le fanal de l'île *Flatholm* est à 20 lieues E. S. E. $\frac{1}{2}$ E. du phare *Lundey*, et 2 milles N. N. E. de *Steepholm*. Feu *fixe* visible 4 lieues. Éclairé par le gaz ; ses becs dessinent une ancre illuminée. Son élévation au-dessus de la mer est de 156 pieds. 51° 22′ 33″ N. 5° 26′ 49″ O. Le fanal est blanc avec sommet rouge (1737).

BRISTOL. *Feu flottant à feu tournant ;* le bâtiment est mouillé par 6 $\frac{3}{4}$ brasses, ayant la haute terre de *Minehead* par le travers du fanal de *Flat-holm* au O. ¼ S. O.; le phare de *Usk* au N. ¼ N. E. ½ E.; et un pic remarquable dans les terres (connu sous le nom de *See-Me*) par le travers de la p^te Saint-Thomas, au S. ¼ S. E. (1837).

NASH-POINT. (Deux phares) sur la ligne du S. 58° E., 1 000 pieds de distance, montrant autant de feux *fixes*; celui de l'E. a 167 pieds et celui de l'O. 123 au-dessus de la mer. Le premier est ouvert du S. E. ¼ S. au N. O. ½ O., et l'autre du S. ¼ S. E. au N. ¼ N. O. Pour distinguer ces fanaux de ceux de la p^te *Sainte-Anne*, on remarque qu'en venant du S. O. les feux de *Nash-Point* offrent le feu supérieur à droite (ou au S.) du feu inférieur; ce sera le contraire avec les feux de *Milford*. Amenés en ligne, on passe au S. des hauts-fonds qui sont à l'O. de Nash-Point; mais, vu la proximité de cette p^te au *Nash-Sand*, cette même ligne passe près de la partie S. E. de ce dernier haut-fond et à la distance de ½ mille de la p^te, pas plus d'une encâblure de longueur. On doit donc tenir le haut-feu ouvert au S. de l'inférieur, en approchant Nash-Point; et en allant à l'E., le feu élevé tenu par le N. O. ½ N. fera éviter les hauts-fonds de Breaksea-Point, et conduira entre le *banc de* 1 *brasse* et le *Culver-Sand*, jusqu'en vue du feu de Flatholm. 51° 24′ N. 5° 53′ 24″ O. (1832).

USK (Fanal) à bâbord en entrant dans la rivière *Usk* et conduisant à *Newport*; feu *fixe* visible de 10 milles et élevé de 39 pieds. 51° 32′ N. 5° 20′ 24″ O. (1821).

SWANSEA (Fanal), sur la jetée O., feu *fixe* et

rouge. On le voit à 3 milles : on ne l'allume que lorsqu'il y a 8 pieds d'eau dans le port. Il est à 28 pieds au-dessus de la mer. C'est une tour blanche à sommet noir, de 20 pieds. 51° 37′ N. 6° 16′ 24″ O. (1803).

MUMBLES (Feu). Se voit sur la p^{te} *Mumbles*, ext. O. de la baie de *Swansea* ; il est *fixe* et visible à 15 milles. 51° 34′ N., 6° 18′ 34″ O. Il a 114 pieds au-dessus de la mer, et se trouve dans une tour blanche de 56 pieds (1798).

PEMBREY (Fanal). Feu *fixe* à bâbord en entrant dans la rivière *Bury*, allumé lorsqu'il y a 10 pieds d'eau dans le port ; pour qu'on ne le confonde pas avec celui de *Mumbles*, il est *masqué* vers la mer et n'est visible qu'après avoir dépassé l'île *Holms*, à l'entrée de la rivière *Bury*. Dans le jour, un pavillon indique la même quantité d'eau. Son feu a 27 pieds au-dessus de l'eau et son phare est blanc avec sommet noir. 51° 41′ 0″ N. 6° 36′ 34″ O.

BURY. On annonce qu'un nouveau fanal de port a été élevé à l'entrée de *Bury*, de 30 pieds au-dessus de la mer ; il présenterait un *feu bleu* vers l'entrée de la rivière, et un *feu rouge* vers *Llanelly*.

CALDY (Feu de l'île) à l'ext. S.; feu *fixe*, blanc et rouge, qui se voit à 20 milles, son élévation étant de 210 pieds au-dessus de la mer ; se voit des points N. ½ O. par E. jusqu'à l'O. ½ N., mais entre le S. E. ¼ E. et le S. O. ¼ S. il est rouge. Le phare de 40 pieds est gris, avec un sommet rouge. 51° 37′ 56″ N. 7° 1′ 11″ O. (1829).

MILFORD (Feux) situés sur la p^te Sainte-Anne, ext. O. de l'entrée de *Milford;* leurs lumières sont *fixes* et sur deux tours, ligne N. ¼ N. O., 610 pieds de distance; les feux sont à 192 et 159 pieds au-dessus de la mer et se voient à 17 et 19 milles. Ils font éviter le *Crow-Roch,* à tribord de l'entrée du havre de Milford. 51° 40′ 59″ N., 7° 39′ 43″ O. (1714).

SMALLS (Fanal). Les rochers *Smalls,* sur lesquels il est situé, sont au large de la p^te *Saint-David,* par 51° 43′ 18″ N. et 7° 59′ 18″ O., et restent au N. O. ¼ O., 18 milles des feux de Milford; au N. N. E. ½ E. 32 lieues du cap *Cornwal,* et au O. N. O. 2 lieues de *Grasholm.* Le feu est *fixe,* à 78 pieds au-dessus de la mer, sur un pilier rouge de 58 pieds, et visible à 15 milles (1778).

ABERYSTWITH (Feux) *fixes.* On les allume aux heures convenables pour la marée, lorsqu'on attend quelques navires. Un des deux est placé à l'ext. d'une perche à une encâblure en dedans de la barre, et l'autre sur une planche mobile blanche et au-delà du premier; on les place de manière à ce que, pris l'un par l'autre, on ne manque jamais de passer sur la barre.

BARDSEA (Phare), à l'ext. S. O. de l'île; son élévation est de 128 pieds au-dessus de la mer, et il réunit les apparences des *feux fixes* et des *feux tournans* combinés; constamment visible, son éclat éprouve des accroissemens et des diminutions à de courts intervalles; ce qui le distingue des autres feux du canal Saint-Georges. Il est visible à 17 milles 52° 45′ 0″ N., 7° 7′ 0″ O.

A l'aide de ce feu on ne court pas les risques d'approcher de trop près les côtes d'Irlande parmi les écueils dont elles sont bordées, ni de passer à l'E. de l'île Bardsey et d'être affalé dans l'enfoncement formé par la baie de *Cardigan*, comme il est souvent arrivé. Si des vents forcés de O. N. O. empêchent de passer au vent de l'île, le feu indiquera le voisinage d'un abri sûr dans la rade de *Studwell*, et mettra dans le cas de prendre une position favorable jusqu'au retour du jour.

Ce feu est visible à une distance considérable; mais, masqué entre le N. 50° E. et le S. 70° E. (1820).

SOUTH-STACK (Phare), sur le rocher N. O. de l'île Holy-Head; *feu tournant* qui se voit à 19 milles; il est élevé de 201 pieds au-dessus de la mer. Le plus grand éclat paraît de 2′ en 2′, puis se perd et s'éclipse. La lanterne est ouverte au N. E. $\frac{1}{4}$ E. $\frac{1}{7}$ E. et les points opposés du compas. 53° 18′ 29″ N. 7° 1′ 20″ O. (1809).

On a disposé un fanal *mobile* particulier, afin d'établir un feu sur le bord de la mer, toutes les fois que la terre élevée du phare de South-Stack est enveloppée de brouillards, et que sa lumière est cachée. Ce fanal temporaire est à lumière rouge, et il est placé sur la p^{te} N. O. de l'île, à environ 25 pieds au-dessus de la laisse de pleine mer. Il est visible depuis l'O. S. O. jusqu'au N. N. E., et allumé à 9 heures du soir, mais seulement lorsqu'on juge que la brume doit empêcher de distinguer le feu tournant.

HOLY-HEAD. Feu *fixe* sur la tête de la jetée,

élevé de 44 pieds, et qui se voit à dix milles. Un feu inférieur rouge et qui ne se voit que dans le S. S. O., est d'une grande utilité pour éviter les *platters* et les autres rochers au large de la partie N. de l'île *Salt*. 53° 19′ N., 6° 56′ 24″ O. (1820).

SKERRIES (Phare), sur l'île de ce nom, à près de 1 ½ mille N. N. O. de la p^te *Carnel*, ext. N. O. de l'île Anglesea; et à 5 ½ milles N. N. E. ½ E. de *Holy-Head*; il est *fixe* et muni de lampes d'Argant avec réflecteurs, qui produisent une lumière très brillante. Son élévation est de 117 pieds au-dessus de la mer, et sa tour blanche de 54. On le voit à 20 milles. 53° 25′ 30″ N., 6° 55′ 50″ O. (1714).

GREAT-SKERRY. On annonce qu'un nouveau phare a été mis en activité, à l'ext. des roches du *fort George ;* son feu sert principalement à la navigation de la baie *Spey,* de la p^te *Stotfield* et de *Cove-Sea* (1838).

COLE-ROCK. Balise à la p^te *Carnels*, partie N. O. d'Anglesea. Tenue par le sommet du mont *Pengarn*, on passe à l'E. des *Platters* et des *Skerries*.

ALMWICH. Feu *fixe* à l'entrée du port, côte N. de l'île Anglesea; il se voit à 8 milles et il est élevé de 26 pieds au-dessus de la mer. Pendant les forts vents d'O. on ferme l'entrée du port et on éteint le feu. 53° 25′ N., 6° 40′ 24″ O. (1817).

LINAS. Ce feu, qui ne paraissait pas du côté du large et qui n'avait qu'un seul réflecteur, a été remplacé par un autre, produit par 13 lampes munies de réflecteurs, sur un bâtiment en pierre, à base blanche, construit récemment sur le haut de la pointe; la lumière est élevée de 128 pieds au-dessus des demi-marées; elle est visible dans une étendue de 211° depuis le N., 48° O. jusqu'à l'E. 73° S. du compas, en passant par le N.; elle peut se voir à 12 milles, ou à moins d'une lieue du point où l'on peut apercevoir le fanal flottant du N. O. de Liverpool.

Ce feu est disposé de manière à cesser d'être visible lorsqu'on le relève plus E. que le S. E. 3° E., et plus N. que le N. $\frac{1}{4}$ N. O. 6° O., afin d'éviter le *Middle-Mouse* qui est à un quart de mille de la première direction, et les *Dallas rocks* qui sont à la même distance de la seconde. Il indique aussi quand il faut virer de bord, pour sortir de *Red-Wharf-Bay* (1835).

MENAY (Phare) à l'ext. de *Black-point*, entrée N. E. du détroit de Menay. Son *feu est fixe*, rouge, visible du N. O. $\frac{3}{4}$ O. vers la mer, au S. O. $\frac{1}{4}$ S.; à l'exception de la partie où l'île *Puffin* s'interpose et où elle l'éclipse, depuis l'E. $\frac{1}{4}$ N. E. $\frac{1}{2}$ N. jusqu'à l'E. $\frac{1}{2}$ S. (1838).

On prévient expressément de ne point approcher ce phare à moins de 50^m pour éviter une ligne de roches qui s'étend depuis sa base.

AYR (Fanal de la p^{te}), sur la côte S. O. de l'entrée de la *Dee;* ce fanal a deux feux *fixes*, le supérieur à 49 pieds au-dessus de la mer et qui se voit à 11 milles; l'inférieur à 12 pieds, qui ne se voit qu'à 7 milles. 53° 21' 28" N., 5° 39' 38" O.; phare à bandes rouges et blanches. La nécessité d'adopter des moyens efficaces pour faire distinguer le feu inférieur de tous les autres feux du voisinage, a fait remplacer ce feu brillant par un feu *rouge*, visible dans le canal de Galles comme auparavant, vers le S. du banc O. de *Hoyle* (1776).

HOYLAXE (Feux supérieur et inférieur). Ils sont placés au côté S. O. de l'entrée de la *Dee*, *fixes* et sur des tours blanches séparées, de 1200 pieds S. O. $\frac{3}{4}$ S. et élevées de 39 et 19 pieds. Les feux sont à 71 et 47 pieds au-dessus de la mer, visibles à 10 et 9 milles. Ils conduisent à la rade de *Hoyle-Lake*. Feu supérieur, 53° 23′ 38″ N., 5° 30′ 42″ O. (1763).

LIVERPOOL (Feu flottant) à l'entrée du *Horse-Channel*, par 7 brasses d'eau, à 7 milles N. O. $\frac{1}{4}$ N. du fanal *Lizza*, dans le Cheshire. Il a trois lumières sur des mâts différens; celle du grand mât est la plus élevée; on les voit à 9 milles. Pendant le jour, un pavillon bleu est hissé à la tête du grand mât, et dans les brouillards, on frappe un tam-tam. Pour le distinguer on y allume de 2ʰ en 2ʰ un *feu bleu* (1814).

BIDSTON (Phare). Feu *fixe*, par 53° 24′ 6″ N. et 5° 24′ 10″ O. Sa portée est de 20 milles, étant élevée de 300 pieds. Vu par le travers du feu de *Leasowe*, S. E., il conduit dans le *Horse-Channel*. Ce feu est masqué pour éclairer le *Rock-Channel* dans des limites déterminées; il disparaît tout-à-coup dans le S. S. O., vis-à-vis la bouée *East-Wharf*, pour les navires qui entrent, et devient visible du même point pour ceux qui sortent.

Ces lignes d'apparition et de disparition se croisent dans le chenal *Crosby*, au point où les bâtimens doivent changer de route. Ainsi, en remontant, à partir du feu flottant de Formby, au lieu du S. S. E. $\frac{3}{4}$ E., que l'on aura suivi jusquelà, on devra porter au S. $\frac{1}{4}$ S. E. 3° E., lorsqu'on perdra de vue les feux de Bidstone et de Leasowe; en descendant, au contraire, au lieu du N. $\frac{1}{4}$ N. O. 3° O., on devra faire le N. N. O. 3° O., dès qu'on apercevra les mêmes feux (*relèvement à la boussole*).

LEASOWE (Phare). *Feu fixe*, au bord de la mer, entre les rivières *Mersey* et *Dee*, distant de 2 milles $\frac{1}{2}$ du précédent. Ce feu est masqué de manière à n'être visible, dans le *Rock-Channel*, que dans une espace déterminé; ainsi il disparaîtra tout-à-coup dans le S. O., pour les navires entrants; quand ceux-ci seront à la hauteur de la bouée *West-Wharf*, rouge, il deviendra subitement visible dans la même aire de vent, pour les navires sortants. 53° 24′ 49″ N., 5° 27′ 51″ O. Le phare est blanc et élevé de 118 pieds; le feu est visible à 16 milles.

DOVE (Balises de la p^te); il y en a deux au S. $\frac{1}{4}$ S. E. l'une de l'autre, et donnant la direction pour passer entre le *Dovespit* et *Easthoyle-Bank*, à l'entrée E. de Hoylake.

BLACK-ROCK (Phare). Sur la p^te de la Mersey; feu *tournant* avec des éclats de 1′ en 1′, présentant deux côtés brillans et un rouge, produits par 30 lampes d'Argant munies de réflecteurs paraboliques, de sorte que la révolution entière

9

s'achève en 3'. Il est visible à 15 milles et élevé de 88 pieds au-dessus de la mer. Le phare est blanc et a 75 pieds de hauteur. Pendant les brouillards on tinte une cloche. 53° 26' 43" N., 5° 23' 4" O. (1830).

On a installé au-dessus du balcon de ce phare, une boule noire pour le jour, qu'on montre tout le temps qu'il y a 12 pieds d'eau dans la passe *Rock-gut;* une lumière *fixe* placée à une fenêtre basse du côté O., indique la même eau pendant la nuit.

Une balise flottante a été mouillée à l'endroit où se trouvait la bouée du *Fair-Way* à l'entrée du nouveau chenal; cette balise, de forme conique, noire, porte l'inscription : *to new Channel* E. $\frac{3}{4}$ S. (vers le nouveau chenal E. $\frac{3}{4}$ S.). Elle est surmontée d'une boule noire à 23 pieds de hauteur, et d'une cloche qui sonne par le mouvement de la mer.

FORMBY. Deux autres feux servent à assurer la navigation de Liverpool.

Le premier a remplacé la balise du S. E. de Formby; ce feu est *fixe*, rouge, visible à 12 milles entre le S. O. et le N. N. O. $\frac{1}{4}$ O. (du compas). Au moyen de ce *feu fixe*, on évite facilement les p^tes N. O. et S. E. des bancs de *New-Channel*, qui ont changé de position. En venant de l'O. pour donner sur la barre du chenal, on gouverne de manière à ce que le feu fixe de la terre se détache de la largeur d'une voile, vers le S. du feu flottant de *Formby;* et, après avoir passé la barre (ce que les sondes indiquent), on amène le feu fixe de la même quantité au N. du feu flottant : on approchera ainsi de ce feu, au lieu de gouverner dans l'alignement de ces deux feux. 53° 32′ 21″ N., 5° 24′ 18″ O. (1834).

Le second est *flottant*, installé sur un bâtiment rouge, portant un pavillon de même couleur. Ce feu peut se voir à 5 milles. Le bâtiment est par 16 pieds d'eau, d'Ebbe; à 3 milles $\frac{1}{7}$ O. $\frac{3}{4}$ N. du feu précédent, demi-mille S. du Jordan's bank, et demi-mille O. de la p^te du banc Formby.

Ces deux feux conduisent dans le nouveau chenal de la Mersey, à l'entrée duquel on trouve 12 pieds d'eau de basse-mer.

Ce feu flottant sert aussi, étant aligné avec le feu tournant de *Black-Rock*, à passer à travers le *Jordan's bank*, par 17 pieds d'eau à demi-marée. La direction est le S. 10° E. du compas.

La partie la plus étroite de ce passage (le Half-Tide-Swashway) est indiquée par deux bouées blanches à raies noires. Elles sont éloignées l'une de l'autre de $\frac{1}{4}$ de mille et à $\frac{3}{4}$ de mille environ N. du feu flottant.

Nota. Le feu flottant de *Formby* a été rendu plus visible et de couleur naturelle, au lieu d'un feu rouge qui y était auparavant.

Il n'y a rien de précis sur le placement des bouées, qui changent avec les besoins, ainsi que les balises.

Une nouvelle balise a été établie à l'entrée du chenal de *Formby*, pour remplacer l'ancienne balise du N. O.; elle est dans le N. O. $\frac{1}{2}$ N. du premier feu de Formby; elle indique par son alignement avec ce nouveau feu, la plus grande profondeur du chenal.

Enfin 56 bouées indiquent constamment les plus grandes eaux, soit pour le *Swashway*, soit pour le *chenal du Sud*, le *Hoylake*, le *New-Channel*, etc., et assurent la navigation si importante de Liverpool.

WALNEY (Fanal) à la p^te S. de l'île du même nom; feu *tournant* en 5′, brillant, visible à 15 milles, et élevé de 70 pieds au-dessus de la mer. La construction en pierre a 60 pieds. 54° 4′ N., 5° 32′ 24″ O. (1790).

FERRY-LIGHTS (Feux de chantier) sur la côte de Lancashire, consistant en 3 lampes présentant une forme triangulaire, élevées sur une perche à l'entrée du chantier dit *Salt-House-Dock*. On ne les allume qu'à l'époque convenable aux bâtimens pour entrer.

Sur la côte du Cheshire, des lampes placées sur plusieurs jetées, guident les bateaux de transport.

LITHAM (Feu) à bâbord en allant à Preston dans le Lancashire, *fixe* et allumé à la marée, lorsqu'il y a des navires dans la rivière, ou bien qu'on tire un canon de signal. 53° 45′ N. 5° 7′ 24″ O.

LANCASTER (Feu) placé sur la jetée ou barrage au-dessous de Lancaster; consiste en une lampe qu'on allume avec la marée, pour montrer la situation du banc *Hash-bank?*

ULVERTON, feu de port à l'ext. de la jetée; lampe allumée avec la mer montante, pour guider dans le canal. (*Incertain.*)

SAINT-BEES, sur la p.^{te} de ce nom, feu *fixe* qu'on voit à 20 milles, élevé de 333 pieds au-dessus de la mer, et qu'on entretient dans une tour blanche de 33 pieds. 54° 3o′ 55″ N., 5° 58′ 48″ O. (1718).

WHITEHAVEN. Deux fanaux sont sur la nouvelle jetée, à 6oo pieds S. S. E. ; le plus avancé est *fixe*, et s'allume dès qu'il y a 9 pieds d'eau ; le feu intérieur *tourne* et est allumé pendant toute la durée des nuits ; on le voit à 10 milles. Le plus grand éclat a lieu de 2′ en 2′, et avant de s'éclipser il perd graduellement sa lumière. Pendant le jour, on hisse un pavillon sur l'ext. de la jetée adjacente, pour annoncer la même quantité d'eau. 54° 33′ N. 5° 58′ 24″ O. (1821).

Nota. On construit un nouveau phare sur la jetée.

HARRINGTON, feu de port à près de 4 milles N. de Whitehaven ; c'est une lanterne à l'ext. d'une perche qu'on laisse à tribord en entrant, lorsqu'il y a 8 pieds d'eau dans le port. Il a 44 pieds au-dessus de la mer. 54° 38′ N. 5° 56′ 24″ O. (1797).

WORKINGTON (Deux feux) à tribord en entrant, côté S. du *Solway-Frith* ; ils ne sont allumés que lorsqu'il y a 8 pieds d'eau dans le port, dont ils indiquent la direction ; ils sont E. et O. 63o pieds de distance. 54° 4o′ N. 5° 56′ 24″ O. On les voit à 10 milles, étant élevés de 53 pieds. (1825).

MARY-PORT, deux feux *fixes* installés sur la jetée S. marquant le N. ½ O. 124 pieds de distance, et se voyant à 5 et à 8 milles ; on ne les allume que lorsqu'il y a 8 pieds d'eau dans la passe ; ils sont élevés de 23 et 29 pieds. 54° 44' N., 5° 53' 24" O. (1796).

AYRE (Phare), à l'ext. N. de l'île *Man*, O. N. O. $\frac{1}{4}$ O., 29 milles de *Saint-Bees* ; S. S. O. $\frac{1}{4}$ O., 16 milles $\frac{1}{2}$ de *Burrow-Head* ; S. S. E., 22 milles du *Mull-of-Galloway* ; N. $\frac{1}{4}$ N. E., 8 milles $\frac{1}{2}$ de la p^{te} *Maughralds* (île Man) ; et E. $\frac{1}{4}$ S. E., 4 milles de la p^{te} *Rue* ou *Bleue*.

Le feu est *tournant* et produit par un appareil garni de réflecteurs ; il a deux lumières, l'une naturelle, l'autre rouge. L'éclat a lieu pendant un petit espace de temps, quand on est éloigné. Les feux sont cachés vers le S., par la p^{te} *Maughralds*, et vers l'O. par la p^{te} *Rue*. Le côté le plus lumineux se voit à 15 milles, et ils sont élevés de 106 pieds au-dessus de la mer. 54° 28' N., 6° 43' 24" O. (1828).

RAMSEY. Feu de port sur la jetée, bâbord en entrant ; il est *fixe* se voit à 9 milles et est élevé de 35 pieds au-dessus de la mer. Son phare est blanc et haut de 29 pieds. 54° 21' N. 6° 42' O. (1800).

DOUGLAS (Fanal), sur la p^{te} Douglas (île Man) ; feu *fixe* qui se voit à 15 milles. Il reste à l'O. $\frac{1}{4}$ S. O., 5 milles de Clay-Head ; à l'E. $\frac{1}{4}$ N. E., 8 milles $\frac{1}{2}$ de Langness-Point. Le feu n'est point visible de cette dernière pointe, mais en s'en tenant de 3 milles au large, on le voit au N. E. $\frac{1}{4}$ E. ; les feux de l'île *Calf* restant en même temps au N. $\frac{1}{4}$ N. O. du compas. 54° 9' N., 6° 28'

24″ O. Il est élevé de 101 pieds sur une tour en briques brunes de 61 pieds (1832).

DOUGLAS (Feu du port), sur la tête de la jetée N., par 54° 10′ et 6° 49′ 24″ O.; il est visible à 9 milles étant élevé de 36 pieds sur la mer (1796).

DERBY-HAVEN. Petit feu *fixe*, qu'on montre dans la saison de la pêche; on le voit à 9 milles, étant élevé de 46 pieds. 54° 5′ N. 6° 57′ O. (1650).

CASTLETOWN (Feu), *fixe*, allumé dans la saison de la pêche, à bâbord en entrant. Il se voit à 5 milles et est élevé de 22 pieds sur une tour blanche. 54° 5′ N. 7° 0′ O. (1765).

LE MARY (Feu de port) à bâbord de l'entrée; *fixe*, allumé pendant toute la durée des nuits, et visible à 5 milles; il est élevé de 25 pieds sur une construction blanche. 54° 4′ N. 7° 5′ O. (1812).

CALF-OF-MAM. L'île *Calf*, à l'ext. S. O. de l'île *Man*, a deux fanaux sur la côte O., par 54° 3′ 23″ N. et 7° 9′ 51″ O.; l'inférieur a 305 et le supérieur 396 pieds au-dessus des marées moyennes; on les voit à 22 milles, et ils ouvrent du N. E. $\frac{3}{4}$ E. au S. O. $\frac{1}{3}$ S., par le S.; le supérieur reste au S. S. O. (du compas) du *Mull-of-Galloway*, 37 milles de distance; au S. O. de *Peel-Head* (I. Man), 11 milles; au O. N. O. $\frac{1}{2}$ O. de la p^te *Langness*, 6 milles $\frac{1}{2}$; et au N. E. $\frac{1}{3}$ E. des roches noyées *Chickens*, 1 mille $\frac{1}{4}$. Chaque fanal est garni d'un appareil à réflection *tournant*, pour les distinguer des autres feux de la côte et pour faire éviter les roches nommées *Chickens*. Ils sont placés sur la ligne N. E. $\frac{1}{2}$ E., à 560 pieds de distance. Le maximum de lumière a lieu de 2′ en 2′; les lumières s'obscur-cissent graduellement jusqu'à l'éclipse.

La haute-terre de *Peel-Head* les cache vers le N. E., et *Spanish-Head*, dans la direction de l'E.; mais ils sont visibles à $\frac{3}{4}$ de mille au large de la p^te *Langness* (1818).

PEEL-HARBOUR (Fanal) à bâbord en entrant (île Man); *feu fixe* visible à 5 milles : il est élevé de 21 pieds. 54° 13′ 0″ N. 7° 2′ 24″ O. (1811).

SATERNESS; Ecosse. Ce fanal, au côté O. de *Solway-Frith*, est *fixe*, visible à 3 lieues; il est utile comme indiquant la direction du port de *Dumfries*. 54° 52′ 28″ N.; 5° 57′ 8″ O.

La p^te *Saterness* reste au N. $\frac{1}{4}$ N. E. de l'ext. E. du *Dumroof-Bank*, à près de 4 milles. Elle est sur-montée d'une balise semblable à un phare, et qu'on désigne réellement sous ce nom, mais où il n'y a point de feu (1789).

GALLOWAY (Phare du *Mull-of*). Feu *inter-mittent*, visible pendant 2′ 30″, et produisant son effet toutes les 3′. Il est visible du N. N. E. au N. O. $\frac{1}{4}$ O., par le S.; mais il est invisible aux ma-rins naviguant le long de la côte du port *Patrick*, à cause des hautes terres de *Dunmann*. Le fanal est élevé de 325 pieds, dans une bâtisse en pierre de 70 pieds, et s'aperçoit de 21 milles. 54° 38′ 20″ N., 7° 12′ 30″ O. (1830).

PORT-PATRICK (Feu) à bâbord en entrant, *fixe* et visible pendant toute la durée des nuits à 5 milles, mais seulement du 1er septembre au 1er mai; il est élevé de 25 pieds au-dessus de la mer. 54° 50′ 22″ N., 7° 28′ 19″ O. (1790).

CORSEWALL (Phare), sur la p^te *Corsewall*, près l'entrée du Loch-Ryan, par 55° 1′ N. et 7° 29′ 48″ O. Le feu, ouvert du N. E. ¼ E. au S. O. par le N., est *tournant* et présente dans la même chambre, une lumière blanche et une rouge; leur plus grand éclat a lieu de 2′ en 2′, et la diminution se fait graduellement avant l'éclipse. Le feu naturel se voit à 15 milles. Ce fanal reste caché au N. par la p^te *Turn-Berry*, et au S. par les terres élevées de *Laggon-Point*. Il est à 2 milles O. ¼ S. O. de *Millour*; à 31 milles S. E. du Mull de *Cantyre*, et à 22 milles du feu *Copeland*. Il est élevé de 112 pieds au-dessus de la mer, sur une tour de 92 pieds (1817).

AYR (Feux du port), à bâbord en entrant, au nombre de trois, tous *fixes*, dont deux visibles pendant toute la durée des nuits : un rouge et un blanc dans le même bâtiment; ils servent à guider dans la baie. Le supérieur de ces feux se voit à 10 milles.

Le troisième, *feu de marée*, ne se montre qu'au moment où il y a 7 ou 8 pieds d'eau sur la barre; on ne le voit qu'à 3 milles. Amenés en ligne, ces 3 feux restent S. E. ¼ E. ½ E., 850 pieds de distance, et conduisent dans le port. 55° 27′ N., 6° 58′ 24″ O. (1790 et 1826).

TROON. Feu de port *intermittent*. Son éclat, qui a lieu de 1′ en 1′, est succédé par une éclipse immédiate. Il est élevé de 25 pieds au-dessus de la mer, et visible à 5 milles. 55° 33′ N., 7° 1′ 24″ O. (1827).

ARDROSSAN (Feu), à tribord en entrant. Ce

petit feu se montre pendant toutes les nuits. Il y a toujours 10 pieds d'eau à l'ext. de la jetée; on le voit à 3 milles, étant élevé de 12 pieds. 55° 38′ N., 7° 7′ 24″ O. (1814).

CUMBRAE (Fanal), sur la côte O. de la petite île Cumbrae, golfe de Clyde. Feu *fixe*, visible à 15 milles. Il est à 106 pieds au-dessus de la mer, sur une tour blanche de 28 pieds. 55° 43′ 0″ N., 7° 15′ 24″ O. (1757).

TOWARD (Fanal), sur la p.te *Toward*, basse et rocheuse, que forme l'ext. S. du district de *Cowall*, dans le Frith de Clyde, près de l'entrée de la baie *Rothsay*. Le feu est *tournant*, et se voit à 11 milles. La lumière paraît à son maximum d'éclat de 1′ en 1′, et diminue jusqu'à l'éclipse. On le voit dans toutes les directions, excepté au N. E., où l'obscurcissement est assez grand pour empêcher de le distinguer. Son élévation est de 53 pieds au-dessus de la mer, sur une tour blanche de 44 pieds. 55° 52′ 0″ N., 7° 27′ 24″ O. (1812).

CLOUGH (Feu), sur la p.te du même nom, à 5 milles au-dessus du port de Greenock, dans le Frith de Clyde. Feu *fixe* qui se voit à 12 milles; il est élevé de 76 pieds au-dessus de la mer. 55° 58′ 0″ N., 7° 12′ 24″ O. (1797).

GREENOCK (Feu), sur la jetée de la douane, comté de Renfrew; ce feu *fixe* sert à guider les bateaux à vapeur dans la rivière Glasgow. 55° 58′ 0″ N., 7° 4′ 24″ O.

Nota. Indépendamment, sont établis des feux rouges aux différentes entrées du port.

GLASGOW (Feu), sur l'ext. O. du quai *Broo-*

mielaw, feu *fixe*, à bâbord en remontant la rivière.

Nota. Un autre fanal existe sur la jetée de Glasgow; à *feu fixe*, rouge, par 55° 57′ N., 7° 1′ 24″ O.

BOWLING - BAY, à l'entrée du canal de la *Clyde; feu fixe*.

PLADDA (Deux fanaux), sur la petite île *Pladda*, dans le Frith de Clyde, au large de la p^te S. E. de l'île *Arran*, comté de *Bute*; feux *fixes* sur deux tours séparées, dans la direction N. On les voit à 12 et à 15 milles; ils sont ouverts du N. O. $\frac{1}{4}$ O. au N. E. $\frac{1}{2}$ E. par le S.; ils donnent la direction du Frith de Clyde et de l'entrée de *Kilbrannon*. L'île *Pladda* reste au N. E. $\frac{1}{2}$ N. d'*Ailsa*, 15 milles de distance; et à l'E. $\frac{1}{2}$ N. de l'île *Sanna*, 22 milles. Ces feux sont élevés de 130 et de 77 pieds au-dessus de la mer, sur des tours de 80 et de 27 pieds. 55° 25′ N., 7° 29′ 24″ O. (1790).

CAMBLETON (Feu de port), à l'intérieur du *Cambleton-Loch*, allumé pendant toute la durée des nuits, dans la direction de O. $\frac{1}{2}$ N., il conduit dans le Loch par le chenal convenable, au N. de l'île *Devaar*. Il est élevé de 25 pieds et se voit à 25 milles. 55° 24′ 0″ N., 8° 1′ 24″ O. (1827).

CANTYRE (Phare du Mull), à l'ext. S. O. du Mull de Cantyre, par 55° 18′ 30″ N., 8° 9′ 11″ O. Le feu est *fixe* et se voit à 22 milles, ayant 297 pieds au-dessus de la mer, dans une tour en pierre de 28 pieds; se voit du N. N. E $\frac{1}{2}$ E. vers la mer jusqu'au S. $\frac{1}{4}$ S. O. (1788).

RHINS OF ISLAY (Phare), sur la p^te *Rhins*, ext. S. O. de l'île Ilay. 55° 41′ 10″ N., 8° 49′ 24″

O. Sa lumière est très apparente et offre, dans la même lanterne, les effets d'une lumière *fixe* et *tournante*. De loin, elle produit un grand éclat de 5″ en 5″, sans aucun obscurcissement complet comme aux autres lumières tournantes de la côte. Ce fanal, en pierre et de 80 pieds d'élévation, est garni de réflecteurs et à 150 pieds au-dessus des marées moyennes, ouvert du N. N. E. au S. E. par le S.? Par un temps clair, on l'aperçoit à 15 milles; la lanterne est ouverte vers *Laggan-Bay*, en dedans de *Loch-Indaal*, et vers la mer, depuis le *Mull-of-Kinho* à *Tanvore-Head*. Sa situation et ses directions sont comme suit : le fanal étant sur le côté N. de l'entrée de *Loch-Indaal*, sur l'îlot *Oversay*, presque contigu à la grande île *Hay*; il reste au N. $\frac{1}{4}$ N. O. $\frac{3}{4}$ O., 10 milles du *Mull-of-Kinho*; au N. $\frac{1}{4}$ N. O. $\frac{3}{4}$ O., 33 milles du *Mull-of-Cantyre*; au N. $\frac{1}{4}$ E., 25 milles de l'ext. N. E. de l'île *Rachlin*; au S. 38 milles de *Skerry's-Vorrerocks*; au S. S. O., 28 milles des rochers de *Duhvertah*, et au S. O. $\frac{1}{4}$ S., 6 milles $\frac{1}{2}$ de *Tanvore-Head* (1825).

LISMORE (Phare), sur l'îlot *Mousedale* ou *Lady's-isle*, à l'ext. O. de l'île *Lismore*, comté d'Argyle, par 56° 30′ N. et 7° 58′ 24″ O. Ce feu conduit dans les canaux le long de Lismore au canal calédonien, par le fort William; et dans les golfes de *Loing*, *Islay* et *Mull*. Le phare est à 1 $\frac{1}{4}$ mille S. S. O. $\frac{1}{2}$ O. de *Scaskerry rock*; 3 milles S. S. E. $\frac{1}{4}$ E. de l'entrée S. du golfe de *Mull*; 988ᵐ 45 E. N. E. de *Lady-rock*; 38 milles N. E. $\frac{1}{2}$ E. de l'entrée N. du golfe d'*Islay*, et 7 milles N.

O. ¼ N. du château *Dunolly*, à l'entrée O. d'Oban (var. 27° O.).

Le feu est *fixe* et garni de réflecteurs ; on le voit à 15 milles de l'E. au N E. ¼., par l'O. ; la lanterne est à 103 pieds au-dessus de la mer (1833).

BARA-HEAD (Phare), à l'ext. S. du groupe des îles Barra, Uist et Lewis, connu sous le nom de *Long island*. Latit. 56° 48′ N., long. 9° 58′ 24″ O. Il reste à 9 milles O. S. O. ½ O. de l'île *Muldonich* ; 33 milles O. ¼ N. O. de *Hysker* ; 37 milles N. du rocher *Skerryvore* ; 38 milles N. ½ E. des rochers *Stevenson* ; 93 milles N. E. ¾ E. du feu de l'île *Tory*, et 68 milles S. ¼ S. O. de l'île *Saint-Kilda* (var. 28° O.).

Ce feu est *intermittent*, paraissant subitement pendant 2′ 30″, puis il se fait une éclipse subite de 30″ : l'effet entier se produit de la sorte en 3′. Le système est garni de réflecteurs ; la lanterne a 680 pieds au-dessus de la mer, et le feu est ouvert du N. ½ N. E. à l'E. N. E., par l'O. et le S. ; il se voit à 32 milles (1833).

GLASS (Fanal), sur la côte E. de l'île *Glass* (une des îles *Harris*, comté d'Inverness) et sur le côté O. du chenal entre *Skye* et *Long island*. Feu *fixe*, visible à 15 milles ; il est élevé de 130 pieds au-dessus de la mer, sur une tour en pierre de 80 pieds, par 57° 52′ N. et 8° 53′ 24″ O. Il est ouvert du O. ¼ S. O. à l'E. N. E. par le S. (1789).

STORNOWAY, îles Lewis ; phare en construction, par 58° 14′ 0″ N. et 8° 43′ 24″ O.

WRATH (Phare du cap), à l'ext. N. O. de l'Écosse, par 58° 37′ N. et 7° 20′ 24″ O.; il reste à

45 milles O. (du compas) d'*Holy-Head*; 41 milles
E. S. E. 3° E. de la butte *Lewis*; 1 mille S. O. $\frac{1}{4}$ O.
5° O. des *Stags du cap Wrath*; 15 milles S. S. O.
3° O. du rocher *Nun*; et O. S. O. des îles *Stack*
et *Skerry*, 28 milles de la première et 30 de la
seconde.

Ce feu est *tournant* et montre dans la même
lanterne une lumière blanche et une rouge, qui
atteignent leur plus grand éclat de 2' en 2', et diminuent ensuite d'intensité; pour un observateur
éloigné, elles sont toujours éclipsées pendant une
courte durée. Le feu est ouvert du S. E. $\frac{1}{2}$ E. au
S. O. $\frac{1}{2}$ O. par le N. La lanterne est élevée de 400
pieds au-dessus de la mer dans un phare blanc, la
lumière blanche se voit à 24 milles (1828).

SUMBURG-HEAD (Phare), à l'ext. S. de l'île
Mainland (Shetland), par 59° 51' N. et 3° 36'
24" O. Feu *fixe* produit par des lampes à réflec-
teurs, élevé de 300 pieds, et visible à 24 milles.
Le feu est ouvert depuis *Foula* jusqu'à la p^te *Hang-
Cliff* (île Noss), c'est-à-dire le N. O. $\frac{1}{4}$ N. jusqu'au
N. E. $\frac{1}{4}$ E. en passant par le S. (1821).

RONALDSAY (North). Balise placée à la p^te N.
de l'île (Orcades), surmontée d'une boule de 8
pieds de diamètre, en mâçonnerie, qu'on voit à 13
milles; elle a 70 pieds au-dessus de la mer. 59°
40' N., 4° 35' O. (1809).

START-POINT (Fanal), sur l'île *Sunday*, la
plus E. des Orcades; feu *tournant* qui achève sa
révolution en 1'; il est élevé de 100 pieds au-
dessus des hautes eaux et se voit à 15 milles. Avant
l'éclipse la lumière perd graduellement son in-

tensité. 59° 18′ 0″ N., 4° 44′ 24″ O. (1806).

DUNNET-HEAD (Phare de), à l'ext. N. de la grande terre d'Écosse, par 58° 40′ 30″ N. et 5° 42′ 25″ O.; à 7 ½ milles O. ¼ N. O. de la pte N. de *Stroma* (détroit de Pentland); à 13 milles S. S. O. de *Hoy-Head*; à 31 milles S. ¼ S. E. ¾ E. des *Stack* et *Skerry*, et à 42 milles E. ¼ S. E. ¾ S. du cap *Wrath*. Le feu est visible depuis le S. E. ¼ E. jusqu'à l'O. par le N.; il est *fixe*, garni de réflecteurs, et élevé de 346 pieds au-dessus des mers moyennes, de manière qu'on le voit à 23 milles (1831).

TARBET-NESS. La pte de ce nom forme l'ext. N. E. du comté de Cromarty, par 57° 51′ N. et 6° 8′ 24″ O. Le fanal reste au N. E. ¼ E., 9 milles des roches noyées *les Trois Rois* et *les Fils du Roi*; au N. N. O. ½ O. de *Halliman's Scares*, 18 milles de distance (au large de la pte *Cowsey*); à l'O. S. O. ½ S. de *Clythnew*, 31 milles; et à l'O. ¼ S. O. du rocher de *Culloden*, distant de 1 mille; relèvemens du compas.

Ce feu est *intermittent*, paraissant tout-à-coup et restant visible pendant 2′ 30″; alors la lumière s'éclipse subitement pendant ½ minute; en dedans du Firth de *Moray*, dans le S. O. de Tarbet-Ness, où la lumière ne peut être prise pour une autre, elle est toujours visible jusqu'à ce qu'on passe en dedans d'une ligne tirée de Tarbet-Ness par une pte qui est à ½ mille des *Fils du Roi*, du côté de la mer; alors elle est cachée par les hautes terres de la côte et forme ainsi une instruction pour éviter ces roches dangereuses.

La lanterne est ouverte du S. O. ½ O. à l'O. ½ N.

par l'E.; elle est à 175 pieds au-dessus de la mer, sur une hauteur de 120 pieds, et sa lumière peut se voir à 18 milles (1830).

PENTLAND-SKERRIES (Feux), sur la plus grande des îles *Pentland-Skerry*, à l'entrée E. du Pentland-Firth (Orcades); ces feux sont *fixes*, sur deux tours différentes à 100 pieds N. N. E. de distance, le premier ayant 140 et le second 170 pieds; on les voit à 12 et 15 milles. Amenés en ligne, on croirait qu'il n'y a qu'un seul feu; ils conduisent sur le banc vaseux du S. du *Skerry*. La lumière est produite par des lampes d'Argant munies de réflecteurs. 58° 41′ 40″ N., 5° 15′ 24″ O. (1794).

CAMBLETON. Au côté O. de ce port est un feu *fixe*, élevé de 25 pieds, visible à 5 milles. (*Incertain.*)

KINNAIRD-HEAD (Fanal), à l'entrée du Frith de *Murray* et à l'ext. N. de la baie de *Fraserburgh*. Son feu *fixe* se voit à 16 milles. 57° 41′ 40″ N., 4° 21′ 24″ O. Il est élevé de 120 pieds au-dessus de la mer, sur une tour en pierre de 57 pieds, et se voit depuis le O. N. O. jusqu'au S. E., par le N. (1787).

BUCHANNESS (Phare), sur la côte E. de l'Écosse, par 57° 28′ 0″ N. et 4° 6′ 24″ O.; il se fait remarquer par la rapide *révolution* de son réflecteur et par la scintillation de sa lumière, sortant de l'obscurité toutes les 5″, pour briller momentanément de tout son éclat. Le caractère de ce phare ne permet pas de le confondre avec celui de *Bell-Rock*, au S., dont le mouvement est lent

(113)

et la couleur rougeâtre, ni avec le feu fixe de
Kinnaird-Head, vers le N.

Du point nommé *Rattray-Brigss*, on apercevra
le feu de *Buchanness* au-dessus de la partie E. de
la ville de Peterhead, dans la direction du S. S.
O. ¼ O. à la distance de 9 milles ; ce feu se voit
aussi à 6 milles N. E. de *Cruden Scares*, et à celle
de 25 milles de *Girdleness*, dans le N. E. ¼ E. Il
se voit en général depuis le N. ¼ E. au S. O. ¼ O.,
par l'E.

Le réverbère présente ses divers panneaux de
glace dans la direction du N. par E. au S. O. par
O. et aux autres points intermédiaires dans la direction de l'E. Variation 27° O. Ce phare est en
pierre, élevé de 100 pieds ; le feu est à 130
pieds au-dessus de la mer, et se voit à 18 milles
(1827).

GIRDLENESS (Phare), sur la p^te du même
nom, par 57° 8' N. et 4° 23' 23" O. ; au large est
la roche noyée le *Girdle*. Ce phare est à 1115^m 55
S. ¼ S. O. du fanal de la jetée N. d'Aberdeen ;
25 milles S. O. ½ O. du fanal *Buchanness*, et 43
milles N. E. ¼ N. du *Bell-Rock*. A cette station
les deux lanternes sont ouvertes du N. N. E. au
O. S. O. ¼ O. et des points intermédiaires du S. et
de l'est ; variation 26° 45' O.

Le feu de Girdleness est *double*, présentant
dans la même tour, deux feux *fixes*, l'un au-
dessus de l'autre ; mais à une certaine distance,
ils se confondent et présentent un feu allongé.
Les feux sont munis de réflecteurs, placés
dans des lanternes à 115 et 185 pieds au-dessus

10..

des eaux moyennes; on les voit à 19 et 16 milles. (1833).

ABERDEEN (Feu), à l'ext. de la jetée N., tribord en entrant; *fixe*, allumé lorsqu'il y a 9 pieds d'eau sur la barre. Il est visible à 4 milles, étant élevé de 20 pieds, dans une tour rouge. 57° 9' N., 4° 24' 24" O.

Nota. Ce feu sera perfectionné sous peu d'années.

MONTROSE. Au côté N. de l'entrée, sont deux feux *fixes* restant au N. O. ¼ O., 910 pieds l'un de l'autre, rouges, à 35 et 45 pieds d'élévation, et servant d'amarques pour le banc *Annet;* on les voit à 8 milles. 56° 42' N., 4° 47' 24" O. (1820).

ARBROATH. Sur la jetée N. est un feu *fixe,* rouge, qu'on voit à 3 milles, élevé de 15 pieds, et qu'on n'allume que lorsqu'un navire doit entrer. 56° 33' N. et 4° 55' 24" O. (1826).

BUTTONNESS (Deux fanaux), sur la côte N. de l'entrée du golfe de *Tay ; fixes,* sur des tours séparées, visibles à 9 et à 12 milles, et à 122 pieds N. N. O., et élevés à 85 et 65 pieds au-dessus de la mer; ils conduisent sur l'entrée de la *Tay,* en évitant les bancs *Gaa* et *Abertay.* 56° 28' N., 5° 4' 39" O. (1820).

SOUTH-FERRY-NESS. (Voir *Port-on-Craig,* ci-après.)

BELL-ROCK (Phare). Le rocher sur lequel il est construit se montre à nu à marée basse d'équinoxes, au large des golfes de *Forth* et de *Tay,* 11 milles S. ¼ S. E. ⅓ E. d'*Arbroath* (comté de Forfar). 56° 26' 50" N., 4° 42' 34" O.

Feu *tournant*, alternativement rouge et blanc dans l'espace de 2′ ; il est élevé de 116 pieds au-dessus des marées d'équinoxe. La lumière naturelle est très forte et se voit facilement à 14 milles. Pendant les brouillards, on tinte une cloche à des intervalles de 30″ (1811).

On assure qu'afin d'éloigner les navires de ce rocher dangereux, les habitans d'Arbroath firent, dès le quatorzième siècle, suspendre une cloche (*a bell*) sur ce rocher, d'où lui est venu son nom.

DUNDEE (Deux fanaux). On allume un *feu fixe* sur la jetée E. du port, et un autre sur la jetée du milieu, également *fixe*, à bâbord en entrant dans les *Wet-Docks*; ils sont distans de 390 pieds N. O. $\frac{3}{4}$ O. et visibles à 4 milles, étant élevés de 10 et de 12 pieds; quand on les tient en ligne, ils servent à éviter le *Beacon-Rock*. L'un de ces feux est rouge, et l'autre, de couleur ordinaire, excepté au S. E., où il est également rouge. 56° 28′ N., 5° 18′ 24″ O. (1825).

PORT-ON-CRAIG (Deux fanaux), par 56° 27′ N. et 5° 9′ 24″ O., sur deux tours distantes de 1321 pieds N. O. $\frac{1}{4}$ O. Leurs feux sont *fixes*, visibles à 3 et à 9 milles, et élevés de 65 et de 45 pieds au-dessus de la mer. Ils sont disposés de manière à conduire dans les profondes eaux de la *Tay* (*fair way*), et font éviter les bancs d'*Abertay* et du *Sud* (1820).

NEWPORT (Deux fanaux), à *feux fixes*, au côté O. de la jetée du passage, par 56° 26′ N. et 5° 17′ 24″ O. Leurs tours sont distantes de 190 pieds N. N. E., blanches, élevées de 10 et 16

pieds : les feux sont visibles à 2 ¼ milles. Ils conduisent à l'E. du banc de *Middle* (côte de *Fife*).

CARR (Balise de la roche), à l'entrée du golfe
de *Forth*, 11 milles S. O. ¼ O. (*du compas*) du rocher *Bell*, et 6 milles N. N. E. ¼ E. du fanal de
l'île *May*. C'est une bâtisse en pierre surmontée
d'une boule de fer, qu'on voit à 3 lieues, ayant
25 pieds au-dessus de la mer. Lat. N. 56° 17',
long. 4° 45' O.

MAY (Phare de l'île), à l'entrée du golfe de
Forth, 56° 11' 22'' N., 4° 53' 24'' O. *Feu fixe*, visible sur tout l'horizon, à 21 milles. Son élévation
est de 240 pieds, sur une tour en pierre de 57
pieds (1816).

INCHKEITH (Phare). L'île de ce nom, dans le
golfe de *Forth*, a un phare à feu dioptrique,
composé de sept lentilles qui *circulent* autour
d'une lampe à trois mèches concentriques, produisant des *éclats brillans* de 1' en 1', et de cinq
rangs de miroirs courbes, qui, étant fixes, servent
à prolonger leur durée.

Ce nouveau feu ne diffère pas beaucoup du
précédent, sinon dans les éclats, qui sont plus
brillans et de plus courte durée. Par un temps
clair, la lumière n'est pas entièrement éclipsée
entre les éclats, à la distance de 4 ou 5 milles.
Elle se voit de tous les points de l'horizon, à 18
milles. 56° 2' N., 5° 28' 15'' O.? Ce phare est
élevé de 220 pieds au-dessus de la mer (1804).

Il y a 6 bouées dans le *Frith of Forth*; sur le
Gunnet-rock, deux bouées blanches, à 1 ½ mille O.
½ N. du fanal d'*Inchkeith*; on y trouve 8 pieds

d'eau de basse mer d'équinoxe. Le *Pallas-rock*, une bouée à bandes noires et blanches ; à $\frac{3}{4}$ de mille O. $\frac{1}{4}$ S. O. du même, avec 10 pieds d'eau. Le *Harwit-rock*, une bouée noire ; à 1 $\frac{1}{4}$ mille S. $\frac{1}{4}$ S. E. du même, avec 6 pieds d'eau. Le *Craig Waugh rock*, une bouée rouge ; à 2 $\frac{1}{4}$ milles S. $\frac{1}{4}$ S. E. $\frac{3}{4}$ E. du même, avec 3 pieds d'eau ; et le *North Craig rock*, une bouée doublée de cuivre avec un matreau, à bandes rouges et blanches ; à 2 $\frac{1}{4}$ milles S. E. $\frac{1}{4}$ S. $\frac{1}{4}$ E. du même fanal, avec 19 pieds d'eau. (Relèvement du compas.)

LEITH (Feux). Le premier est à l'ext. de la jetée ; on le laisse à bâbord. 55° 59′ 0″ N., 5° 30′ 24″ O. Le feu est *fixe* et ne se montre que lorsqu'il y a 9 pieds d'eau sur la barre ; on le voit à 5 milles, suivant les circonstances. Pendant le jour, on fait usage de pavillons pour indiquer la hauteur de la mer montante, en commençant par le placement d'une boule à la tête du mât, lorsqu'il y a 9 pieds d'eau sur la barre. Ce phare est blanc (1780).

La jetée de ce port ayant été prolongée en 1828 de 500 pieds, on y a construit un nouveau phare, dont la lumière est *rouge*, et paraît à l'ext. de la jetée E. Ces deux feux sont distans de 1 500 pieds N. $\frac{1}{4}$ E. Ce phare est rouge (1831).

NEWHAVEN, petit feu *fixe*, rouge, qu'on n'allume que lorsqu'il se présente des bateaux de passage pendant la nuit. On le voit à 2 ou 3 milles.

BURNT-ISLAND (Feu de port), petit feu *fixe*, à tribord en entrant. On ne le voit qu'à 7 milles.

56° 4′ 0″ N., 2° 34′ 0″ O. La tour est blanche, et le feu élevé de 20 pieds (1800).

KING-HORN (Feu) *fixe* sur la jetée E., qu'on allume quand il y a 8 pieds d'eau. Ce fanal, blanc, est élevé de 20 pieds. 56° 4′ 0″ N., 2° 31′ 24″ O. (1800).

QUEEN'S-FERRY (Feu) *fixe* sur la principale jetée de *North-Queen's-Ferry*; un autre est à *Black-hall*, près de *South-Queen's-Ferry*. Ils servent pour les bateaux de passage; on ne les allume pas quand la lune est sur l'horizon.

DUBLIN (Feu), Irlande. Ce feu est placé à l'ext. E. de la jetée N.; il est *fixe*, élevé de 33 pieds, et se voit à 9 milles, du N. N. E. au O. N. O. 53° 21′ N., 8° 35′ 24″ O. (1820).

Nota. Les bateaux à vapeur qui font le service de Dublin, portent trois lumières : une à la tête du mât et une sur chaque bossoir, celle de bâbord rouge foncé. L'intention est d'éviter les abordages; en voyant les fanaux de ces bateaux, on en connaît la position : il est également facile de ne point confondre ces fanaux avec ceux des côtes, par leurs mouvemens.

POOLBEG. A l'ext. du mur S. de Dublin, sont deux *feux fixes* dans la même tour, qu'on allume à la demi-montée des eaux, et qu'on remplace le jour par un ballon. Ils sont élevés de 68 pieds et se voient à 13 milles. 53° 20′ 32″ N., 8° 30′ 37″ O. (1768).

Nota. Le feu inférieur est le plus faible.

KINGSTON. Petit phare sur l'ext. de la jetée E. du port (précédemment nommé *Dunleary*), côté

S. de la baie de Dublin ; on le laisse à bâbord en entrant ; son feu est *tournant,* il atteint son maximum de densité une fois par minute. On le voit à 9 milles ; il est élevé de 31 pieds au-dessus de la mer. 53° 18' 4" N., 8° 29' 24" O. (1822).

HOWTH-BAYLLY (Fanal), côté N. de la baie de Dublin ; feu *fixe,* élevé de 114 pieds et visible à 17 milles, du N. E. ¼ E. au O. N. O. 53° 21' 36" N., 8° 24' 24" O. (1813).

HOWTH (Feu) *fixe,* rouge, à 7 milles de Dublin et au N. E. de la baie de ce nom, placé à l'ext. de la jetée E. ; se voit à 11 milles et est élevé de 43 pieds sur une tour blanche ; le port *Howth* est du côté N. de la colline, en dedans de *Ireland's eye,* ¾ de mille de cette île. 53° 23' 25" N., 8° 25' 30" O. (1818).

Nota. Deux petits feux placés sur l'ext. de la jetée O., servent comme points de reconnaissance, en entrant par le N., ou entre *Ireland's eye* et *Lambay.*

KISH (Feu flottant), par 8 brasses d'eau, à l'ext. N. du banc de ce nom, trois lieues S. E. du fanal du port de Dublin ; l'obélisque de l'île *Dalky* restant à l'O. ¾ N. O. ; *Bray-Head* à l'O. S. O., et *Howth-Head* au N. ½ O.

Il porte une lumière sur chacun de ses trois mâts. Le plus élevé a 25 pieds et se voit à 9 milles. Pendant le jour, on hisse un pavillon, et dans les brouillards on sonne une cloche. 53° 19' N., 8° 18' 24" O. (1811).

WICKLOW-HEAD (Feux), à l'ext. E. du comté de ce nom : les deux feux sont *fixes* et sur des tours séparées de 540 pieds N. O. $\frac{1}{4}$ O. ; ils se voient à 16 et 20 milles. Ils conduisent entre les bancs *India* et *Arklow*. Ces feux sont élevés de 250 et 121 pieds. 52° 58′ 0″ N. , 8° 17′ 20″ O. (1818).

ARKLOW (Feu flottant du banc), par 13 brasses d'eau, à l'ext. S. du banc, restant au N. N. E. $\frac{1}{2}$ E., 13 milles des feux de *Wicklow-Head*, et au S. O. $\frac{1}{4}$ S. $\frac{1}{2}$ O., 6 milles du fanal de *Tuskar*. Le grand mât seul porte un fanal qu'on voit à 8 milles. 52° 44′ N., 8° 18′ 24″ O. (1824).

TUSKAR (Phare), sur le rocher de ce nom, au large du comté de Wexford, à 9 milles E. S. E. $\frac{1}{2}$ E. de la p^te *Carnsore* (ext. S. E. de la grande terre d'Irlande) ; 43 lieues N. O. de *Land's End*; 11 $\frac{1}{2}$ lieues N. $\frac{1}{2}$ O. du phare de *Smalls*, et 4 lieues E. $\frac{1}{2}$ S. du *Black-Rock*.

Ce phare est élevé de 101 pieds au-dessus de la mer. Il est composé de feux *tournans :* deux qui se suivent, de couleur naturelle, et le troisième rouge. Chacun se présente après des intervalles de 2′, c'est-à-dire que le feu rouge ne se voit que toutes les 6′, tandis que les feux blancs s'offrent avec des intervalles de 2′ et de 4′ ; ils diminuent graduellement avant l'éclipse. Les feux blancs sont visibles à 15 milles. Pendant les brouillards, on sonne une cloche, qu'on entend de 30″ en 30″. 52° 12′ 9″ N., 8° 32′ 51″ O. (1815).

CONINGBEG ou *Saltees* (Feu flottant), par 20 brasses, au large de la côte de Wexford, S. E. $\frac{1}{4}$ E., à peu près 3 milles de la grande *Saltee ;* et à l'O. $\frac{1}{2}$ S., 20 milles du phare *Tuskar*.

Ce feu flottant a deux lumières à 25 pieds d'é-
lévation, visibles à 9 milles. Un pavillon remplace
le feu du grand mât pendant le jour, et quand le
temps le rend nécessaire, on frappe une cloche
pour avertir de son voisinage. 52° 3′ N., 8° 57′
24″ O. (1824).

DUNMORE. Feu *fixe*, rouge vers la mer, blanc
vers le port, à la tête de la jetée et au côté O. de
l'entrée de Waterford; il est élevé de 44 pieds au-
dessus de la mer, dans une tour blanche de
36 pieds; on le voit à 8 milles. 52° 10′ 00″ N.,
9° 18′ 24″ O. (1826).

HOOK (Fanal de la tour), à la côte E. de l'entrée de Waterford; *feu fixe* et visible à 17 milles,
son élévation étant de 139 pieds au-dessus de la
mer, sur une tour de 110 pieds. 52° 7′ 25″ N. et
9° 16′ 12″ O. (1791).

Il faut se garder de venir à moins d'un encâblure ou deux de la p^te *Hook*, afin d'éviter les
courans irréguliers, très forts autour de ce cap.

WATERFORD (Phare), à *feu fixe*, nouvelle-
ment érigé sur la côte E. de ce port, restant au
N. N. E. $\frac{3}{4}$ E. du fanal *Duncannon*, à la distance
de 5 $\frac{1}{4}$ encâblures. Ces deux feux tenus en ligne,
conduisent dans le meilleur chenal sur la barre.
Le fanal N. est à 1 $\frac{3}{4}$ mille N. N. E. $\frac{1}{4}$ E. de la bouée
E., à 2 milles N. E. $\frac{1}{2}$ N. de la bouée O., et à
3 milles N. E. $\frac{3}{4}$ N. de la p^te *Creden*.

La tour est ronde, blanche, et sa lanterne a
120 pieds au-dessus des mers moyennes (relèvemens mag., var. 28° 30′).

DUNCANNON (Feux), dans le fort du même

nom, à l'intérieur de la rivière, au côté E. ou de tribord en montant à Waterford. 52° 13′ 4″ N., 9° 16′ 24″ O.

Ces deux feux sont *fixes*, sur la même tour, de 25 pieds, et de 40 pieds au-dessus de la mer. Amenés en ligne, ils conduisent entre *Bluff-Head* et *Dunmore-Sands?* Le feu inférieur ne se montre que depuis la mi-marée jusqu'à la mi-jusant. On les voit à 6 milles (1803).

BROWNSTON (Pointe); il existe deux tours sur cette p^te, à l'entrée de la baie *Tramore*.

GREAT-NEWTON (Pointe). Il y a trois tours de remarque sur cette p^te, dans la baie *Tramore*.

CORK (Fanal), sur la p^te *Roche*, à l'entrée E. du port. Feu *fixe,* rouge foncé du côté de la mer, et clair dans la baie ; on le voit à 14 milles du S. E. $\frac{1}{4}$ E. au N. E. Son élévation est de 92 pieds. 51° 48′ 10″ N., 10° 34′ 59″ O. (1816).

Ce fanal a été reconstruit. Une lanterne très grande, de 11 pieds de haut, y est placée ; elle renferme 9 lumières, dont 6 rouges et 3 bleues. Elle est en glace d'un huitième de pouce d'épaisseur.

L'entrée du port de Cork n'a qu'un demi-mille de large, et le côté E. en est très remarquable, par l'île *Roche*, sur laquelle se trouve le fanal.

KINSALE (Feu), sur le fort *Charles*, côté E. du port, *fixe* et visible à 6 milles ; son élévation est de 98 pieds au-dessus de la mer. 51° 42′ 1″ N., 10° 52′ 24″ O. (1804).

Pour entrer la nuit, il faut tenir le feu de la p^te *Old-Head*, au S. O. $\frac{1}{4}$ S., et le feu du fort Charles au N. N. E.; ou bien, lorsque le feu *Old-Head* est droit arrière, il faut tenir le feu du fort *Charles* par le bossoir de bâbord.   *Blachford.*

OLD-HEAD (Fanal de la p^te), à 5 milles S. O. ¼ S. du port Kinsale. Feu *fixe*, visible à 21 milles du N. E. au N. O. Il est à 294 pieds au-dessus de la mer, sur une tour blanche de 42 pieds. 51°37′ N., 10°52′40″ O. (1805).

CLEAR. L'île du cap *Clear*, sur laquelle le phare est bâti, est la terre la plus S. de l'Irlande; placé au côté S. E. de l'île, il a une lumière *tournante*, qu'on voit à 28 milles, avec des éclats de 2′ en 2′, perdant graduellement d'intensité avant l'éclipse. L'île Clear est à 13 milles E. S. E. (du compas) de *Brown-Head*. L'élévation du feu est de 455 pieds au-dessus de la mer, sur une tour blanche de 42 pieds. 51°26′3″ N., 11°49′44″ O. (1817).

SKELLIGS (Feux des rochers), au large de *Bolus-Head*, à 2 lieues O. du comté de Kerry; à 8 milles S. O. ¼ O. de la p^te *Brae* (île Valentia); à 19 milles N. O. 8° O. (du compas) de la p^te O. de l'île *Dursey*, et à 16 milles S. S. O. de la p^te O. de la grande *Blasket*.

Ces feux sont *fixes* et sur deux tours séparées de 650 pieds N. ¼ N. E. Les feux sont élevés de 372 et de 175 pieds au-dessus de la mer. On les voit à 18 et 25 milles. Amenés en ligne, ils servent à éviter les roches *Fose* et *Bull*, en les laissant ouverts d'un anspect. 51°46′10″ N., 12°54′34″ O. pour le plus O. (1826).

ROCHE-HARBOUR (I. Valentia); il y existe une balise donnant la direction du port.

SHANNON. Plusieurs roches de cette rivière ont des tours de remarque ; telles sont *Beeves-rock* et *Scarlet-rock*.

LOOP-HEAD (Fanal), côté N. de l'entrée de la *Shannon*. Le feu est *fixe* et se distingue ainsi des feux du cap Clear et de l'île d'Arran, qui sont tournans. Il est visible à 22 milles de l'E. $\frac{1}{4}$ S. E., à l'E. $\frac{1}{4}$ N. E., étant élevé de 269 pieds au-dessus de la mer, dans une tour blanche de 49 pieds : il reste à 29 milles O. S. O. $\frac{1}{4}$ O. de *Hogs' head* (pointe), et au S. $\frac{1}{4}$ S. O. du fanal de *Slyne-head*. 52° 33′ 51″ N., 12° 16′ 35″ O. (1802).

TARBERT-ROCK (Phare). Feu *fixe*, sur une roche dans la rivière *Shannon*, à 11 $\frac{1}{4}$ milles E. S. E. de la p^te *Kilkadraan* ; à 9 $\frac{1}{2}$ milles E. S. E. de la p^te N. de *Bear-Bar* ; à 5 milles S. E. $\frac{1}{4}$ E. de la grande tour *Scattery* ; à 2 milles N. O. $\frac{1}{4}$ O. de la p^te *Coleman*, et 1 $\frac{1}{2}$ mille N. O. $\frac{1}{4}$ O. de la roche *Bowlin*.

Le feu est vu du O. $\frac{1}{4}$ S. au S. $\frac{1}{4}$ O. ; la lanterne a 58 pieds au-dessus de la mer. 52° 36′ N., 11° 40′ 24″ O. (1834).

KILKADRAAN (Fanal de la p^te). côté N. de la rivière *Shannon*, à 8 milles en dedans de *Loop-head* ; il reste à 12 $\frac{1}{2}$ milles dans le N. E. $\frac{1}{4}$ E. 5° E. de *Kerry-head*, et à 7 milles dans l'E. $\frac{1}{4}$ S. E. 5° S. du cap *Dunmore*. Le feu est *fixe*, rouge vers la mer, naturel à l'intérieur de la rivière. On le voit à 10 milles, étant sur une tour blanche de 26 pieds, qui place la lumière à 133 pieds au-dessus de la mer. 52° 35′ 21″ N., 12° 0′ 26″ O. (1824).

SOUTH-ARRAN (Phare de l'île), à l'entrée de la baie *Galway*; il se voit de tout l'horizon à 25 milles. Le feu est *tournant* et arrive à son maximum de 3′ en 3′, c'est-à-dire que l'éclat est de 15″ et l'éclipse de 2′ 45″; il perd graduellement sa lumière. Il est élevé de 498 pieds, dans une tour blanche de 37 pieds. 53° 7′ 0″ N., 12° 0′ 24″ O. (1817).

BLACK-ROCK (Balise), dans la baie de *Galway*.

GALWAY. Feu de port sur l'île *Mutton*, côté O. de l'entrée de la rade et du port *Galway*. Il est *fixe*, rouge du côté de la mer, d'où on le voit à 10 milles; du côté de terre, le feu est naturel; il est élevé de 33 pieds au-dessus de la mer, sur une tour blanche de 26 pieds. 53° 16′ N., 11° 22′ 24″ O. (1817).

SLYNE-HEAD (Phares). Deux nouvelles tours sont construites sur cette p^{te} (côte O. de Galway), ou plutôt sur l'*Illaan-Imul*, le plus O. des îlots rocheux de Slyne-Head; elles signalent le N. $\frac{1}{4}$ N. E., 415 pieds de distance. Cet alignement conduit à l'extérieur de toutes les roches, entre les baies *Galway* et *Clew*.

Le plus N. de ces phares est à *feu tournant*; on voit successivement un feu rouge et deux feux clairs, dont le tour se fait en 6′, chacun d'eux étant visible pendant 2′.

Le plus S. est un *feu fixe*, brillant, qui se voit de la mer du S. E. $\frac{3}{4}$ E. à l'E. $\frac{1}{4}$ N. E.

Au feu N. on relève (au compas, var. 28° $\frac{1}{2}$ O., 1836):

L'île *Branach* (ext. O. de la grande Arran), S. $\frac{1}{4}$ S. E., 24 milles de distance.

Les rochers *Skird* (au large de l'entrée de la baie Birterbay), S. $\frac{1}{4}$ S. E. $\frac{1}{4}$ E., 12 milles.

La roche *Myte* (au large de l'entrée de la baie Birterbay), S. $\frac{1}{4}$ S. E. $\frac{3}{4}$ E., 9 $\frac{3}{4}$ milles.

Carrigarone (au large de l'entrée de la baie Ardbear), N. E. $\frac{1}{4}$ E. $\frac{1}{4}$ E. , 5 $\frac{3}{4}$ milles.

L'île *High* (p^{te} O.) N. N. E. $\frac{1}{4}$ E. , 8 $\frac{3}{4}$ milles.

Innishark (p^{te} O.) N. $\frac{1}{4}$ N. E. $\frac{1}{2}$ E., 12 $\frac{1}{4}$ milles.

Les deux tours sont circulaires, blanches ; les lanternes sont élevées au-dessus du niveau moyen de la mer, celle N. de 104 pieds et celle S. de 96 pieds. On les voit à 14 et 15 milles (1836).

CLARE (Fanal de l'île) , sur la p^{te} N. de l'île, à l'entrée de la baie *Clew*. Feu *fixe* qui se voit à 25 milles depuis l'O. vers la mer jusqu'au N. E. ; il est élevé de 487 pieds au-dessus de la mer, sur une tour blanche de 26 pieds. 53° 49′ 20″ N., 12° 18′ 24″ O. (1806).

WESTPORT et NEWPORT (Feu des ports). Il est sur l'île *Innis-Gorth*, à 4 milles de Westport et à peu près autant de Newport. Ce feu est *fixe* et se voit à 10 milles, entre le N. N. E. et l'E. ; il a 36 pieds au-dessus de la mer. 53° 51′ 0″ N., 12° 0′ 24″ O. (1827).

EAGLE (île). Deux phares sont construits sur cette île, côte O. d'Irlande : leurs feux sont *fixes* et ont été allumés en 1835. 54° 16′ N., 12° 21′ 24″ O.

L'île Eagle est à 11 milles marins O. des stags de *Broadhaven* ; à 3 milles $\frac{1}{4}$ O. de la p^{te} *Erris* ; à 11 milles $\frac{3}{4}$ N. E. $\frac{1}{4}$ E. de la p^{te} O. de l'île S. d'*Innis-kea* ; à 14 milles $\frac{1}{2}$ E. N. E. $\frac{1}{4}$ N. de *Black-Rock*, et à 19 milles N. E. $\frac{1}{4}$ E. de la p^{te} *Achil*.

Ces 2 feux sont sur la ligne E. $\frac{1}{4}$ N. E. et conduisent au large de *Black-Rock*, 3 milles de distance ; des stags de *Broadhaven*, 2 milles $\frac{1}{4}$ et de toutes les autres roches qui existent entre la baie *Black-sod* et *Broadhaven*.

Les lanternes sont élevées de 220 pieds au-dessus des hautes eaux et ne se voient pas du côté de terre, depuis l'E. $\frac{1}{4}$ S E. jusqu'au S. $\frac{1}{4}$ S. O.

OYSTER (Phare de l'île), dans la baie de Sligo. Deux feux sur deux tours blanches et marquant le N. N. O. $\frac{3}{4}$ O., 496 pieds de distance ; tenus en ligne, ils conduisent sur la barre et font éviter le banc dit *Bun Gar*.

Ces deux feux sont *fixes* et visibles du S. E. $\frac{1}{2}$ E. au N. O. $\frac{1}{4}$ N. La tour N. a 43 pieds ; celle S., 53 pieds d'élévation : elles se voient à 11 et 12 milles.

La tour N. se relève au S. E., 3 milles du rocher *Wheaten*.

. . . . au S. E. $\frac{1}{2}$ E., 1 $\frac{3}{4}$ mille du *Black-Rock*.

. . . . au S. E. $\frac{3}{4}$ S., $\frac{1}{4}$ de mille du rocher *Perch* (var. 28° 30′).

SLIGO (Phare), sur le *Black-Rock*, dans la baie de Sligo ; ce feu *fixe* reste à 15 $\frac{1}{2}$ milles E. S. E. $\frac{1}{4}$ S. de la p^{te} *Rathlee* (baie *Kilala*) ; 5 milles E. $\frac{1}{4}$ S. E. de la p^{te} *Aughris* (baie de Sligo) ; $\frac{3}{4}$ de mille N. E. $\frac{1}{4}$ N. de *Blind-Rock* ; 1 $\frac{1}{2}$ mille N. O. $\frac{1}{4}$ O. de la p^{te} *Deadman* ; 1 $\frac{1}{7}$ mille S. E. $\frac{3}{4}$ S. de la roche *Wheaton* ; 3 $\frac{1}{2}$ milles S. S. E. de l'île *Hawlbowling*.

Il est visible du S. O. au S. E. $\frac{1}{4}$ S. par le S., jusqu'à 13 milles de distance.

Ce fanal est construit sur une partie de la tour du *Black-Rock*, et la lanterne est à 74 pieds au-dessus des plus hautes eaux. 54° 18′ N., 10° 53′ 24″ O. (1835).

KILLIBEGS, sur la p^te Saint-Jean; feu *fixe*, visible à 14 milles entre l'E. $\frac{1}{4}$ S. E. et le N. E. $\frac{1}{4}$ E.; et élevé de 104 pieds au-dessus de la mer. 54° 33′ 0″ N., 10° 48′ 9″ O. (1831).

KILLYBEGS (Phare), sur la p^te O. de l'île *Rotten*, dans le port Killibegs. Son *feu est fixe* et visible du côté de la mer, du S. O. par le S. au N. E.; sert à éviter les rochers *Ballock-More*, et ceux entre *Drumanoo* et la p^te *Muckris*. La tour est circulaire, blanche; la lanterne est élevée de 67 pieds au-dessus de la mer (1837). On y relève :

La p^te *Saint-Jean*, 3 milles marins S. O. $\frac{1}{4}$ S.

Le rocher *Bullock-More*, 3 $\frac{1}{2}$ milles S. O. $\frac{1}{4}$ O. $\frac{1}{2}$ O.

Épaulement S. de la p^te *Drumanoo*, 1 mille O. $\frac{1}{2}$ S.

Harbour-Rock, 1 $\frac{1}{2}$ mille N. E. $\frac{2}{4}$ N. (Var. 28° $\frac{1}{4}$ O.)

ARRANMORE (Phare de l'île), au côté N. de l'île (comté de Donnegal); feu *fixe* qui se voit à 4 et 5 lieues; il est élevé de 209 pieds au-dessus de la mer (*incertain*).

TORY-ISLAND. Phare sur la p^te N. O. de l'île, au large de la côte N. O. de l'Irlande, par 55° 16′ 30″ N., 10° 35′ 30″ O. Son feu *fixe* et brillant, garni d'un réflecteur, a 131 pieds au-dessus de la mer, et peut se voir sur tout l'horizon à 16 milles, excepté en passant le détroit où il est caché par les roches au S. de *Tory-Island,* depuis le N. N. O. 8° N., jusqu'au N. N. O. 3° O.

Le phare de *Tory* reste au N. E. $\frac{1}{4}$ E. du phare *Arranmore,* 18 $\frac{1}{2}$ milles de distance. Au N. E. $\frac{3}{4}$ N. de la p^te *Bloody-Farland,* 8 milles. Au N. O. $\frac{1}{4}$ N. de *Horn-Head,* 10 milles. Au O. N. O. $\frac{1}{2}$ N. du phare *Lough-Swilly,* 20 milles. Au O. N. O. $\frac{1}{2}$ O. de *Malin-Head,* 29 milles. Au O. $\frac{1}{2}$ N. O. du phare *Innistrahul,* 35 milles $\frac{3}{4}$. (Relèvemens du compas.) (1832.)

INNISBOFFIN (Remarques de l'île). Elles consistent en deux tours.

LOUGHSWILLY (Fanal), sur la p^te *Fannet,* à la côte O. de l'entrée de *Loughswilly* (comté de Donnegal). Feu *fixe,* rouge vers la mer, naturel dans le Lough. On le voit à 14 milles du S. au O. N. O. vers la mer; il est élevé de 90 pieds au-dessus de la mer, sur une tour blanche qui a 26 pieds. 55° 16' 25" N., 9° 58' 18" O. (1816).

INNISTRAHUL (Phare), sur l'île du même nom, occupant une position centrale entre les *Loughs Swilly* et *Foyle.*

Feu *tournant* qui montre son éclat de 2' en 2'. 55° 26' 28" N. et 9° 35' 1" O.

On voit le feu à 18 milles, et il perd graduellement sa lumière. Son élévation est de 167 pieds, sur un bâtiment blanc de 26 pieds (1812).

INNISHOWEN (Phares). Deux nouveaux phares sont construits sur la p^te *Donagré,* pour servir à la navigation de Londonderry, côte N. de l'entrée du *Lough Foyle*; les tours, circulaires et blanches, sont sur la ligne E. et O., 460 pieds de distance, et les feux sont à 73 pieds au-dessus de la mer; elles font éviter le banc *Tuns*. Les feux sont *fixes*, visibles vers la mer du N. E. $\frac{1}{2}$ N. au O. $\frac{1}{4}$ S. O.; la tour E. est par 55° 13′ 46″ N. et 9° 16′ 24″ O. (1837).

Ces feux peuvent se voir de 13 milles, par un beau temps.

On y relève (var. 28° 20′ O.) :

La p^te *Bengore*, 15 $\frac{1}{2}$ milles marins E. N. E.

La bouée N. du banc *Tuns*, 1 $\frac{1}{4}$ mille E. N. E.

L'ext. S. O. du même banc, 2 milles S. O. $\frac{3}{4}$ O.

La tour de la p^te *Magilligan*, 2 $\frac{1}{4}$ milles S. O. $\frac{1}{4}$ O.

La p^te N. du banc *M'Kenny*, 2 $\frac{1}{2}$ milles O. S. O.

MAIDEN (Phares des roches). Deux phares sont établis sur ces rochers, côte N. E. de l'Irlande, en face du comté d'*Antrim*; ils présentent deux lumières fixes. Le plus haut est par 54° 55′ 33″ N., 8° 4′ 34″ O.

Ces rochers sont à 20 $\frac{1}{2}$ milles du *Mull of Cantire*, dans le S. $\frac{1}{4}$ S. O. 3° O. du compas; à 18 milles $\frac{3}{4}$ de l'île *Sana*, S. S. O. 4° O.; à 23 milles dans l'O. S. O. de l'île *Ailsa*; à 21 $\frac{3}{4}$ milles O. 5° S. de la p^te *Coarsal*; à 16 milles $\frac{1}{2}$ au N. 5° E. du feu de l'île *Copeland*; enfin, à 29 milles $\frac{1}{2}$ au S. 5° E. de l'ext. E. de l'île *Rachline*.

Ces feux sont placés dans la direction N. O. $\frac{1}{4}$ O., 1920 pieds l'un de l'autre. Le premier a 84 et le second 94 pieds au-dessus de la mer.

On doit tenir ces feux à bonne distance; un

grand nombre de récifs s'étendent à plus de 3 milles dans le N., et à 1 $\frac{1}{2}$ mille dans le S. (1834).

LARNE-LOUGH (Phare) à *feu fixe*, à l'entrée du port. La tour est construite sur la p^{te} *Farrés*, au côté E. de l'entrée du Lough, par 54° 50′ 55″ N. et 8° 8′ 24″ O. Elle est circulaire, blanche, avec la lanterne à 14^m 60 au-dessus du niveau moyen de la mer. Son feu est blanc et visible dans le Lough et du côté de la mer, du S. à l'E., en passant par le N. Par un beau temps, on l'aperçoit à la distance de 8 milles. Un banc de roches s'étend à une demi-encâblure du pied de la p^{te} *Farrés*.

Ce phare est à 5 milles S. 56° 15′ O. du feu N. de *Maiden*; à 2 $\frac{1}{3}$ milles S. 59° 50′ O. de la roche *Hunter*; et à $\frac{3}{4}$ de mille N. 56° 15′ E. de la p^{te} *Carran*. (Var. 27° 30′ O.) (1838).

COPFLAND (Fanal), sur la petite île du même nom; tour blanche de 52 pieds, à feu *fixe* élevé de 131 pieds au-dessus de la mer. On le voit à 15 milles. 54° 41′ 43″ N., 7° 52′ 15″ O. (1796).

DONAGHADÉE (Phare), à l'ext. de la jetée; on le relève (var. 27° 30′ O.):

Du fanal *Copeland*, S. O. $\frac{1}{4}$ S., 3 milles $\frac{1}{4}$ de distance;

Du rocher *Deputy*, S. S. O., 1 mille;

Du feu *Galloway*, O. N. O., 24 milles;

Du rocher *Sculmartin*, N. $\frac{1}{2}$ E., 7 milles.

La tour sur laquelle il est installé est circulaire et grise : la lanterne est à 56 pieds au-dessus des hautes eaux. Le feu est *fixe*, rouge vers la mer, du N. $\frac{1}{4}$ E. $\frac{1}{2}$ E. au S. $\frac{1}{2}$ E.; et de couleur naturelle vers le port et l'entrée du havre de *Belfast* ; il se voit à 11 milles (1836).

SOUTH-ROCK (Phare), sur un rocher au large du *Downshire*, à peu près 2 lieues N. de l'entrée du *Lough* de *Strangford*.

Feu *tournant* visible à 12 milles ; sa révolution est de 90″, et il ne s'éclipse qu'en perdant graduellement sa lumière. 54° 23′ 54″ N., 7° 45′ 54″ O.

Dans les temps brumeux, on frappe une cloche pour avertir de l'approche des dangers environnans. Il est bon de savoir que ce phare est sur la partie O. de la roche la plus S., dont la superficie n'a qu'une encâblure de longueur du N. au S. (1797).

ARDGLASS (Feu), sur le môle à bâbord en entrant. Feu *fixe*, rouge ; on ne le voit qu'à 11 milles. Il est à 3 milles vers le S. du *Lough* de *Strangford*. Son élévation est de 40 pieds au-dessus de la mer. 54° 15′ N., 7° 57′ 24″ O. (1816).

CARLINGFORD-LOUGH, feu *tournant* sur la p^{te} Greenore ; sa révolution s'accomplit en 45″ et il est à 29 pieds au-dessus de la mer, sur une tour blanche de 26 pieds. On le voit à 8 milles. 54° 1′ 53″ N., 8° 28′ 16″ O. (1830).

CARLINGFORD (Feux). Ils sont sur la roche *Haulbowling*, en dedans du *Lough Carlingford*, à peu près à mi-chenal conduisant à *Newry* (comté de Down). 54° 1′ 10″ N., 8° 26′ 24″ O.

Ces deux feux sont *fixes* sur la même tour, l'un au-dessus de l'autre : on les voit à 15 milles. L'inférieur n'est allumé qu'à la mi-marée, et pendant la même période on hisse une grosse boule dans le jour. Lorsque le temps le rend nécessaire, on sonne une cloche, à des intervalles de 30″. Elle est à 111 pieds au-dessus de la mer, sur une tour blanche de 101 pieds (182?).

CRANFIELD (Remarque de la p.^{te}); elle consiste en une tour, au côté N. du *Carlingford-Lough*.

MAIDEN TOWER. A l'entrée S. de la Boyne, est une tour étroite, blanche et d'une élévation considérable, terminée par un parapet à créneaux : c'est la tour de la *Vierge*. La cause de sa construction est perdue dans la nuit des temps ; mais d'après sa situation, il est évident qu'on a voulu en faire une remarque pour la navigation. A peu de distance, dans les terres, est un obélisque appelé le *Doigt de la Dame*, et ces deux objets, tenus l'un par l'autre, indiquent, dit-on, l'angle à suivre pour passer la barre du port *Drogheda*. Il n'y a point de raison pour croire que cette tour ait servi de phare ; c'était probablement une tour de garde, car la vue y porte de *Mourne* jusqu'à *Bray-Head*, du côté de la mer.

BALBRIGGAN (Feu), à bâbord en entrant, à 9 milles de *Drogheda*. Il est *fixe* et on le voit à 9 milles du O. S. O. au S. S. E. $\frac{1}{2}$ E. vers la mer. Son élévation est de 55 pieds au-dessus de la mer. 53° 36′ 30″ N., 8° 32′ 10″ O. (1769).

CARGEE-ROCK. On voit une balise sur cette roche, près *Balbriggan*.

BURREN-ROCK. Une balise est sur cette roche. (Ile *Lambay*.)

TAYLOR-ROCK. Une balise est sur cette roche. (Ile *Lambay*.)

FRANCE (1).

DUNKERQUE (Deux feux). Le premier est *fixe*, de 3ᵉ ordre, haut de 26ᵐ, et visible à 4 lieues marines ; il est placé sur la tour l'*Heuguenar*, dans la direction du chenal, à 2 000ᵐ de la tête des jetées. Lat. N. 51° 1′ 59″, long. E. 0° 2′ 31″. On annonce que ce feu sera remplacé en 1840 par un phare lenticulaire du 1ᵉʳ ordre, à *éclipses* de 1′ en 1′.

Un autre fanal, feu de port, *fixe*, est installé à l'ext. de la jetée O., haut de 7ᵐ et visible à 2 lieues.

GRAVELINES. Feu projeté, *fixe*, qui sera allumé en 1840.

CALAIS (Phare). Feu *tournant* à réflecteurs, sur la tour de la ville, à 1 400ᵐ de la tête des jetées. Il produit pendant une révolution, dont la durée est de 3′, deux temps de lumière croissante et décroissante, mais dont la plus grande intensité est de 30″. Ces temps de lumière sont séparés par des éclipses d'environ 1′. Son élévation est de 38ᵐ et sa portée de 6 lieues. Lat. N. 50° 57′ 36″, long.

---

(1) Les élémens de ce tableau ont été corrigés sur le tableau qui a été publié par les Ponts-et-Chaussées, postérieurement à ma première édition. Les élévations des feux sont rapportées au niveau des pleines mers d'équinoxe ; les aires de vent sont rapportées au méridien vrai, et les positions ont été calculées par M. Daussy, hydrographe en chef du Dépôt de la Marine.

O. 0° 29' 13". Ce feu sera remplacé en 1840 par un phare lenticulaire, à feu varié par des éclats de 4' en 4'.

Il y a aussi un *feu de marée fixe*, sur le fort Rouge, à l'O. de l'entrée du port; il est élevé de 10^m et se voit à 2 lieues.

Ce feu n'est allumé qu'autant qu'il y a au moins 8 pieds d'eau dans le chenal, à l'entrée des jetées.

Sur le bout de la jetée du port, est une cloche pour marquer les marées dans les brouillards.

GRINEZ (Phares du cap). Le premier est à *feu fixe*, élevé de 15^m au-dessus du sol et de 59^m au-dessus de la mer; il est visible de 6 lieues marines.

Le cap *Grinez* est par 50° 52' 10" N. et O. 45° 13" O.

.Pour éviter de confondre ce feu avec celui de *Dungeness*, qui lui reste à 8 lieues N. 85 O., sur la côte anglaise, un petit feu additionnel, à *courtes éclipses*, a été allumé le 1er octobre 1838; le nouveau fanal est à 60 mètres O. N. O. du feu fixe, et moins élevé d'environ 8^m. Les éclats se succèdent de 3' en 3', et sont précédés et suivis de courtes éclipses; on ne l'aperçoit qu'à la distance de 3 à 4 lieues marines.

BOULOGNE. Un feu *fixe* et *rouge* est sur l'ext. de l'estacade du N. E. Son élévation n'est que de 5^m et sa portée de demi lieue.

Deux *feux de marée* sont installés sur un mât, à l'ext. de la nouvelle jetée du S. O., l'un à 12 et l'autre à 9^m d'élévation. On les voit à 1 $\frac{1}{2}$ lieue. Lat. 50° 44' N., long. 0° 45' 5" O.

A la demi-montée, on allume le feu supérieur;

A la pleine mer, on en voit deux;

A la mi-baissée, les feux sont éteints.

Le feu rouge de la jetée du N. E. est allumé et éteint, en même temps que le feu supérieur de la jetée du S. O.

ALPRECK (Fanal de la p^te d'). Feu de port, *fixe*, sur la tour de l'ancien Sémaphore, à 1 lieue S. S. O. de l'entrée de Boulogne. Ce petit feu peut être aperçu à 3 lieues, étant élevé de 47^m. Lat. 50° 41′ 57″ N., long. 0° 46′ 28″ O.

LORNEL (Dans la baie d'Étaples). Feu de port, *fixe*, au côté N. de l'emb. de la Canche; il est élevé de 16^m et se voit à 2 lieues. Lat. 50° 32′ 30″ N., long. 0° 45′ 0″ O.

TOUQUET (Dans la baie d'Étaples). Deux feux de port, *fixes*, au côté S. de l'emb. de la Canche et à 16^m l'un de l'autre. Ils sont élevés de 16^m et se voient à 2 lieues. Lat. 50° 31′ 43″ N., long. 0° 44′ 38″ O.

BERCK (Feu de la p^te de), sur la p^te dite du *Haut-Banc de Berck*, rive N. de l'emb. de l'Authie. Lat. N. 50° 23′ 50″, long. O. 46′ 50″. Est élevé de 20^m au-dessus du niveau des pleines mers d'équinoxe; le feu se voit à 3 lieues marines.

CAYEUX (Phare). Le fanal à feu fixe de l'ancienne tourelle de Cayeux, au côté S. de l'emb. de la Somme, a été remplacé, depuis le 1er décembre 1835, par un *feu varié par des éclats*, établi sur une tour récemment construite à 80^m S. E. de l'ancien.

Son élévation est de 28^m au-dessus des pleines mers d'équinoxe. Les éclats ont une durée de 8″

à 10″, et se succèdent de 4′ en 4′. Le feu moins brillant qui paraît dans les intervalles, est précédé et suivi de très courtes éclipses. Il peut être aperçu, dans un beau temps, jusqu'à la distance de 5 lieues marines. Ce feu se distingue de celui d'Ailly, dont les éclats se succèdent trois fois plus rapidement, et sont séparés par des éclipses totales ; et les petits feux de Dieppe, situés à 5 mille marins à l'E. du phare d'Ailly, écartent toute chance de méprise. 50° 11′ 30″ N., 0° 50′ O.

TREPORT. *Feu de marée* sur la jetée O., à 23^m de son ext. ; il est *fixe*, élevé de 8^m et visible à 3 ½ lieues. Lat. 50° 3′ 53″ N., long. 0° 58′ 1″ O.

Ce feu n'est allumé que lorsqu'il y a 6 pieds d'eau dans le chenal à l'extrémité des jetées.

DIEPPE. Depuis 1834, un nouveau système d'éclairage et de signal est mis en activité à l'entrée du port de Dieppe.

Un feu *fixe* est allumé toute la nuit, à l'ext. de la jetée de l'E. Il est élevé de 7^m et visible à 2 lieues ; *deux heures et demie* avant le plein de la mer, un deuxième feu (de marée) est allumé à 2^{m}60 au-dessus du premier, et *deux heures* avant le plein, il en est allumé un troisième intermédiaire aux deux autres. Au moment du plein de la mer, le feu intermédiaire est éteint, et deux heures après, on éteint le feu supérieur.

Pendant le jour, les trois feux sont remplacés par des plaques qui, carrées et noires quand elles sont fermées, sont rouges quand on les ouvre, et présentent alors une hauteur moindre que leur largeur. La plaque inférieure et celle supérieure sont ouvertes deux heures et demie avant le plein, de la mer, et la plaque intermédiaire une demi-heure plus tard. La plaque supérieure est refermée au moment du plein, et les deux autres, seulement deux heures et demie après.

Quand les marées sont en partie de jour et de nuit, des signaux analogues sont faits par les plaques et les feux.

Ces signaux ont l'avantage de guider les navires à l'entrée du port. Les feux ou les plaques resteront dans leur ligne verticale, toutes les fois que le navire fera bonne route; si, au contraire, il s'écarte du chenal, les feux ou plaques supérieures s'inclineront du côté où le navire doit gouverner; mais pour obtenir ces signaux, les capitaines doivent signaler leurs navires par deux fanaux en évidence, l'un à l'avant, l'autre à l'arrière.

Quand l'entrée du port est défendue, les plaques sont ployées le jour ou les feux éteints.

DIEPPE. L'ancien fanal à éclipses de la jetée O. a été *remplacé par un feu fixe*, établi au sommet de la tourelle récemment construite à 35^m de son ext. Le feu a 12^m au-dessus de l'eau et peut être vu à 3 lieues. 49° 55′ 40″ N., 1° 15′ 10″ O.

On doit faire attention qu'il a la même destination que le fanal de marée, c'est-à-dire qu'il n'est allumé qu'autant qu'il y a 10 pieds d'eau dans la passe du port.

AILLY (Phare), sur le cap d'Ailly, à 1 lieue O. de Dieppe; feu *tournant* à éclipses, dont la révolution est de 4′. Pendant cette durée, il y a trois apparitions de lumière blanche très vive, séparées, par des intervalles de 80″.

L'éclat va en diminuant d'intensité jusqu'à disparaître entièrement.

Ce phare est élevé de 93ᵐ et se voit à 6 lieues. Lat. long. 49° 55′ 7″ N., 1° 22′ 40″ O.

SAINT-VALERY-EN-CAUX. Feu de marée *fixe*, sur la jetée O., à 35ᵐ de son ext.; il est élevé de 9ᵐ et se voit de 2 lieues. Lat. 49° 52′ 25″ N., long. 1° 37′ 39″ O.

Ce feu n'est allumé que lorsqu'il y a 8 pieds d'eau dans le chenal à l'ext. des jetées.

FÉCAMP (Phare de), *feu fixe*, de premier ordre, sur le mont de la Vierge, à gauche de l'entrée du port. Il est élevé de 130ᵐ, et se voit à 6 lieues. 49° 46′ 5″ N. 1° 58′ 3″ O.

— Feu de marée, varié par des éclats de 3′ en 3′, au pied du mont de la Vierge, sur la jetée N., à 53ᵐ de son ext. Son élévation est de 12ᵐ et sa portée de 3 lieues.

Ce feu n'est allumé qu'autant qu'il y a au moins 10 pieds d'eau à l'entrée du chenal. Il remplace, depuis 1837, un ancien fanal à feu fixe.

LA HÈVE (Phares). De premier ordre, consistent en deux tours portant chacune un feu *fixe* dans la ligne N. 19° 50′ E. du monde, et séparées de 63ᵐ; à 1 lieue N. N. O. de l'entrée du port du Havre. Leurs lumières sont produites par des lampes d'Argant garnies de miroirs paraboliques. Ces tours sont placées sur un sol à 136ᵐ au-dessus de la mer, et leurs feux se voient à 6 lieues. Lat. 49° 30′ 43″ N., long. 2° 16′ 7″ O. pour la tour S.

HAVRE (Feu de port) *fixe*, sur la jetée N., à 25ᵐ de son ext. ; il est élevé de 7ᵐ et se voit à 2 ½ lieues. Lat. 49° 29' 0″ N., long. 2° 14' 5″ O.

En temps de brume, on signale les approches de ce fanal au moyen d'un cloche.

En entrant dans la Seine, on verra du côté N. les deux grands feux *fixes* du cap *La Hève* et le feu du port du *Havre*; et au S., le feu tournant de l'*embouchure de l'Orne* (non encore établi) et ceux de *Honfleur*, qu'on distingue facilement les uns des autres.

Il a été placé sur la jetée du N. du Havre, un mât, auquel sont hissés des ballons noirs et verticaux. Ces ballons sont réunis par couple, c'est-à-dire que le premier et le second, destinés à indiquer 11 et 12 pieds d'eau, sont rapprochés de 14 pouces, et que le troisième indiquant 13 pieds, est séparé du second par un intervalle de 54 pouces ; le quatrième accouplé de nouveau au troisième à 14 pouces de distance, et le cinquième séparé par un nouvel intervalle de 54 pouces, et ainsi de suite, ce qui permet de les compter plus facilement ; une flamme indiquant la fraction d'un demi-pied, est hissée sous le dernier ballon.

Ces signaux peuvent être aperçus à 1 ½ lieue du port. Il est à désirer qu'un pareil signal soit fait la nuit, avec des lanternes.

INTÉRIEUR DE LA SEINE.

Rive droite (en remontant).

HOC (Pᵗᵉ du). *Feu fixe*, à 1 lieue S. 86° E. de l'entrée du port du Havre. Son élévation est de

8^m et sa portée de 2 lieues. 49° 28′ 47″ N., et 2° 8′ 59″ O.

HODDE (Fanal de la p^{te} du), à 9 ¼ milles de l'entrée du Havre ; *feu fixe*, visible à 1 ½ lieue.

TANCARVILLE (Fanal de la p^{te} de), à 2 ¾ milles en aval du feu de Quillebœuf ; visible à 1 ½ lieue.

MESNIL (Fanal du). *Feu fixe*, sur la rive E. de l'embouchure de la petite rivière de Bolbec ; visible à 1 ½ lieue.

FOURNEAU (Fanal du). *Feu fixe*, à 1 mille à l'O. de l'église de Vatteville ; visible à 1 lieue.

CAUDEBECQUET (Fanal de). *Feu fixe*, à 1200^m E. de l'église de Caudebec ; visible à 1 lieue.

(Rive gauche (en descendant).

NEUVILLE (Fanal de la) ou de la forêt de Bretonne ; *feu fixe*, à 1 ¾ mille en aval de l'église de Vatteville ; visible à 1 lieue.

VAQUERIE (Fanal de la) *Feu fixe* à 1 ½ mille en amont de l'église d'Aizier ; visible à 1 lieue.

AIZIER (Fanal d'). *Feu fixe*, près l'église ; visible à 1 lieue.

COURVAL (Fanal de), à 2 ¾ milles en amont du feu de Quillebœuf.

GROS-HEUR (Fanal du), à 2500^m en amont de Quillebœuf ; visible à 1 ½ lieue.

QUILLEBOEUF. *Feu fixe*, à l'ext. N. de la p^{te} de Quillebœuf, sur le quai ; il est élevé de 8^m et visible à 3 lieues. Lat. 49° 28′ 26″ N., long. 1° 48′ 44″ O.

ROQUE (Fanal de la). *Feu fixe*, sur la p^{te} de la Roque, près l'Hermitage ; visible à 1 ½ lieue.

BERVILLE (Fanal de). *Feu fixe*, au N. de l'église ; visible à 1 $\frac{1}{2}$ lieue.

HONFLEUR (Feux de port); tous les deux *fixes*. Le fanal d'aval est sur la jetée de l'Hôpital, à l'ext. N. O. de la ville; élevé de 10^m, et peut se voir à 3 lieues. Lat. 49° 25′ 32″ N., long. 2° 6′ 32″ O.

Le fanal d'amont, sur le quai N. du nouveau bassin, n'a que 9^m d'élévation et se voit à 3 lieues.

Indépendamment de ces deux feux, il en existe un autre, véritable feu de port, réverbère placé au bout de la jetée du milieu et entre les deux phares ci-dessus. Sa lumière ne se voit qu'à une lieue. C'est sur lui qu'on se guide, et il arrive souvent que le mauvais temps ou d'autres causes l'abattent.

TOUQUES (Emb. de la). Il y a deux feux au côté O.; celui d'aval, *feu de marée fixe*, n'a que 6^m d'élévation et se voit à 2 lieues; il ne s'allume que lorsqu'il y a au moins 7 pieds d'eau à l'entrée du chenal; celui d'amont, *feu de port fixe, permanent*, qui a 10^m d'élévation et se voit à 2 lieues. L'un par l'autre, ils indiquent l'entrée. Ils sont à 142^m de distance. Le dernier est par 49° 21′ 30″ N. et 2° 15′ 45″ O.?

ORNE (Feu de l'emb. de l'). Deux petits feux *fixes;* le fanal d'aval, sur les dunes, près la redoute d'Oyestreham, élevé de 12^m et visible de 2 lieues; le fanal d'amont, sur l'église d'Oyestreham, à 28^m d'élévation et visible de 2 $\frac{1}{2}$ lieues.

Placés au côté O. de l'emb., à 1100^m l'un de l'autre, dans la direction N. 24° E., ils indiquent l'entrée du chenal. Le premier est par 49° 16′ 37″ N., et 2° 35′ 43″ O.

COURSEULES (Feu de port), *fixe*, sur l'ext. de la jetée O. par 49° 20′ 22″ N. 2° 47′ 41″ O. Il est élevé de 9ᵐ au-dessus des pleines mers d'équinoxe et peut être aperçu, dans un beau temps, jusqu'à 2 lieues marines.

Ce feu est compris dans l'horizon du phare à courtes éclipses de la pᵗᵉ de Ver, et se reconnaît facilement.

VER (Pᵗᵉ de), phare à *feu varié par éclats*; sur une tour récemment construite, par 49° 20′ 28″ N. et 2° 51′ 24″ O., et à 4 lieues marines N. 72° O. de l'emb. de l'Orne.

Le feu est à 12ᵐ au-dessus du sol et 42ᵐ au-dessus des pleines mers. Les *éclats* se succèdent de 4′ en 4′, et ont une durée de 8″ à 10″. Le *feu moins brillant*, intervalles des *éclats*, est précédé et suivi de *courtes éclipses*. Il peut être vu à 5 lieues.

PORT-EN-BESSIN (Feu de port), *fixe*, à droite de l'entrée; on ne l'allume que durant les gros temps, depuis septembre jusqu'en avril; son élévation est de 10ᵐ et sa portée d'une lieue. 49° 20′ 45″ N., 3° 5′ 40″ O.

GRANDCAMP (Feu de port), *fixe*, à 800ᵐ environ à l'O. de l'église de ce village. Il est élevé de 8ᵐ et se voit à 1 lieue. 49° 23′ 20″ N. et 3° 22′ 40″ O. C'est un feu de pêcheurs.

HOUGUE (Fanaux de la rade de la). Trois petits feux *fixes* sont allumés à l'entrée de cette rade:

1°. Sur la *redoute Réville* (pᵗᵉ de Saire), par 49°

36′ 26″ N. et 3° 34′ 1″ O., élevé de 11ᵐ et visible
de 3 lieues marines. Vu par le phare de Barfleur,
il donne une direction dans l'ouest de laquelle on
doit éviter de prolonger des bordées, de nuit, par
le travers de l'île Tatihou, pour s'approcher de
l'entrée de la rade en venant du N.

2°. Sur la butte de *Morsaline,* par 49° 34′ 13″
N. et 3° 39′ 38″ O. Il est élevé de 86ᵐ et se voit
à 3 lieues ; vu par le travers du fanal du *fort la
Hougue* (ci-après décrit), il indique la limite N. du
chenal par lequel les grands bâtimens doivent
entrer dans la rade. Leur direction touche, du côté
S., la plus haute des roches du *Ouest-Drix* , sur
laquelle il ne reste que 14 pieds d'eau de basse
mer, dans les grandes marées. Il faut, en conséquence, gouverner de manière à voir toujours le
feu de la Hougue ouvert de quelques degrés à
droite, c'est-à-dire du côté du N., par rapport au
feu de Morsaline, *qui est beaucoup plus élevé que
celui de la Hougue.* Pour les grands vaisseaux, ils
doivent, à partir du point de rencontre des deux
directions des feux, faire route au S. O. (du monde)
pour passer entre le plateau du *Ouest-Drix* et la
pᵗᵉ N. *du banc de la rade,* et aller gagner le mouillage de la grande rade.

Les petits bâtimens qui chercheront de nuit un
abri sur la petite rade de la Hougue, et qui craim-
dront de tomber dans le S. de la partie du mouillage la mieux abritée, pourront suivre la direction
des feux quand la mer est belle ; ils pourront même
pénétrer dans la partie N. de la rade, en tenant
le feu de la Morsaline ouvert de quelques degrés

à droite, c'est-à-dire du côté du N. par rapport à celui du fort de la Hougue.

3°. Sur l'extrémité S. du fort de *la Hougue*, par 49° 34′ 19″ N. et 3° 36′ 36″ O. Il est élevé de 11^m et se voit à 3 lieues.

BARFLEUR (Fanaux du port de). Deux petits feux de port *fixes*; le premier, sur le côté gauche de l'entrée du port, à 210^m S. 41° O. (du monde), de la p^{te} du rocher situé vis-à-vis l'ext. de la jetée du N.; son élévation est de 10^m et sa portée de 1 ½ lieue. Latit. 49° 40′ 7″ N., long. 3° 35′ 58″ O.

Le second, à 260^m S. 41° O. du premier feu; son élévation et sa portée sont les mêmes.

Tenus l'un par l'autre, ils indiquent la direction pour entrer, en évitant les roches qui bordent sa passe.

— (Phare de la p^{te} *Gatteville*, ou de). Le fanal de l'ancienne tour de Barfleur, à 5 lieues marines E. ¼ N. E. de Cherbourg, a été supprimé et remplacé par un feu *à éclipses*, allumé sur la tour récemment construite à 61^m S. 25° 17′ O. de l'ancien phare.

Le foyer du nouvel appareil est établi à 72^m au-dessus du niveau des pleines mers d'équinoxe.

Ses éclats se succèdent régulièrement de 30″ en 30″. Dans le beau temps, on les voit à 7 lieues marines, et les éclipses ne paraissent totales qu'au delà de 3 lieues. 49° 31′ 52″ N., 3° 36′ 10″ O.

CHERBOURG. (Quatre feux) établis aux entrées des passes de la rade de Cherbourg; l'un sur le fort de *Querqueville*, deux autres sur l'île *Pelée* ou Fort-Royal, et un au port du commerce.

Ceux de l'île Pelée, à l'entrée E., sont *fixes* et à 14^m de distance ; élevés de 26^m et se voyant à 2 lieues marines. Latit. 49° 40′ 16″ N., long. 3° 55′ 15″ O.

Celui de l'entrée O. est un feu de port, également *fixe*, sur une tour du fort Querqueville ; il est élevé de 18^m, et se voit à 3 lieues. Lat. 49° 40′ 21″ N., long. 4° 1′ 18″ O. Il est élevé de 18^m et se voit à 3 lieues.

Le quatrième feu est celui de la jetée du port de commerce, *petit feu fixe*, de couleur rouge, sur une tourelle à l'ext. de la jetée E. de ce port. Le foyer de l'appareil est à 10^m au-dessus des pleines mers d'équinoxe, et on peut l'apercevoir à 1 mille marin en dehors des deux passes de la rade.

Il est à remarquer que la bouée qui signale les approches de l'ext. O. de la digue, se trouve placée sur la direction donnée par la tourelle en question et l'enveloppe du fort du Homet, en sorte que le feu rouge sera masqué par le fort pour les navigateurs qui se trouveront dans l'O. de cette direction.

—Un cinquième fanal est en construction sur le fort central de la digue de Cherbourg ; son feu sera varié de 3′ en 3′ par des éclats.

HAGUE (Phare du cap de la). *Feu fixe* sur le rocher dit le *Gros-du-Raz*, par 49° 43′ 22″ N. et 4° 17′ 30″ O. Le feu est élevé de 48^m au-dessus de la mer, et on le voit jusqu'à la distance de 6 lieues.

CASQUETS. ⎰ Voir les feux anglais.
GUERNESEY. ⎱

CARTERET. Phare projeté ; sera allumé au commencement de 1839 ; phare lenticulaire, du deuxième ordre, à *éclipses* de 30″ en 30″, visible à 6 et 7 lieues. 49° 22′ 30″ N., 4° 8′ 40″ O.

GRANVILLE (Phare). Feu *fixe* sur le roc de Granville ou cap Lihou, à 460^m O. N. O. des jetées du port. Son élévation est de 47^m, et il se voit à 5 lieues. Latit. 48° 50′ 7″ N., long. 3° 57′ 1″ O.

— . (Feu de port) *fixe*, à l'ex. S. E. du môle neuf, à gauche de l'entrée ; son élévation est de 8^m et sa portée d'une lieue. Lat. 48° 49′ 54″ N., long. 3° 56′ 32″ O.

SAINT-MALO. Phare en projet.

FREHEL (Phare du cap). Feu *tournant* dont les éclipses ont lieu de 2′ 45″ en 2′ 45″. Son élévation est de 75^m, et sa portée de 6 lieues.

Il sert aux bâtimens qui, venant de l'O., vont à Saint-Malo ou à Granville. Lat. 48° 1′ 5″ N., long. 4° 39′ 24″ O.

SAINT-BRIEUC. Feu projeté.

BRÉHAT (Signal). Sur le milieu de la côte S. de l'île Bréhat, est un grand signal, par 48° 50′ 20″ N. et 5° 20′ 16″ O. entre la *chambre* et le *port-clos*. A ce signal, on relève le milieu du plateau des *Roches Douvres* (dont l'étendue est de plus de deux milles E. et O.), au N. 23° 10′ E. du monde, 16720 toises de distance : la *Roche Gautier*, à 12445 toises N. 32° 5′ E. : la *Roche Barnouic*, à 12990 toises N. 34° E.; la balise de la *Horaine*, à 4274 toises N. 44° 14′ E.; la pointe N. de *Roc'h-ar-Bel*, à 4977 toises N. 3° 45′ E. ; le feu des *Heaux*, à 5245 toises N. 39° 11′ 47″ O.; la *Basse-Maurice*, à 7430 toises N. 20° E.

HEAUX DE BRÉHAT (Phare provisoire). Petit *feu fixe*, au sommet d'une tourelle installée sur la plus élevée des roches, à 4 milles ½ N. 39° O. (du monde) du signal Bréhat; il est élevé de 15ᵐ. Par un beau temps, ce feu peut être aperçu à 3 lieues. Lat. 48° 54′ 37″ N., long. 5° 25′ 34″ O. Sera remplacé en 1839 par un phare lenticulaire du premier ordre à *feu fixe*, dont la portée sera de 6 et 7 lieues. On y relève :

L'ext. des dangers de *Pen-ar-Ains*...	au N. 50° 30′ O.	à 1 mille ¼	
Les Juments des Épées de Tréguier (Paros)......	N. 72 30 O	2 milles	
La Basse Caïn Enes Terch.......	N. 85 0 O.	3 milles ½	
Basse Arcanir...	N. 23 30 E.	⅘ de mille	
Roches O. du plateau des rochers Douvres......	N. 39 30 E.	15 milles	
Basse à l'O. du *Barnouïc*........	N. 48 0 E.	11 milles ½	
Roche *Barnouïc* (qui s'élève de 22 pieds au-dessus de la plus basse mer).	N. 57 15 E.	13 milles ¼	
Basse Maurice...	N. 63 0 E.	6 milles ½	
Roch-ar-Bel...	N. 75 0 E.	3 milles ½	
Basses dangereuses au N. de la *Horaine*	N. 91 0 E.	6 milles ¾	

Roche la *Horaine*
(qui découvre de
21 pieds). . . . .   N. 98 30 E.   6 milles ½

P^te du Paon, au N.
  de l'île *Brehat*. .   N. 123 0 E.   4 milles ¾
(Relèv. corrigés.)

La meilleure route à suivre, lorsqu'on vient de l'O. en destination pour Saint-Malo ou Granville, est entre la basse *Maurice* au N., et le Roch-ar-Bel et la Horaine au S. L'entrée O. de ce chenal est au N. 67° E. à 5 milles du phare. Par un temps clair, lorsqu'on est entre la basse Maurice et la Horaine, on peut apercevoir, du haut des mâts, le phare du cap Frehel : il reste alors au S. 58° E., 28 milles de distance. On peut faire route directement dessus, sans courir le risque de rencontrer aucun danger.

SEPT-ILES. Petit *feu varié* par des éclats, allumé sur la tour de l'ext. E. de l'île aux *Moines*. Les éclats d'une durée de 4 à 5″, se succèdent de 3′ en 3′. Le feu le moins brillant est précédé et suivi de très courtes éclipses. Il est élevé de 51^m et se voit de 3 lieues ½ par un beau temps. 48° 52′ 46″ N., 5° 49′ 42″ O.

Ce fanal est masqué dans la direction E. N. E. par la petite île du *Rouzic*, à 2 milles marins ⅓ de l'île aux Moines.

On peut confondre ce feu avec celui du cap *Fréhel*, à moins qu'on n'ait égard aux intervalles de temps qui séparent les éclats successifs. Mais le fanal des *Sept-Iles* se distingue de tous les phares à éclipses de la Manche, en ce qu'il présente un feu fixe alternant avec des éclats : il est d'ailleurs à remarquer qu'en attérissant sur ce fanal, faisant route vers l'est pour passer entre les roches Douvres et l'île de Bréhat, on ne peut manquer de prendre connaissance du feu fixe des Heaux, à 5 ½ lieues à l'E. de l'île aux Moines et 11 lieues O. N. O. du cap Fréhel.

BAS (Phare de l'île de) *Feu à éclipses* qui se succèdent de *minute en minute*, sur une tour dans la partie O. de l'île de Bas, par 48° 44′ 45″ N., et 6° 21′ 51″ O. Il est à 40^m au-dessus du sol, et à 68^m au-dessus des pleines mers d'équinoxe.

Par un beau temps, ses éclats se voient à 8 lieues, et les éclipses sont totales à 4 lieues.

LABERVRACH. Feu projeté, de quatrième ordre, qui sera installé vers 1840.

OUESSANT (Phare) du premier ordre et à feu *fixe*, sur la p^{te} N. E. de l'île ; à 83^m d'élévation, son feu se voit à 6 lieues. Lat. N. 48° 28′ 31″, long. O. 7° 23′ 41″.

Il fait connaître l'entrée de Brest, en se dirigeant sur le phare de la p^{te} Saint-Mathieu, placé à peu près dans le S. E. du premier, pour entrer dans le goulet.

Les environs de la rade de Brest étant parsemés de dangers, nous allons signaler ceux dont on peut prendre connaissance en venant du large, tels qu'ils se trouvent dans l'ouvrage de M. Beautemps-Beaupré.

Du phare d'*Ouessant*, on relève la roche N. O. des *Platresses*, au S. 75° 45′ E. ; la basse *Bridy*, au S. 52° 41′ O. ; la basse O. des *Pierres vertes*, au S. 2° 24′ E.; le sommet du *Cleu Basseven*, au S. 24° 17′ E.; le sommet de la roche S. du *Boufoulouc*, au S. 26° 4′ E.; la basse de l'*Iroise*, au S. 33° 14′ E.

SAINT-MATHIEU (Phare de la p^{te}). Feu *tournant* lenticulaire, dont les éclipses se succèdent de 30″ en 30″; à 2 ½ lieues O. de l'entrée du goulet de Brest. Il est élevé de 54^m et se voit à 6 lieues; les éclipses ne sont totales qu'au-delà de 3 lieues. 48° 19′ 50″ N., 7° 6′ 32″ O.

Ce feu est à 5 lieues dans le S. E. du phare d'Ouessant. On y relève : la p^{te} S. O. des *Vieux Moines*, au S. 29° 9′ O. (529^T); la basse du *Chenal* au S. 63° 21′ O. (1505^T); la basse *large*, au S. 62° 58′ O.; le sommet du *Cleu Basseven*, au N. 86° 55′ O.; le *Petit Taureau*, au N. 89° 7′ O.; la basse O. des *Pierres noires*, au N. 81° O.; le sommet de la roche S. du *Boufoulouc*, au S. 82° 28′ O.; la basse de la *Recherche*, au S. 72° 28′ O. (5025^T); le sommet de la basse *Royale*, au S. 48° 2′ O. (2960^T); le sommet du *Coq*, au S. 66° 22′ E. (1612^T); la basse *Beuzec*, au S. 76° 46′ E. (2863^T); le sommet de la *Vendrée*, au S. 7° 13′ O. (4552^T); la basse de l'*Astrolabe*, au S. 1° 50′ O. (3897^T); le sommet de *la Parquette*, au S. 18° 43′ E. (3918^T); le sommet de la basse de *la Parquette*, au S. 24° 35′ E. (4103^T); l'ext. N. O. du plateau du *Trépied*, au S. 44° 40′ E. (4212^T); la basse *Louzaouennou*, au S. 39° 13′ E. ; la basse *Mendufa*, au S. 50° 41′ E.; la basse de l'*Iroise*, au S. 7° 1′ O. (6999^T); la basse *du Lis*, au S. 12° 34′ E. (6914^T); la roche N. E. de la basse *Mené-*

hom, au S. 34° 15′ E. (6407ᵀ); la roche S. O. de la basse *Menehom*, au S. 29° 11′ E. (6503ᵀ). La basse du *sud* (passage du Toulinguet), au S. 45° 34′ E.

MENGAM (Roche), dans le goulet de Brest; elle est surmontée d'une balise.

SEIN (Phare de l'île de). *Feu varié par des éclats de 4′ en 4′, précédés et suivis de courtes éclipses;* l'appareil est installé au sommet d'une tour construite sur la pᵗᵉ N de l'île de Sein, par 48° 2′ 40″ N., et 7° 12′ 18″ O. ; le foyer est à 43ᵐ au-dessus du sol, et 45ᵐ au-dessus des pleines mers d'équinoxe. La lumière moins brillante qui paraît durant 3′ environ dans les intervalles des éclats, est aperçue en temps ordinaire, jusqu'à la distance de 6 lieues marines. Les éclipses ne sont totales, en temps clair, qu'au-delà d'une distance de trois lieues marines.

BEC-DU-RAZ (Phare), à *feu fixe*, installé au sommet de l'édifice construit sur la partie la plus élevée du Bec-du-Raz, par 48° 2′ 22″ N., et 7° 4′ 12″ O. Le foyer de l'appareil est à 14ᵐ au-dessus du sol, et domine de 79ᵐ le niveau des pleines mers d'équinoxe. En temps ordinaire, on voit ce feu jusqu'à la distance de 6 lieues marines.

Observation essentielle. Les phares de l'île de *Sein* et du *Bec-du-Raz*, gisent l'un par rapport à l'autre S. 86° 50′ E. (du monde), 5 ½ milles de distance (environ 1000ᵐ), et la direction qu'ils donnent est celle de la chaussée de Sein. Cette direction passe à 4 encâblures environ, dans le S. de l'ext. N. O. de ladite chaussée.

Le phare de la p^te du Raz est éloigné de 14 ½ milles de l'ext. de la chaussée de Sein, et le phare de la p^te N. de l'île de Sein est éloigné de 9 milles seulement de cette même limite des écueils.

Quand on viendra attérir sur la chaussée de Sein par l'O., le premier feu dont on aura connaissance, sera le feu changeant de l'île de Sein. Un simple relèvement de ce feu suffira, avec l'indication du gisement donnée ci-dessus, pour faire connaître si le navire se trouve dans le S. ou dans le N. de la direction passant par les deux feux.

Si l'on a l'intention de passer dans le S. de la chaussée, il faudra gouverner de manière à voir le feu fixe du *Bec-du-Raz* s'ouvrir à droite du feu changeant de l'île de *Sein*.

Si l'on veut, au contraire, donner dans l'*Iroise*, il faut gouverner de manière à voir le feu du *Bec-du-Raz* s'ouvrir promptement à gauche du feu de l'île de *Sein*.

Il est encore à remarquer que le feu changeant de l'île de *Sein* présente les mêmes apparences que le petit feu de *Penfret* (décrit ci-après). Mais cette ressemblance ne peut faire naître aucune chance de confusion, attendu que celui de *Penfret* se trouve compris dans l'horizon qu'embrasse la lumière du grand phare de *Penmarc'h* (dont les éclats se succèdent de 30″ en 30″), et qu'en beau temps la portée de ce dernier phare s'étendra jusqu'au *Raz-de-Sein*.

AUDIERNE. Avant d'entrer dans l'anse d'Audierne, on remarque une tour sur la p^te de l'*Er-vily*, qu'on laisse à bâbord. Feu projeté.

PENMARC'H (Phare de). *Feu tournant*, dont les éclipses se succèdent de 3o″ en 3o″, sur la p^te près l'église de Saint-Pierre. Lat. N. 47° 47′ 53″, long. O. 6° 42′ 44″. Son élévation est de 14^m et sa portée de 7 lieues. Les éclipses ne sont totales qu'au-delà d'une distance de 3 lieues.

PENFRET (Phare de l'île), l'une des îles Glenan. *Feu varié par des éclats*, au sommet de la tour construite sur la p^te N. de cette île, par 47° 43′ 17″ N. et 6° 17′ 26″ O. Le foyer est à 22^m au-dessus du sol et 36^m au-dessus du niveau des pleines mers d'équinoxes. Les éclats se succèdent de 4′ en 4′ et ont une durée de 8″ à 10″. Le feu moins brillant qui paraît dans les intervalles des éclats, est précédé et suivi de courtes éclipses. Par un beau temps, on le voit à 5 lieues marines.

Il est à remarquer que ce feu, de troisième ordre, ne diffère que par la portée, du feu de deuxième ordre du phare de Pilier, près l'île Noirmoutier; mais aucune chance de confusion n'est à craindre, attendu qu'il n'est pas présumable qu'un navire venant du large, puisse arriver en vue du phare de Penfret, sans avoir eu connaissance, soit du phare de Belle-Ile, soit de celui de Penmarc'h.

LOCTUDY. Phare projeté.

BENODET. Balise pyramidale qui, menée en ligne avec le moulin de Benodet, fait éviter les roches jusqu'à l'entrée de la rivière de Quimper.

CONCARNEAU. Fanal projeté. On évite les roches de la rade en tenant Beuzec par Concarneau (N.-D.-du-Rosaire), laissant la balise du Cochon à tribord.

LORIENT. Plusieurs balises sur les roches, signalent les approches de Lorient ; ce sont celles des *Truics*, de la *Potée de beurre*, de la *Jument*, du *Cochon* et de *Pengarne*.

Pour entrer par la passe E., il faut se tenir un peu à l'E. d'une ligne qui porte de la tour du port de Lorient sur la partie O. de la citadelle de Port-Louis jusque par le travers du fort de Gavre, puis courir au N. N. O. jusqu'au point où l'on relève la pointe de Penmané, exactement ouverte par la citadelle, et arriver sur cette dernière ; et, pour entrer par la passe O., on se tient un peu à l'E. de la ligne qui fait voir le moulin de Louis Kelique par l'ext. O. de la même citadelle de Port-Louis ; elle conduit sur la Jument, qu'on laisse à bâbord.

GROIX (Fanal). Petit feu *fixe* du quatrième ordre sur le *fort de la Groix* à la p^{te} E. de l'île. Il éclaire tout l'horizon, excepté à l'O., dans la direction des îles Glenan, étant masqué par les hauteurs de la partie de O. de l'île de Groix, comprises entre la p^{te} d'Enfer et celle de Grognon.

—(Phare), à *feu fixe*, installé au sommet d'une tour dans la partie N. O. de l'île de Groix, à 500^{m} S. E. $\frac{1}{4}$ S. de la p^{te} *Pen-Men*, par 47° 38′ 55″ N., et 5° 50′ 50″ O. L'appareil est à 23^{m} au-dessus du sol et domine de 59^{m} le niveau des pleines mers d'équinoxe. Sa lumière peut être aperçue à 6 lieues marines. Il est à remarquer que, hors le cas de brume, ceux qui viendront de la partie du S., n'apercevront ce nouveau phare qu'après avoir eu connaissance du feu tournant de Belle-Ile, et qu'aux approches de l'île de Groix, ils verront en même temps le nouveau phare dont il s'agit, et le petit feu fixe de la p^te E. décrit ci-dessus. Les chances de confusion ne sont pas plus à craindre pour ceux venant de la partie de l'O., car, avant d'apercevoir le feu de l'île de Groix, ils auront presque toujours eu connaissance de celui de *Penmarc'h* qui est à éclipses, et de celui de *Penfret,* qui est varié.

PORT-LOUIS.
RIVIÈRE DE CRAC'H. } Feux projetés.

PORT NAVALLO, *feu fixe* du 4e ordre, qui sera allumé en 1839.

HÆDIC (Fanal de l'île), à 550^m à l'O. de la p^te E. de cette île, par 47° 20′ 32″ N. et 5° 12′ 22″ O. Il est élevé de 26^m au-dessus de la mer, et peut être vu par un beau temps à 3 lieues marines.

PERNEF. Feu projeté.

BELLE-ILE (Phare). *Feu à éclipses,* éclairé le 1er janvier 1836, sur la tour construite dans le S. O. de l'île, par 47° 18′ 40″ N. et 5° 33′ 53″ O., près de la petite anse de Goulfar.

Les éclats se succèdent de 1′ en 1′ ; l'appareil est placé à 46^m au-dessus du sol et à 84^m au-dessus des plus hautes marées. Dans un beau temps, sa portée est de 8 lieues marines ; les éclats étant d'une intensité égale à ceux du phare de Cordouan.

Ce nouveau phare ne peut être confondu avec celui du Four (situé à 8 lieues E. de Belle-Ile), car il est beaucoup plus brillant; il présente, dans les intervalles de ses éclats, un *feu fixe* visible à plus de 3 lieues marines, tandis qu'à cette distance, les éclipses du feu du Four sont totales; que son élévation excède de 67^m celle du feu du Four, et que d'ailleurs, aux approches du feu de Belle-Ile, on pourra distinguer de nuit, les hautes terres de l'île.

Il n'est pas présumable, au surplus, qu'en venant du large, on puisse prendre connaissance du feu du Four, sans avoir aperçu, soit le phare de l'île d'Yeu, soit celui du Pilier, ou enfin celui de Belle-Ile.

A ces moyens de reconnaissance, il faut ajouter le petit feu fixe qui signale l'île Hædic, à 9 ½ milles au N. 75° O. du phare du Four, qui est facilement aperçu, en beau temps, à cette même distance.

PALAIS (belle île) (Fanal du port), sur le musoir du grand môle, à gauche de l'entrée, par 47° 20′ 53″ N. et 5° 29′ 28″ O. Ce fanal n'est élevé que de 5^m au-dessus du niveau de la mer, et ne se voit qu'à 1 lieu.

PENLAN (Fanal de la p^{te}), rive N. de l'emb. de la *Vilaine*. Son feu est *fixe*, installé au sommet d'une tourelle en pierres. Ce petit fanal est élevé de 16^m au-dessus des pleines mers d'équinoxe, et se voit, par un beau temps, jusqu'à la distance de 3 lieues marines.

FOUR (Phare du), sur le *Four de Guerande*, très favorable pour passer entre ce banc et la p^{te} du Croisic, ou entrer dans la Loire. Il est à 3 milles marins et demi à l'O. de cette pointe.

Ce feu est *tournant*, et ses éclipses ont lieu de 1′ en 1′. Son élévation est de 17^m et on le voit à 5 lieues. Lat $47° 17′ 53″$ N., long. $4° 58′ 18″$ O.

Ce phare est au N. 86° 5′ E. (4755^T) de la basse *Fournier*; au S. 65° 6′ E. (815^T) du *Bonen du Four*; au N. 1° 42′ E. du sommet du *Goué-Vas* (2511^T) au N. 49° 32′ de la basse *Capella* (3336^T).

TURC (Le). Tour sur une des roches de la *Banche*, plateau qui, avec celui de la *Lombarde*, sépare le chenal du N. avec celui du S. de l'entrée de la *Loire*.

CROISIC (Feux du port de). Premier fanal à *feu fixe*, près du rivage, à 450^m N. 26° O. de l'église. Son élévation est de 3^m, et sa portée de 1 lieue. Le 2e fanal est à 46^m S. S. E. du premier, élevé de 9^m et visible à 1 lieue.

Ces deux feux, tenus l'un par l'autre, donnent la direction de la passe du port. Il est essentiel d'observer que cette direction range de fort près deux roches, situées à $\frac{1}{2}$ mille S. 30° E. de la balise du rocher *le Trehic*, lesquelles découvrent de 3 à 5 pieds de hauteur en basse marée de vive eau. Il y aurait donc imprudence à s'engager de nuit dans ce chenal sans le secours d'un pilote.

LOIRE (Feux de l'entrée de la). Tour d'*Aiguillon* ou d'*Aval*, au côté N. de l'emb. de la rivière; elle est à 1 lieue S. 55° O de l'église de Saint-Nazaire; son feu est *fixe*, élevé de 34^m et visible à 4 lieues. Lat. $47° 14′ 33″$ N., long. $4° 36′ 1″$ O.

Tour du *Commerce* ou d'*Amont*. Également au côté N. de l'entrée, *feu fixe varié par des éclats de* 3' *en* 3'; il est élevé de 39^m et se voit à 4 $\frac{1}{2}$ lieues. 47° 15′ 27″ N., 4° 35′ 12″ O.

Ces deux phares sont à 1950^m S. 31° O., direction qui passe sur la p^{te} E. du banc des Charpentiers. Dans l'état actuel de la barre, il faut, pour éviter ce banc, gouverner de manière à voir le feu changeant de la Tour du Commerce, un peu à droite du feu permanent de la Tour d'Aiguillon.

SAINT-NAZAIRE (Fanal de) sur le musoir du nouveau môle de Saint-Nazaire, rive N. de l'emb. de la Loire, par 47° 16′ 17″ N. et 4° 32′ 3″ O. Il est élevé de 8^m, et peut s'apercevoir dans un beau temps jusqu'à 2 $\frac{1}{2}$ lieues marines.

LOIRE (Tours à l'entrée de la). Indépendamment des sémaphores de *Quiberon*, de *Loscolo* (près de Piriac) et de la *Romaine* (entre le Croisic et Bats), il existe plusieurs tours à l'entrée de la Loire, savoir :

La *Tour des Morées*, d'où on relève la basse de *Saint-Nazaire*, au N. N. 37° 39′ E. (du monde); la tour du *Sécé*, île Saint-Nicolas, d'où l'on relève l'ext. N. des roches découvertes du plateau de *Sécé*, au N. 59° 54′ O. (144^T de distance); la tour des *Brillantes*, celles des *Moutons* et de la *Pierre-Rouge*, la tour à l'*Œil*, etc.

PILIER (Phare du), sur la p^{te} N. O. de l'îlot de ce nom, à 2 $\frac{1}{2}$ milles de la p^{te} N. O. de l'île Noirmoutier. Il est à 6 $\frac{1}{3}$ lieues marines dans le S. 36° E. (du monde) du phare du *Four*. Le phare du *Pilier* est du second ordre et à *courtes éclipses*, dont les éclats sont de 4′ en 4′; le feu se voit jusqu'à 6 lieues marines. Son élévation est de 32^m. Lat. N. 47°2′36″, long. O. 4°41′54″.

Ce feu présente l'apparence d'un feu fixe varié par des éclats qui brillent de 4′ en 4′, et qui sont précédés et suivis, non d'une éclipse totale, mais d'un affaiblissement de lumière qui dure un peu plus de 30″.

Le caractère distinctif des phares de ce genre est la longue durée de l'éclat moyen, qui brille pendant 2′30″, entre deux grands éclats consécutifs.

La roche S. E. de la *Banche* reste au N. 23°8′O. (du monde) du *Pilier*; le sommet de la *Lombarde* au N. 5°20′O.; la roche O. de la *Couronnée* au N. 28°E.; le sommet du *Bavard* au S. 2°31′O.

GRAND-BOISVINET. Tour pleine en maçonnerie, sur le rocher *Grand-Boisvinet*, pour signaler cet écueil, à $\frac{2}{3}$ de mille marin S. O. (du monde) de la p^te S. de l'île Noirmoutier.

Cette tour, qui remplace une ancienne balise, a 10^m de hauteur, sur un diamètre moyen de $4\frac{1}{2}$ mètres. Son couronnement s'élève à 6^m au-dessus des plus hautes marées, et le rocher sur lequel elle est assise, découvre d'environ 2^m dans les basses marées de vive-eau.

YEU (Phare de l'île d'). Le petit fanal à feu *fixe* de l'île d'*Yeu*, a été remplacé par un phare de premier ordre, à *feu fixe*. 46°43′5″N., 4°43′9″O.

La tour de ce nouveau phare, située sur la butte de *Petite-Foule*, à 1700^m de la p^te N. O. de l'île, s'élève à 54^m au-dessus des pleines mers, et s'aperçoit à 6 lieues.

PORT-BRETON (île d'YEU). Deux petits feux

fixes sont allumés, le premier sur la tète de la jetée à droite de l'entrée ; le second sur la rive opposée au fond du port, à 260^m du premier : il a 15^m et sa portée est de 3 lieues. Le premier est élevé de 7^m et se voit à 3 lieues. Lat. N. 46° 43′ 37″, long. O. 4° 41′ 8″.

Tenus l'un par l'autre, ils indiquent la passe.

Il est essentiel d'observer que cette passe, n'ayant que fort peu de largeur, ne pourra être franchie de nuit sans danger, même avec le secours des deux fanaux, que par les pratiques.

SAINT-GILLES. Feu projeté.

SABLES D'OLONNE (Phare et fanal). Il y a deux feux aux Sables, qui, vus l'un par l'autre, donnent la direction du grand chenal.

Le premier est le phare de *La Chaume*, côté O. de l'entrée. Feu *fixe*, à 36^m d'élévation et visible à 3 ½ lieues. Lat. N. 46° 29′ 43″, long. O. 4° 7′ 59″.

Le second est le feu de port, *fixe*, sur la tète de la grande jetée, côté E. ; son élévation n'est que de 7^m et il ne se voit qu'à 3 lieues.

En tenant les feux en ligne, on passe à une encàblure environ à l'E. du sommet des roches connues sous le nom de *Barre-Marine*. On établira un feu de 3e ordre, à courtes éclipses, à l'ext. de la p^{te} des Sables d'Olonne, pour avertir qu'il ne faut pas approcher du lieu où il est placé : cette pointe étant très saillante et surtout dangereuse à cause d'un groupe de rochers appelés *Barges d'Olonne*, qui la font encore saillir davantage, on sent toute son utilité.

BALEINES (Phare de la tour des), sur l'île de

Ré, de 1er ordre, élevé de 29^m et présentant un feu *tournant* à réflecteurs. Les éclipses se font de minute $\frac{3}{4}$ en minute $\frac{3}{4}$, et se voient à 6 lieues; les éclats sont inégaux ; à chaque grand éclat succède un éclat d'un tiers moins fort.

Ce phare marque l'entrée du Pertuis-Breton, et donne les moyens d'éviter un banc de roches dangereux qui s'étend à plus de 2 lieues de la pointe sur laquelle il est placé.

La tour des Baleines fut commencée en 1679. 46° 14′ 44″ N., 3° 53′ 57″ O.

ROCHES-BONNES (Plateau). **La position de** ce plateau dangereux a été déterminée par M. de Beaupré ; il sera, tôt ou tard, signalé par un feu flottant ; au large de la côte, c'est le seul moyen de le faire reconnaître : milieu du danger, 46° 11′ 25″ N., 4° 44′ 31″ O.

PERTUIS-BRETON (Fanaux du). **Deux petits** *feux fixes* sont sur la côte N. E. du Pertuis-Breton.

Le premier, sur la p^{te} du *Grouin-du-Cou*, à 7 milles N. 32° E. du phare des Baleines. Son élévation est de 18^m et sa portée de 3 lieues. Lat. N. 46° 20′ 48″, long. O. 3° 48′ 28″.

Le second feu, sur la *pointe de l'Aiguillon*, à 7 milles N. 59° E. de Saint-Martin (île de Ré). Son élévation est de 10^m et sa portée de 3 lieues. Lat. N. 46° 6′ 15″, long. O. 3° 32′ 58″.

SAINT-MARTIN (île de Ré). **Feu de port,** *fixe*, destiné à guider en avant de la côte N. E. de cette île. Il est semblable à ceux déjà établis à l'île d'Aix et à Royan. Il peut s'apercevoir à 2 lieues. Il est supporté par une charpente adossée à la Barbette dans l'angle saillant du demi-bastion, 100^m à l'E. en entrant. L'élévation est de 12^m. Lat. N. 46°12' 26", long. O. 3° 42' 6".

Une balise se trouve sur le couronneau, plateau de roches qui couvre et découvre, dans l'E. N. E. du feu.

LAVARDIN (Balise du). L'ext. du mât de la balise établie sur les roches de Lavardin, vis-à-vis La Rochelle, est à 12^m au-dessus du rocher ; elle est garnie d'un signe formé par un triangle équilatéral, orienté E. et O. avec une de ses pointes en l'air ; le tout surmonté d'un petit moulin à timbre, tournant. Du centre de la balise, on relève :

La tour de la Lanterne de La Rochelle, à l'E. N. E. 1° 3' E.; la tour de Chassiron (île d'Oléron), S. O. 6° 30' O.; le clocher de Sainte-Marie (île de Ré) O. $\frac{1}{4}$ N. O.

LA ROCHELLE. Feu de port *fixe*, à 14^m E. de la tour de la lanterne, côté gauche de l'entrée ; il est élevé de 14^m et se voit à 3 lieues. Lat. 46° 9' 21", long. 3° 29' 39".

On évite les rochers de la p^{te} *Chauveau* et le plateau du *Lavardin*, en gouvernant de manière à ce que le fanal de La Rochelle ne soit pas masqué par la tour de la lanterne. Deux balises à l'intérieur du port, indiquant les profondes eaux ; on les laisse à bâbord.

CHASSIRON (Phare). Feu *fixe* de 1er ordre, à l'ext. N. O. de l'île d'Oléron, 4 lieues $\frac{2}{3}$ S. S. E. du phare de la tour des Baleines ; de sorte que ces deux feux sont vus en même temps par les bâtimens qui se présentent à l'entrée du pertuis d'Antioche.

Cette tour a 50^m d'élévation et son feu se voit à 6 lieues. Lat. N. 46° 2′ 52″, long. O. 3° 44′ 51″.

AIX (Ile d'). Feu *fixe*, établi sur le fort, à la p^{te} S. de l'île. Il est élevé de 17^m, mais il ne se voit qu'à 2 lieues. Lat. N. 46° 0′ 36″, long. O. 3° 30′ 55″.

MAUMUSSON. Il a été reconnu nécessaire de déplacer l'*amer des Lézards* plus dans le sud de son ancienne position : ainsi, en venant de la mer, pour tenir dans la passe du milieu, on doit continuer de prendre la balise du *Galon d'or,* qui se trouve au bord de la côte, par l'amer des Lézards ; et, par conséquent, avoir le cap au S. E. 5° 10′ E. ; ensuite, après avoir doublé la p^{te} d'*Arvert,* fréquenter la côte du Galon d'or de préférence au banc de sable du même nom, dont l'ext. est signalée par une bouée.

COUBRE (Fanal de la p^{te} de la). Petit feu *fixe* au côté N. de l'emb. de la Gironde, 2 ½ lieues marines N. 28° O. du phare de *Cordouan.* Lat. N. 45° 41′ 30″, long. O. 3° 35′ 34″.

Il peut être vu de 3 lieues : il est élevé de 11^m.

TERRE-NÈGRE (Fanal provisoire de la tour de), rive N. de l'emb. de la Gironde. *Feu fixe* qui facilite l'entrée du fleuve par la passe du nord, et offre les moyens d'éviter les dangers de la Barre-à-l'Anglais. Ce feu est visible seulement dans le S. de la ligne passant par la tour même de Terre-Nègre et celle de Saint-Palais, amers gisant l'un par l'autre S. 79° N. du monde. On doit prendre les précautions suivantes : quand on est parvenu au S. du monde du petit feu fixe de la p^{te} de la

Coubre (c'est-à-dire lorsqu'on relève ce feu au N. N. E. du compas), on doit changer de route en gouvernant sur le phare à éclipses de Cordouan, jusqu'au moment où on commencera à apercevoir le feu de Terre-Nègre. On se dirigera alors sur ce feu, en s'écartant le moins possible de la ligne dans laquelle on le relèvera, à l'E. $\frac{1}{4}$ S. E. du monde (S. E. $\frac{1}{4}$ E. du compas), jusqu'à ce qu'on relève le feu de Cordouan au S. du monde (S. S. O. du compas), après quoi on changera de route une troisième fois, en portant au S. E. $\frac{1}{4}$ E. du monde (S. E. $\frac{1}{4}$ S. du compas).

Il est très essentiel de remarquer que le feu de Terre-Nègre n'étant point visible dans l'O. de la p^{te} de la Coubre, sur la direction à suivre pour entrer par la passe du N., ne peut guider les navigateurs venant du large que lorsqu'on a doublé cette pointe.

Une autre observation sur laquelle on ne saurait trop insister, c'est que, malgré les facilités nouvelles que peut donner le feu de Terre-Nègre aux navigateurs pour éviter la Barre-à-l'Anglais, ils ne doivent s'engager de nuit dans l'emb. de la Gironde, qu'en cas d'absolue nécessité, attendu que les dangers y sont très multipliés, et que la brume peut souvent empêcher d'apercevoir les feux.

CORDOUAN (Phare de la tour). Feu *tournant* à éclipses de minute en minute ; il est élevé de 63^m et se voit à 8 lieues marines. Chaque éclat est précédé d'un éclat moins brillant : les éclipses ne paraissent totales qu'au-delà de 3 lieues.

La tour de Cordouan n'est qu'à 9 lieues $\frac{2}{3}$ S. S. E. de celle de Chassiron. Comme la côte O. d'Oléron est inabordable, on sera averti de l'approche des dangers lorsqu'en venant du large, on aura le feu *tournant* à tribord et le feu fixe de Chassiron à bâbord ; dans cette position on devra gouverner au S. pour gagner la rivière de Bordeaux, ou au N. quelques degrés O. pour se placer entre les feux de la tour des Baleines et celle de Chassiron ; alors, au lieu d'avoir un feu tournant à droite du feu fixe, on l'aura à gauche (celui de la tour des Baleines), et l'on sera en position d'entrer dans le pertuis d'Antioche.

Le phare de Cordouan est principalement destiné à marquer l'emb. de la Gironde ; mais après avoir doublé la tour, on est obligé, pour entrer en rivière, de passer devant la p^{te} de Grave, qui a un feu fixe.

La tour de Cordouan a encore cela de remarquable, qu'on y a établi le premier feu, sur le principe de rotation, qui ait éclairé les mers du globe ; perfectionnement inappréciable pour la navigation. Lat. 45° 35′ 14″ N. , long. 3° 30′ 39″ O.

ROYAN (Feu de port), sur la p^{te} du *corps de garde*, à 140^m de la tête de la jetée ; il est *fixe*, a 11^m d'élévation et se voit à 2 lieues. Lat. 45° 37′ 8″, long. 3° 22′ 3″.

GRAVE (Fanal du fort de). Le phare de la p^{te} de Grave, trop exposé, a été remplacé par un petit fanal à *feu fixe*, à 1½ lieue S. 81° E. du phare de Cordouan ; il est élevé de 12^m au-dessus de la mer et visible à 2 lieues. Lat. N. 45° 34′ 29″, long. O. 3° 24′ 10″.

PAUILLAC. Dans l'intérieur de la Gironde, feu de port, *fixe*, sur l'embarcadère ; il est élevé de 6^m, et se voit à 2 lieues. Lat. 45°11′55″ N., long. 3°4′ 55″ O.

ARCACHON. On construit un phare sur le cap *Ferret*, à l'entrée du bassin d'Arcachon, par 44° 38′ 43″ N., et 3° 35′ 15″ O. Il sera terminé avant la fin de 1839. Le feu sera *fixe*, élevé de 140 pieds et visible à 6 lieues.

Deux balises marquent l'entrée de ce bassin, à quelques minutes S. ; on les déplace souvent, pour suivre les variations de la passe.

CAP-BRETON (Balises de). Deux balises, par 43° 39′ 30″, indiquent les plus profondes eaux dans la Fosse de Cap-Breton, et font éviter les roches du voisinage.

ADOUR (Tour des signaux), au côté S. de l'entrée du fleuve. A l'intérieur sont plusieurs balises, telles que les *Casquets*, le *Blanc Pignon*, etc.

BIARRITZ (Phare de). Un feu *à éclipses*, de 1er ordre, allumé au sommet de la tour *de la pointe de Saint-Martin* de Biarritz, à 1 mille marin N. E. de l'ancien fanal, à 2 $\frac{1}{2}$ milles S. 33° O. de l'emb. de l'Adour, et au N. 5° 30′ O. de l'église.

Les éclats se succèdent de *demi-minute en demi-minute*. Dans un beau temps, ils peuvent être aperçus à 7 lieues marines, étant élevé à 73^m au-dessus de la mer ; les éclipses ne paraissent totales qu'au-delà de 3 lieues. Lat. 43° 29′ 38″, long. 3° 53′ 28″.

SOCCOA (Phare), sur la partie la plus saillante

de la côte voisine du port, près Saint-Jean-de-Luz, côté O. ; son élévation est de 30^m.

La lumière en est blanche et se voit à 2 ½ lieues. Le mouillage de la Soccoa est un de ceux qu'il ne faut pas tenter d'aller prendre sans pilote. Lat. 43° 23′ 44″, long. 4° 1′ 28″.

ESPAGNE ET PORTUGAL.

SAINT-SÉBASTIEN. Le feu de ce port, placé jusqu'à ce jour au sommet du mont *Igueldo*, a été supprimé, et un nouveau a été installé au côté opposé du port.

Le nouveau feu est sur le mont *Orgullo*, à près d'un mille E. de l'ancien phare, par 43° 19′ 33″ N. et 4° 14′ 43″ O. : il est *fixe*, sans éclipses, à 205 pieds au-dessus de la mer, et peut se voir à 15 milles.

Il est allumé pendant toutes les nuits d'hiver, depuis le 14 septembre jusqu'au 3 mai.

Les navigateurs verront donc ce feu à bâbord en entrant.

SANTANDER (Tour). Une espèce de tour, à une hauteur assez considérable pour la distinguer à quatre lieues, est un point de reconnaissance situé à l'O. de l'entrée du port. Elle a été blanchie pour qu'en venant de l'E. ou de l'O., on puisse la distinguer de tout autre objet. En venant du N., elle est en partie cachée par une montagne.

Afin de rendre ces renseignemens plus complets, on ajoutera qu'un moulin à vent, moins élevé que cette tour, est dans son voisinage, un peu à l'O. Un phare est actuellement en construction : il recevra un appareil lenticulaire du 2ᵉ ordre *à éclipses*, de 90″ en 90″, visible à 6 et 7 lieues. Il sera mis en activité en 1839.

COROGNE (Phare). La partie N. de la péninsule de la Corogne se distingue par un fanal très remarquable, la *tour d'Hercule,* à trois faces, et surmonté d'une lanterne à la moderne. Sur la côte et en dehors de l'élévation où se trouve le fanal, est un banc de roches qui s'étend beaucoup au N. O. Mais depuis le méridien du fanal, il paraît qu'on peut suivre la côte jusqu'au port, par le S. E. et le S., et venir à l'ancre par 14 et 15 brasses, la ville restant au S. O. On voit la lumière à 10 lieues au large. Dans l'intérieur circulent deux plaques de cuivre opposées ; à chacune des révolutions de la machine, l'une d'elles vient s'interposer entre la lumière, de manière que l'observateur, après avoir aperçu un moment tout le foyer, le voit successivement se partager en deux portions, jusqu'à ce que le mouvement ait mis de nouveau tout le feu à découvert. Lat. 43° 23′ 36″ N. , long. 10° 40′ 38″ O.

La *Tour d'Hercule* est d'une origine très ancienne ; elle a été réparée par César ou par Trajan.

VIANNA. Un phare est en construction par 41° 42′ 25″ N. et 11° 3′ 5″ O.

PORTO (Phare), à *feu tournant,* dont les éclipses ont lieu de 6′ en 6′, à l'entrée du Duoro, par 41° 8′ 9″ N. et 10° 57′ 33″ O.

AVEIRO. Deux pyramides en pierre ont été construites pour guider à l'entrée de la barre de l'Aveiro ; leur base est carrée et chaque face a 100

palmes de large et autant de haut ($71 \frac{1}{2}$ pieds);
elles ont des bandes horizontales, blanches et
noires, pour les rendre plus visibles. On les distingue à 9 milles. Un phare y est en construction,
par 40° 38′ 6″ N. et 11° 3′ 41″ O.

MONDEGO (Signaux de la rivière). Le fort
Santa-Catarina est dans l'usage de déployer un pavillon, lorsque la mer empêche les barques du
port d'aller à la rencontre des navires. Si ce pavillon est baissé de suite, c'est que la mer n'est
pas suffisamment haute et qu'on doit se tenir au
large jusqu'à ce que le pavillon soit déployé de
nouveau. Lorsque le fort tire un coup de canon
sans hisser le pavillon, c'est pour avertir de s'é-
loigner; enfin si on hisse ce pavillon après le coup
de canon, c'est qu'on peut se présenter pour franchir la barre. Ces indications sont importantes à
suivre, lorsqu'on veut se rendre à Figuera; mais
il serait plus sûr, que des remarques fixes, pour
les alignemens à suivre pendant le jour, et des feux
pour la nuit, y fussent établis. Un phare y est en
construction, par 40° 11′ 9″ N. et 11° 14′ 41″ O.

SAINT-MARTINHO (Feu). Sur la p^te N. de
l'entrée, sont les ruines d'une maison qui porte
le nom de *Faxo*.

BERLINGA (Vigie de l'île). Au N. 55° O. et à
5 $\frac{7}{10}$ milles du cap Corvoeiro; cette petite tour sert
à faire des signaux de jour. *Un phare y est en construction*, par 39° 25′ 0″ N., 11° 51′ 15″ O.

CORVOEIRO ou PENICHE (Phare du cap), *à
feu fixe*, sur le cap très élevé, par 39° 21′ 8″ N.
et 11° 45′ 9″ O. Ce feu sera modifié sous peu.

(171

LISBONNE (Phare du roc). Le cap *da Roca* est considérable, taillé à pic ; il porte sur son sommet un phare *à feu fixe*. 38° 46′ 30″ N., 11° 50′ 39″ O.

NOSSA-SENHORA-DA-GUIA (Phare), *qu'on allume toutes les nuits ?* placé sur les rochers à pic qui s'étendent depuis Pombeiro (ou p^te S. des Cascaes) jusqu'au cap Razo. *Son feu est fixe*, par 38° 41′ 25″ N. et 11° 48′ 5″ O.

SAINT-JULIEN (Phare du château), presqu'au centre de la forteresse ; tour de 120 pieds, sur laquelle on entretient un *feu fixe*, par 38° 40′ N. et 11° 40′ 45″ O.

BUGIO (Phare). La tour de *Bugio* est à 1 ½ mille S. 55° E. du château Saint-Julien ; elle est formée de deux corps circulaires, au milieu desquels s'élève une petite tour portant le phare à 63 pieds de hauteur. Elle forme la limite S. O du Tage. Ce feu est *tournant*, varié par des éclipses, dont la révolution est de 3′, et la durée de la plus forte lumière de 3″. 38° 39′ 20″ N. et 11° 32′ 43″ O.

Les quatre phares précédens, ainsi que la tour de *Belem* (qui ne porte point de feu), servant à guider dans le Tage.

ESPICHEL (Phare). Le cap de ce nom, saillant, très haut et presque taillé à pic, porte un phare *à feu fixe*, au S. de la petite église de N. S. *do Cabo*. Ce phare consiste en un édifice très distinct et isolé, qui est à 620 pieds au-dessus de la mer, et se voit à 30 milles ? 38° 24′ 54″ N., 11° 32′ 39″ O.?

SETUVAL (Phare). Sur la tour d'Outao, à

l'extrémité N. de l'entrée de la barre et à 490 pieds de hauteur. *Feu fixe*, par 38° 31′ 25″ N. et 11° 14′ 25″ O.

SAINT-VINCENT (Cap). Un phare y est en construction, par 37° 2′ 9″ N. et 11° 20′ 36″ O.

LAGOS (Phares). Entre les années 1521 et 1557, il fut construit deux phares par le roi Jean III, l'un dans la ville de *Lagos*, et l'autre à l'endroit où l'on a formé une ville nommée *Pharon*; je présume qu'il n'en est plus rien.

SAINTE-MARIE (Cap). Phare en construction par 36° 55′ 6″ N. et 10° 9′ 45″ O.

CADIX (Phare), établi en 1795 sur la tour Saint-Sébastien, à l'endroit où existait l'ancien, par 36° 31′ 7″ N. et 8° 39′ 7″ O. Feu à *rotation*, dont la machine est composée de trois rangs horizontaux de quatre réverbères, qui, placés parallèlement, tournent sur un essieu qui produit dans l'espace de 3′ des éclipses de peu de durée, avec des éclats de 2″. Il se voit à 21 milles et est élevé de 149 pieds.

TRAFALGAR (Tour). Sur le plus E. des angles de ce cap; il serait d'une grande utilité d'y entretenir un feu.

MECA (Tour). A l'E. $\frac{1}{2}$ S. du cap Trafalgar; elle est très utile pour éviter le banc du large.

CAMARINAL (Tour). Sur la p^te rocheuse et basse de *Camarinal;* elle fait reconnaître les roches qui s'étendent à $\frac{1}{2}$ mille.

PALOMA (Tour). Sur la p^te du même nom, à 4 $\frac{1}{2}$ milles S. 72° E. du cap *Plata,* extrémité d'une montagne qui s'abaisse graduellement et qui est

environnée de roches. La p^te *Paloma* est environ-
née de rochers, dont celui nommé *Arroyo del
Puerco*, en est à 2 ½ milles, et le rocher de la
Thisbe, au S. ¼ S. O. ⅓ O., 5 milles.

TARIFFE (Fanal) à feu *tournant*; sa révolution se fait en 138″, desquelles 30″ sont données
à une obscurité complète et le reste pour atteindre
le maximum d'éclat qui dure 12″. Son élévation
est de 135 pieds au-dessus de la mer et il se voit
de tout l'horizon. 35° 59′ 57″ N. et 7° 56′ 37″ O.;
il est au S. E. ¾ E., 5 milles des bancs *Cabezos*, et
au S. S. E. de la tour *Paloma*. Le rocher de la
Thisbe lui reste à l'O. N. O. ½ O., 5 milles ¼ d'a-
près *Bauza*; la p^te Gualmesi à l'E., 4 milles ¾.

GUALMESI (Tour), au sommet de la p^te de ce
nom, à 4 ¾ milles E. du fanal de Tariffe.

PUNTA-FRAYLE (Tour), sur la p^te, à 1 mille
N. 65° 30′ E. de la p^te d'Acebuche.

CARNERO (Tour du cap).

ALMIRANTA. (Tour), sur une p^te environnée
de rochers, à ¾ de mille du fort San-Antonio, près
Algésiras.

GIBRALTAR (Phare), à la p^te d'Europe, Gib-
el-Tor. Dès que les peuples étendirent leurs cour-
ses maritimes, ils établirent sur cette p^te une *tour*,
servant de remarque aux navigateurs. On voit
une tour du *Diable*, à l'ext. N. E. de Gibraltar,
et on construit actuellement un phare, qui sera
du plus grand service sur ce point important. Son
feu sera *fixe*, et se verra à une très grande distance.

TORRE-NUEVA, sur une p^te rocheuse. La

tour de *Carbonera* et la tour de la p^te *Chullura* sont autant de remarques qu'il est bon de reconnaître ; cette dernière est à 2 $\frac{1}{2}$ milles E. N. E. $\frac{1}{2}$ E. de l'embouchure de la Guadiana.

SALTO-DE-LA-MORA (Tour), à demi-lieue N. E. $\frac{1}{4}$ E. du château Sabinilla.

GUALMAZA (Tour), dans une plaine à 4 milles N. $\frac{3}{4}$ E. d'Estepona : une p^te de sable s'étend depuis la tour, vers le S., à 2 encâblures.

BANOS (Tour), à l'E. $\frac{1}{4}$ S. E. de celle de Gualmaza, et entre ces deux dernières, en est une troisième nommée *el Saladillo*. Le château San-Luis et la ville de Marbella sont à 6 $\frac{1}{4}$ milles N. 65° E. de la tour de Banos. Les *sierra de Marbella* qui sont au N. O. du château de San-Luis, le pic de de *Juana* vers l'E. et les *sierra de Estepona*, sont des remarques sûres pour guider jusqu'à Gibraltar.

LANCE-DE-LAS-CANNAS (Tour), à 5 $\frac{1}{4}$ milles du château San-Luis ; elle est beaucoup plus grosse et plus haute que les autres tours de la côte.

BURRA (Tour), à 2 $\frac{1}{3}$ lieues E. de la tour de *Lance;* cette tour est très grande et il y en a plusieurs plus petites entre elles.

BLANCA (Torre), à 1 $\frac{3}{4}$ mille de *Frangelora*.

QUEBRADA (Torre), sur une p^te avancée à 2 $\frac{3}{4}$ milles E. de *torre Blanca*. Entre ces deux dernières est la *Bella Almadena;* la ville du même nom en est plus au N. A 1 mille au-delà de cette dernière tour, est un rocher de la grandeur d'un navire, qui n'a que 9 pieds d'eau et sur lequel plusieurs vaisseaux ont touché.

BERMEJA (Tour) à 1 mille de *Bella Almadena*.

MOLINOS (Torre) à $\frac{1}{7}$ lieue N. E. $\frac{1}{4}$ E. de Bermeja.

MALAGA (Phare) sur le môle ; belle lumière *tournante*, que l'on voit à près de 6 lieues. Chaque côté présente 7 réflecteurs. Vu d'une certaine distance, le fanal est obscur pendant $\frac{3}{4}$ de minute et offre ensuite une lumière très brillante pendant 15″, achevant sa circonférence en 1′. 36° 43′ 15″ N., 6° 45′ O.

A l'E. de Malaga, la côte est assez haute jusqu'à 4 milles de distance ; elle est garnie de plusieurs tours de garde appelées *Cantales*.

TORROS (château) à 8 milles de la p^te de Velez-Malaga.

HERRADURA. Deux tours de remarque sont sur les p^tes qui forment la baie de ce nom.

AMENUCAR. Tour ronde avec plusieurs autres tours de garde vers l'O.

VELILLA (Tour), sur une p^te très élevée à 2 milles $\frac{1}{2}$, vers l'E. d'Amenucar.

SACRATIF (Tour du cap), ronde et très élevée par rapport à la côte qui est perpendiculaire.

CHUCHO (Cala del). Cette crique est défendue par une tour de garde, garnie d'un canon.

LOS LLANOS (Tour de), sur une p^te avancée de sable, au-delà du château de Carchuna.

MELONAR (Tour de la p^te), à 1 $\frac{1}{2}$ lieue dans l'E. du cap Sacratif.

CAMBRILIS (Tour), garnie d'un canon, à l'E. du château ci-dessus et sur une côte ouverte.

ALJAMILLA (Tour d'), au fond d'une baie formée par la p^te de la rivière Adra et de la côte basse à l'E.; il y a plusieurs roches tout près.

BELERMA (Tour), à 2 $\frac{3}{4}$ milles de la précédente. On peut se mettre à l'ancre entre cette tour et la p^{te} S. E. *el Moro*.

GUARDAS VIEJAS (château), sur la p^{te} *Moro*.

SENTINAS (P^{te}), à 3 $\frac{1}{2}$ milles E. de celle *Moro*; elle s'avance et est surmontée d'une tour.

ROQUETAS. La tour et le château de ce nom sont au nord de la p^{te} *Elena*.

LOS BAJOS (Tour de), à 2 $\frac{1}{4}$ milles du château *Roquetas*. Elle doit son nom à plusieurs roches noyées du voisinage.

RAMBLA-HONDA (Tour), à 1 $\frac{1}{2}$ mille N. E de celle de *Garrofa*, d'où la côte tend vers l'E., jusqu'à la p^{te} Torrejou, ext. O. de la rade d'Almerie.

GARROFA (Tour de la p^{te}), à 4 milles de celle de *los Bajos*.

SAN - MIGUEL (Tour). Les navires y arrivent quelquefois pour s'abriter des vents d'E.

TESTA (Torre della), au sommet du cap de *Gate*, ayant à l'E. et à $\frac{1}{2}$ mille, le château de Saint-François de *Paula* ou *Corralete* sur une montagne perpendiculaire.

VELA BLANCA (Tour), visible à une distance considérable. Le château de Saint-Joseph est à 3 $\frac{1}{4}$ milles E. comprenant une côte très élevée.

CALA FIGUERA (Tour), à 1 $\frac{1}{2}$ mille du château Saint-Joseph; il y a une petite crique qui offre un abri temporaire contre les vents d'E.

POLLACRA (Tour), sur la p^{te}, à 5 milles N. E. de la tour *Figuera*. Non loin est un îlot ressemblant à un navire et surmonté d'une montagne nommée *Cerro del lobo*, garnie d'une tour.

MESA DE ROLDAN. Promontoire en table, ayant une tour sur un sommet, à 3 milles N. E. de la p^{te} E. de *San Pedro*.

RAYO (Torre del), sur une terre élevée à $\frac{1}{2}$ mille vers le nord de *Carbonera*.

PENON (Torre del), sur un grand rocher, ayant à 2 milles N. E. celle nommée *Mazenas*, à partir de laquelle la côte devient très basse, jusqu'à *Punta del Cantel*.

GARRUCHA (Château de la), à 2 $\frac{1}{2}$ milles de *Moxacar* et sur la côte de la ville de *Vera*.

VILLARICOS (Tour), côté N. de *Rio de Cuebas*.

COPE (Tour), sur le promontoire nommé *la cabeza de Cope*; la côte y est à pic.

ALMAZZARON (Tour d'). Placée entre deux baies; une à l'E. qui, sur son ext. E., a une tour nommée la *Subida*, donnant son nom à cette partie de la rade. C'est au côté N. E. de la tour *Almazzaron* que les grands navires doivent chercher refuge, au besoin, par 7 $\frac{1}{2}$ brasses d'eau.

ESCOMBRERA (Tour d'), au sommet de l'îlot de ce nom, qui forme la p^{te} E. de Carthagène.

PORMAN (Tour), au sommet de la p^{te} E. du petit port du même nom.

PALOS (Tour du Cap), carrée et munie de trois canons, ayant une petite maison dans son voisinage. La grande *Hormiga* est un îlot à 2 milles E. $\frac{1}{4}$ N. E. de cette tour, ayant la petite *Hormiga*, rocher nu, un peu vers le S. O. Cependant il y a passage avec de 8 à 5 brasses d'eau, entre la petite *Hormiga* et la côte.

ESTACIO, d'ENCANNIZADA et HERRA-

DURA (Tours del). La première à 1 $\frac{1}{2}$ mille de la *Isla Grossa*, sur une p^te rocheuse qui s'étend de la *Manga*, formant un^e petite baie, avec 2 à 3 brasses d'eau. L'entrée de la *Mar-Menor* est à 2 $\frac{1}{2}$ milles N. de la tour de l'*Estacio*; cette dernière entrée est protégée par la tour *Encannizada*; une autre tour, l'*Herradura*, se trouve sur la partie N. à 4 milles.

SAINT-ROCH (Tour du cap), à 3 $\frac{1}{2}$ milles de *Herradura*.

VIEJA (Torre), à 5 milles du cap Saint-Roch, comprenant une baie de sable.

CERVERA (Tour du cap), munie de canons; à 5 $\frac{1}{2}$ milles S. de *Guarda-Mar*, ville fortifiée.

MATA (Tour). A 1 $\frac{1}{4}$ mille N. de *torre Cervera*; elle est environnée de maisons.

TALAYOLA (Tour), sur le cap *Santa-Pola*.

ALGIBE, de CALABAZINA et d'AGUAMARGA (Tours d'). La première au N. du cap *Santa-Pola*. A une demi-lieue est la *Calabazina*, et à 1 lieue$\frac{1}{2}$, celle d'*Aguamarga*, qui n'est qu'à 2 milles S. O. de la jetée d'Alicante.

ALCORA (Tour d'), sur le cap la *Huerta*, qui, avec le cap *Santa-Pola*, forme la baie d'Alicante.

ISLETA, d'AGUA et del CHARCO (Tours de l'). Placées sur une côte dégarnie de mouillages, entre la *Huerta* et la p^te *Benidorme*.

GUIBON (Tour), à 3 milles de Villajoyosa, et à 2 milles de Benidorme, ville sur un rocher.

ESCALETA (Tour d'), sur la p^te E. de la baie de Benidorme; on peut en approcher sans danger.

VILLAJOYOSA (Fanal), à *feu fixe*, élevé de

50 pieds et visible entre les rhumbs du N. E.,
et S. E. ¼ S., par 38° 32′ N., et 2° 32′ 37″ O.

BOMBARDA (Tour de la), sur une p^te.

NEGRETE (Tour du cap). La côte d'abord
basse, commence à s'y élever.

GALERA et de MASCARAT (Tours de la), forment une baie sale au N. E. du cap *Negrette*.

MOREYRA (Tour), à ½ lieue E. du cap *Blanc*.

GRANADILLA (La). Petit fort à 1 ½ mille du
cap la *Nao*.

SAINT-ANTOINE. Cette tour et sa chapelle sont
à 2 milles N. du cap *Saint-Martin*.

SAINT-GEORGE. C'est sous cette tour, dans
le N. de la baie de *Xavia*, qu'existe le seul mouillage où l'on puisse laisser tomber l'ancre : on y est
à l'abri des vents de S., S. O., O. et N. O.

AQUA-DULCE (Tour d'), entre le cap *Saint-
Antoine* et la p^te basse *Punta Sardo*.

ALMADRAVA (Tour d'), à 3 milles N. O. de
Denia, petit port près la p^te *Sardo*, et à 6 ½ milles
d'*Oliva* dans l'intérieur des terres.

PILES (Tour), entre *Oliva* et *Gaudia*.

XARAC et LA BALL (Tours de). Au N. de la
Gaudia est la tour de *Xarac*, et à 2 milles plus
loin, celle nommée *La Ball*.

ZUCAR (Tour), au S. de la rivière du même nom.

CULLERA (Tour), sur le cap du même nom.

CASA DEL REY (Tour), à 5 milles N. du cap
Cullera.

NUEVA (Torre), à 5 milles E. de celle *Casa del
Rey*, au-devant du lac de Valentia.

VALENCE (Phare du Grao). Lumière *fixe* qui a

la forme d'un demi-cercle, dont le diamètre est du côté de la terre, et la partie convexe tournée vers la mer ; son réverbère concave et circulaire, composé de miroirs, multiplie la lumière de 9 lampes qui, en éclairant la partie convexe du fanal garnie de vitres, produisent une vive lumière d'un pied de diamètre. La hauteur du fanal est de 4 $\frac{1}{2}$ pieds castillans (3 pieds 11 pouces français); et sa demi-circonférence de 11 pieds (9 $\frac{1}{2}$ pieds); il est placé au sommet d'une pyramide quadrangulaire en bois, de 25 $\frac{1}{2}$ pieds (22 pieds), à l'ext. la plus élevée de l'amas de roches qui forment la p^te du môle, de sorte que la lumière se trouve élevée de 40 $\frac{1}{2}$ pieds (35 pieds) au-dessus de la mer; elle peut être aperçue à 12 milles. 39° 26′ N., et 2° 36′ 17″ O.

PUCHE (Tour), à 2 lieues de la rivière de Valence ; c'est la seule habitation jusqu'à Murviedro.

MURVIEDRO (Tour), à 11 milles du *Grao de Valence*.

CANET (Tour du cap), à 4 milles du Grao de *Murviedro*. Il n'y existe aucun moyen d'abri.

CASTELLON DE LA PLANA. Cette ville est une bonne remarque, étant tout à découvert.

OROPESA. Ce cap est surmonté de deux tours. Un banc est dans le S. O. $\frac{1}{4}$ O., n'ayant que 11 pieds d'eau, et un autre à peu près dans le S., 1 mille de distance. Il faut s'en tenir écarté.

SAL, torre BLANCA et torre CABICOR. La première à 6 milles, la seconde à 9 $\frac{1}{2}$ milles, et la troisième à 13 $\frac{1}{2}$ milles du cap *Oropesa*.

NUEVA (Torre), sur une côte basse.

PENISCOLA. Il existe dans cette ville un grand bâtiment carré qu'on aperçoit de très loin : à 3 milles ½ est la petite ville *Venicarlo*, et à 6 milles, celle *Vinaros*; une grande église et sa tour très élevée sont de bonnes remarques.

SOL DEL RIO (Tour de), à 2 milles ½ de *Vinaros*.

CASA DEL CANA (Tour), près le port des *Alfaques*, abri excellent pour les navires n'excédant pas les dimensions des frégates.

CODONNOL (Tour), à 1 ⅓ mille S. O. de *Rapita*, seul endroit habité du port des *Alfaques*.

SAN-JUAN (Tour), à 2 lieues E. de *Rapita*.

ROIG (Tour du cap). Au côté N. du port *Fangal* et à 7 milles du fort *Saint-George*.

AGUILA et de la MERLA (Tours del). La première est à 2 milles ½ du cap Roig; à 2 milles plus loin est celle de la *Merla*.

PENNALES et de MILAMAR (Tours). La première est à l'entrée de la rivière *Hospitalet*. A 2 milles dans le N. E. est la tour *Milanar*, dont le cap de même nom et le cap *Salou*, comprennent une baie où l'on trouve la ville *Cambriles*; cette rade est protégée par *Torre Viega* et par une autre tour sur la côte E.

SALOU (Fanal), à *feu fixe*, sur le môle et élevé de 30 pieds. On ne l'allume pas pendant la pleine lune. 41° 9′ N., et 1° 8′ 37″ O.

TARRAGONE (Fanal). Sur le môle, à *feu fixe*, éclairant tout l'horizon de la mer, sur laquelle il est élevé de 59 pieds. 41° 7′ 10″ N., et 1° 1′ 7″ O.

GARAF et RIO (Tours de). *Garaf* est à l'ext.

de la côte à l'E. de la p^te *Saint-Christoval*. A
2 milles ½ E. est le château de *Fells*, et à 2 lieues ½
plus loin est *Torre del Rio*, au côté E. de la rivière
Llobregat.

BARCELONE (Phare). *Feu fixe* sur l'ext. du
môle de cette ville ; il sert particulièrement à indiquer le passage de la p^te *Llobregat*, au S. 25° O.
(*vrai*) du fanal ; la tour des signaux de Montjoui S.
87° O.; le vieux fanal N. 20° O. et la p^te de la rivière Beros N. 35° E. L'élévation en est de 65 pieds,
et il est visible sur tout l'horizon de la mer. 41°
23′ 5″ N., et 0° 9′ 39″ O.

Nota. Tout le long de la côte comprise entre
Barcelone et le cap Tosa, les pêcheurs font des
feux dans leurs bateaux pendant la nuit, pour la
pêche des anchois et des sardines; les charbon-
niers de la côte font également des feux, dans les
montagnes, qui se voient d'assez loin ; il est important d'en être instruit.

AGUA FRIA ou BEGU (Tour). Au côté N. du
cap *Bégu* ; à l'entrée du petit port est un rocher
sous l'eau, et plusieurs rochers appelés *Losas de
la Cala* au N.

PALS (Tour), à 3 milles de *Rio-Ter*.

MONGOT (Torre), à 4 milles N. de *Rio-Ter*.

CREUX. Ce cap est surmonté des ruines d'une
tour ; c'est la p^te la plus E. d'Espagne, et elle se
voit à 25 et 30 milles.

JUEN (Tour du cap), (I. Iviça), à 1 mille ¼ S. S.
E. ⅐ E. du cap *Cala Llentrisca*.

PORTAS (Tour de la p^te). La plus S. à ½ lieue
E. S. E. du cap *Falcon*.

LAS PORTAS (Tour), à 3 milles ½ de la p^te S. de l'*isla Grossa*, et 3 milles N. E. ¼ N. du port d'*Iviça*.

PUNTA-VERDE. Surmontée d'une tour et d'un village à ½ mille N. du cap *Campaniche*.

LOS CATALANES (I. Formentière). Tour à l'ext. du rocher, 1 mille N. E. de la p^te *Anguila*.

GAROVARET (Tour), à 1 ½ mille de la p^te *Anguila* et à ¾ de mille du cap *Barbarie*.

GAVINA. Cette p^te, surmontée d'une tour, est à ¾ de mille de la p^te *Cala Soana*.

CARNACHE (I. Espartell). Cette tour termine brusquement la partie élevée de la côte.

FIGUERA (I. Majorque). Tour au sommet du cap, près de la p^te où, de nuit, on *fait des signaux aux navires ?*

ISLETAS (Tour des), sur le plus S. des rochers.

PALMA (Fanal), à feu *fixe*, sur le môle; ce feu est visible entre l'O. S. O. et l'E. S. E. par le S.; il est élevé de 40 pieds au-dessus de la mer. 39° 33′ 20″ N. et 0° 19′ 56″ E. Il est à ½ lieue des *Isletas; il est éclairé tous les soirs ?* On mouille par 13 brasses de fond au S. O. de la cathédrale, E. ¼ S. E. du fanal, E. N. E. de l'îlot ou la tour, N. N. O. 5° N. du cap *Blanc*.

PORT-PI (Fanal), à *feu tournant;* sa révolution se fait en 3′, dont 1′ pour l'éclipse. Il est élevé de 144 pieds et visible de tout l'horizon. 39° 32′ N. et 0° 18′ 33″ E.

PALAYRES (Tour). Ressemble à un phare.

BLANC. Ce cap forme la p^te E. de la baie de Palme; il est couronné d'une tour.

ENDERROCAT. Tour sur le cap.

ANDRACHE. Tour à $\frac{1}{2}$ mille du cap *Llamp*.

DRAGONERE (Tours de l'île). On y remarque deux tours, dont une au sommet.

ANGELICA et DEA (I. Majorque). Tours sur des pointes; *Dea* est à $3\frac{1}{2}$ milles S. 4° O. de la p^te extérieure du port *Soller*.

AYCATE (Tour), à l'entrée du port *Soller*.

VICTORIA (Tour N. S. de la). Côté E. de la baie *Pollenza*, près la mer et sur un pic.

MAYOR (Torre), à plus d'un mille O. de l'îlot *Alcana*, baie d'*Alcudia*; c'est entre cet îlot et Torre Mayor, qu'est le meilleur ancrage de la baie.

ATALAYA-SAN-MOREY, à près d'un mille S. E. du cap *Farruch*.

FALCONERA. Tour à $\frac{3}{4}$ de mille de la p^te Fon Salada ; un rocher est à deux encâblures N.

SAN-YOUMAL. Tour près du cap *Freu*.

PERA. Cap E. de Majorque ; son sommet a une tour perpendiculaire au-dessus de la mer, qu'on voit à 8 lieues.

BERMEJO (Tour sur le cap), ou cap *Roux ;* une autre est derrière elle, nommée *Masot*.

MANACOR (Tour), sur l'ext. O. du port, ayant la p^te *Amer* à 4 milles E. N. E.

COLON (Tour du port). Importante, à 7 milles S. O. du port *Manacor;* on trouve 9 brasses tout près.

PETRO (Le port), à 1 mille S. de *Cala Longa*, est une tour carrée sur la p^te S. de l'entrée.

NEGOSTA (Tour), sur la partie élevée du cap *Salinas*, p^te S. de Majorque.

COMPOS (Tour du port), à 4 milles N. O. du cap *Salinas*, sur la p^te O. de l'entrée.

ESTEDELLA et **RAPITA** (Tours). La première sur la p^te *Negra*, à 2 milles O. de *Rapita*.

MOLA (I. Minorque). Ce cap est sur la péninsule *Sainte-Anne*, côté N. du port *Mahon :* il est perpendiculaire, ayant trois roches près de sa base, dont on approche sans danger. Les signaux de cette tour communiquent avec ceux d'une autre, près de l'arsenal.

MORTERET (Tour), au sommet d'un cap élevé qui forme le côté E. de l'entrée du port *Fornells*, le plus important de toute la côte N. de Minorque.

MINORCA ou **BAYOLI**. La tour de ce cap est la plus O. de l'île ; le cap est perpendiculaire et se trouve à 1 ½ mille N. ½ O. du cap *Den Banicous*.

DARTUCH. Tour à 4 milles du cap Dartuch. Tout près est un rocher nu.

ALAYOR. Tour sur une partie de la côte très élevée, à 5 milles de la p^te *Cabo del Ponte*.

BINI BECA. Tour à signaux auxquels répond la tour de l'arsenal de Mahon. La roche *Caracol*, qui se découvre, lui reste au S. 6° E. deux encâblures de la côte.

FRANCE.

BÉARN (Phare de cap), feu *fixe* sur le mont Béarn, à 800^m S. E. de l'entrée de Port-Vendres, par 42° 30′ 45″ N. et 0° 47′ E.

Ce phare, élevé à 220^m au-dessus de la mer,

pourra être aperçu jusqu'à la distance de 6 lieues marines.

PORT-VENDRES (Fanal). Tour carrée dans un petit fort qu'on laisse à tribord en entrant; une balustrade en fer est autour de la plate-forme du sommet ; son feu *fixe* s'aperçoit à 2 $\frac{1}{2}$ lieues ; il est élevé de 33^m. Lat. 42° 31′ 25″ N., long. 0° 46′ 30″ E.

COLLIOURE. Fanal en projet.

LEUCATE et de **CANET** (Tours). Il existe une tour de garde et une redoute sur le cap *Leucate,* à 8 lieues N. $\frac{1}{4}$ N. E. $\frac{3}{4}$ E. de Collioure; la tour de *Canet* est à l'entrée S. de la Tet.

LA NOUVELLE. Feu de port *fixe* sur la tête de la jetée O., à gauche de l'entrée du chenal ; élevé de 10^m, il se voit à 3 lieues. Lat. 43° 1′ 0″ N., long. 0° 43′ 30″ E.

AGDE (Feu de port) *fixe,* placé sur la tête de la jetée E., côté droit de l'entrée du chenal. Élevé de 9^m, et se voit à 2 lieues. Lat. 43° 16′ 45″ N., long. 1° 6′ 30″ E.

BRESCOU (Fanal du fort), petit feu *fixe* sur le bastion S. E., à 1 lieue marine E. S. E. de l'emb. de l'Hérault, par 43° 15′ 30″ N. et 1° 9′ 45″ E.

Ce fanal, élevé à 18^m au-dessus de la mer, pourra être aperçu de 3 lieues.

MONT SAINT-LOUP (Phare du), près d'Agde ; *feu à éclipses* qui se succèdent de minute en minute, à 5 200^m N. 66° 30′ E. de l'emb. de l'Hérault, par 43° 17′ 50″ N. et 1° 9′ 15″ E.

Élevé à 126^m au-dessus de la mer, ce feu pourra être aperçu de 9 lieues marines.

Les éclipses ne paraissent totales qu'au-delà d'une distance de 3 lieues.

CETTE (Feux de port). Deux réverbères à feux *fixes* sont installés à l'aplomb l'un de l'autre sur l'amer, voisin du fort Richelieu, à 740^m O. du phare du môle Saint-Louis ; leur élévation moyenne est de 60^m et leur portée de $1\frac{1}{4}$ lieue. Ces deux feux se confondent en un seul au-delà d'un mille et demi : tenus par le phare du môle Saint-Louis, ils donnent la direction à suivre pour la passe N. E. du port, la seule qu'il soit prudent de pratiquer pendant les mauvais temps d'hivernage qui ne permettent pas aux pilotes lamaneurs de sortir. Pendant le jour, il faut mettre la tour du phare du fort Saint-Louis, par l'amer dont il vient d'être question, et en suivant toujours la même direction de l'E. à l'O., on est sûr de donner dans le milieu de la passe.

— (Phare). Feu *fixe* sur l'ext. du môle Saint-Louis, à gauche de l'entrée du port. Sa hauteur est de 25^m et sa portée de 3 lieues. Lat. 43° 23′ 45″ N., long. 1° 22′ 0″ E.

Nota. Les navigateurs doivent se prémunir contre les courans qui portent avec rapidité vers le S. O., lorsque les vents soufflent avec quelque violence du N. E. ; au lieu de suivre exactement alors la direction indiquée par le phare et l'amer, on ouvre de la largeur d'une voile du côté du N., l'amer ou ses feux. Avec des vents de S. E., on mettra les feux du phare et de l'amer, en observant toutefois de ne jamais les découvrir dans le S.

AIGUES-MORTES (Phare), sur le môle N. O. du *Grau-du-Roi*, à 170^m de son ext.; *feu tournant de troisième ordre, à courtes éclipses,* qu'on voit à 5 lieues. Son élévation est de 18^m.

Il a l'apparence d'un feu fixe varié par des éclats qui brillent de 4′ en 4′, précédés et suivis, non d'une éclipse totale, mais d'un affaiblissement de lumière qui dure un peu plus d'une demi-minute.

Le caractère distinctif des phares de ce genre est la longue durée de l'éclat moyen, qui brille pendant 2 ½ minutes, entre deux grands éclats consécutifs. Lat. 43° 32′ o″ N., long. 1° 47′45″ E.

CAMARGUE (Phare provisoire de la), sur la rive gauche de l'emb. du vieux Rhône, à 2 milles marins S. E. ¼ S. de la vieille tour Saint-Genest. Ce petit feu *fixe* peut être aperçu à 3 lieues. Il est élevé de 15^m. Lat. 43° 20′ 3o″ N., long. 2° 20′ 3o″ E.? Ce feu sera remplacé, en 1839, par un phare du 1er ordre, *à feu fixe.*

BOUC (Feux). Le fort *Bouc*, à l'entrée de Martigues, a une tour ronde sur laquelle est un feu de port *fixe*, pour le cabotage. Il a 3o^m et se voit à 3 lieues.

Cette tour est en pierre blanche; on l'aperçoit de très loin; elle est à 5 milles N. ¼ N. O. du cap *Couronne.* Lat. 43° 23′ 27″ N., long. 2° 38′ 47″ E.

Un second feu de port est sur la tête du môle, à gauche de l'entrée et à 280^m N. de la tour du Fort-de-Bouc. Il peut se voir à 3 lieues; son élévation est de 16^m.

Au moyen de ce second fanal, il est impossible

de confondre les feux de *Camargue* et de *Bouc*, puisque le premier est unique.

MARSEILLE, *deux feux de port*. Le 1ᵉʳ est *fixe* au pied de la tour du fort Saint-Jean, à gauche de l'entrée. Il est élevé de 9ᵐ, et sa portée est de 3 lieues. Lat. N. 43°17′45″, long. E. 3° 1′ 26″.

Le 2ᵉ est un *feu varié par des éclats de 3′ en 3′*, sur la pᵗᵉ dite *Tête de More*, entre l'anse de la réserve et celle du Pharo, à droite de l'entrée. Son élévation est de 19ᵐ et sa portée de 3 lieues. Ces deux feux sont masqués dans la direction du S. E. par la butte du Pharo.

PLANIER (Phare de l'île), sur la tour, à 2 ⅔ lieues S. O. (du monde) de l'entrée du port de Marseille ; feu *à éclipses*, qui se voit de 7 lieues marines. Il est élevé de 40ᵐ. Les éclats se succèdent de 30″ en 30″.

Les éclipses ne paraissent totales qu'au-delà d'une distance de 3 lieues. En-deçà de cette limite, on aperçoit, dans l'intervalle des éclats, une petite lumière fixe, qui rend le phare plus constamment visible. Lat. 43° 11′ 57″, long. 2° 53′ 38″ E.

LA CIOTAT (Feu de port), sur le fort Bérouard, au côté droit de l'entrée, *fixe*, et élevé de 25ᵐ. Il se voit à 3 lieues. Lat. 43° 10′ 56″ N., long. 3°16′ 28″ E.

PORQUEROLLES (Phare de l'île), *feu varié par des éclats de 4′ en 4′*, sur la pᵗᵉ S. de l'île, entre le cap d'Arme et le cap Roux. Élévation 80ᵐ, portée 7 lieues, par 42° 59′ 7″ N. et 3° 52′ 15″ E.? Les courtes éclipses ne paraissent totales qu'au-delà de 3 lieues.

TITAN (Phare de l'île du), *feu fixe* sur la p^te E. de l'île, élevé de 75^m, et dont la portée est de 5 lieues. 43° 2′ 30″ N., 4° 9′ 50″ E.

LARDIER (Phare du cap), *feu tournant* dont les éclipses se succèdent de minute en minute, élevé de 130^m et visible à 9 lieues. 43°11′ 50″ N. et 4° 21′ 30″ E. Les éclipses ne sont totales, en temps ordinaire, qu'au-delà de 3 lieues.

Il est essentiel de faire attention à sa longitude et aux apparences de ce feu, pour ne point le *confondre avec celui de l'île Planier*. La différence en longitude est de près d'un degré et demi, et les éclats du phare Lardier sont séparés par des intervalles de 1′, tandis que ceux de l'île Planier ne le sont que de 30″, ce qui doit suffire pour un observateur attentif.

J'ai rejeté le nom de *Camarat*, également donné au cap Lardier, comme se trouvant trop multiplié sur cette côte, et conséquemment une cause d'erreur ; une tour Camarat est sur le cap Taillat, à 1 lieue S. 27° O. du phare Lardier.

ANTIBES (Fanal), feu de port *varié par des éclats ;* il est installé sur la tourelle à gauche de l'entrée, et à l'ext. du môle E. Les éclats, d'une durée de 4 à 5″, se succèdent régulièrement de 2′ en 2′, et sont précédés et suivis de courtes éclipses. Il peut être aperçu de 3 lieues. Il est élevé de 15^m. Lat. 43° 35′ 10″ N., long. 4° 47′ 31″ E.

GAROUPPE (Phare de la), feu *fixe*, de 1er ordre, sur la presqu'île de ce nom, à 1 ½ mille S. d'Antibes, près la chapelle N.-D. de la Garde. 43°

33′ 51″ N., 4° 47′ 44″ E. Il est élevé de 100^m et se voit à 6 lieues.

En venant du S. et du S. O., on ne voit ce feu qu'après avoir doublé la presqu'île ; mais en venant de l'E., on peut prendre connaissance des feux de Villefranche, d'Antibes et de Garouppe.

CORSE. Il n'y a qu'un feu sur les côtes de cette île, mais il y en a plusieurs en construction, à savoir : aux îles Sanguinaires, à Bonifacio, à Giraglia, à Calvi et à Porto-Vecchio. On doit également signaler les *Tours* suivantes comme points de remarque :

GIRAGLIA (Tour), sur un îlot vers le milieu de la côte N. du cap Corse. 43° 1′ 42″ N., 7° 3′ 38″ E. *Un phare y est en construction.*

Plusieurs autres tours sont au côté N. E. du cap Corse, dont les plus E. sont sur *Figaroni.*

SAGRO (Tour du cap). Plusieurs autres pointes du voisinage sont également garnies de tours.

BASTIA. Feu *fixe*, de 4e ordre, sur l'ext. du môle à droite de l'entrée du port ; son élévation est de 16^m et sa portée de 3 lieues. 42° 41′ 48″ N., 7° 6′ 45″ E.

SAN-PELLEGRINO (Tour). Côté N. de la *Fiumalto.*

ALISTRO, BBAVONE. Tours aux entrées de ces rivières.

DIANA. Tour sur la berge de l'étang.

ALERIA. Tour, à la côte S. de la *Tavignano.*

VIGNALE. Tour, côte N. de la Fiumorbo.

SOLENZARA (Tour), à 9 milles S. O. de la *Fiumorbo.*

FAELA (Tour), à 9 milles S. de *Solenzara*.

PINARELLO. Sur l'île et au côté S. du golfe du même nom.

SAINT-CYPRIEN (Tour), fait reconnaître le côté N. de *Porto-Vecchio*. *Un phare est en construction* sur la p^te de la *Chiope*.

SPONZALIA (Tour), à 1 mille S. de Porto-Novo.

SANTA-MANZA (Tour), à 1 ½ mille S. du cap *Rondana*. 41° 24′ 59″ N. , 6° 54′ 56″ E.

LA MADONETTA. Sur une pointe laissée à bâbord en entrant dans *Bonifacio*.

BONIFACIO. *Un phare est en construction* sur le cap *Perturato*.

OLMETO (Tour), ayant les écueils au S. O.

ROCCAPINA (Tour), ayant les *Moines* au S.

SENETOSA (Tour), à 3 lieues S. du cap *Moro*.

CAMPO-MORO. Le port *Moro* se reconnaît à un grand cap, sur lequel est la tour.

VALINCO. Entre les caps *Campo-Moro* et *Porto-Pollo*, est le golfe *Valinco*, dont les côtes ont plusieurs tours qu'on ne voit pas du large.

NERO. Tour sur le cap.

MURO. Tour sur la partie N. E. de la presqu'île.

AJACCIO. Ce golfe a également plusieurs tours de remarque; celles de la *Castagna, Isoletta, Capitello, Della Parata* et celles des îles *Sanguinaires*.

SANGUINAIRES. *Un phare est en construction* sur l'une de ces îles.

FENO. Tour sur le cap.

PORT PROVENÇALE. Tour à la côte N.

CAPIGLIOLA. Tour sur la p^te.

SAGONE. Tour dans l'intérieur du port.

CARGHESSE. Tour ruinée, sur le sommet d'une p^{te} avancée, à 1 ½ mille S. E. du cap *D'Omigna*.

D'OMIGNA. Tour sur la p^{te} de ce nom.

ORSINO (Tour de la p^{te} d'), à 2 milles N. N. E. du cap *D'Omigna*; plusieurs brisans sont au large.

ROSSO. Tour sur le cap.

PORTO. Tour au fond du golfe.

GARGALO. Tour de l'île.

GALERIA. Tour à l'entrée d'une petite rivière.

TRUCCIA (Tour), entre les caps *Morsetta* et *Cavallo*.

CALDANO (Tour), en dehors de *Calvi*.

CALVI. *Un phare est en construction* sur la *Punta revellata*.

ESPANO. Tour ronde sur la p^{te} *Espano*, ayant le village fortifié d'*Algajola* à 3 milles E.

ROUSSE (Tour de l'île), à l'ext. S. E.

SALECCIO. Tour sur une p^{te}.

LOSARI. Tour à l'E. N. E. de la précédente.

SAN-FIORENZO. Plusieurs tours sont sur les côtes de ce golfe.

TOLARE (Tour), à 1 mille E. de *Punta Corno di Becco*.

ITALIE.

VILLEFRANCHE (Phare), sur le cap *Ferrat* ou *Mala*, par 43° 40′ 30″ N., 4° 4′ 26″ E., à l'ext. E. du golfe, 5 milles de Monaco; il fait aisément reconnaître *Villa Franca*, qui est presque à mi-chemin entre Nice et Monaco. Son feu est *varié par des éclats* qui se succèdent de 30″ en 30″ pendant toute la durée de la nuit, pour qu'il puisse être distingué du phare de la *Garouppe* et de celui du port d'*Antibes*.

Le feu moins brillant qui paraît dans les intervalles des éclats, est précédé et suivi de courtes éclipses. Son élévation est de 68^m au-dessus de la mer, et il peut être aperçu à 6 lieues.

SAINT-STEFANO et ARENGAIRE. La tour *Saint-Stefano* est à 4 milles N. E. du cap *Dell' Arma ;* celle d'*Arengaire* est à 2 milles plus loin, tenant le village de *San-Lorenzo*, à 1 mille N. E.

CAPO-VERDE ou CAPO-ONEGLIA (Tour), sur une p^{te} ronde, à 2 milles E. d'Oneglia.

DELLE-MELLE (Cap) élevé et avancé, à 5 milles N. E. $\frac{1}{2}$ E. du Capo-Verde. Sa tour est environnée de plusieurs maisons.

ISOLA GALINARA. Cet îlot est à 1 mille S. d'*Albenga ;* il est très élevé et distingué par une tour.

VADO. Le sommet de ce cap est couronné par le fort *Stefano* et plusieurs ruines ; la rade et la ville Vado sont au N. O. du cap, et le phare de Gènes au S. O. $\frac{1}{4}$ O., 23 milles de distance.

GÈNES (Phare de), feu *fixe* au sommet d'une p^{te} rocheuse, nommée *San-Benigno*, par 44° 24′ 18″ N. est 6° 34′ 0″ E., à l'O. du môle neuf (distance d'une encâblure à peu près) ; c'est une tour carrée surmontée d'une lanterne, que l'on voit à une grande distance ; on y fait des signaux de jour. En venant de l'O., il faut se tenir à distance de la p^{te} du phare, pour éviter les roches de sa base. La hauteur de la lanterne à la p^{te} du paratonnerre, est de 127^m87. Sa lumière se confond avec celles de la ville, et l'on parle de la convertir en feux à éclipses.

GÈNES (Fanal), *feu tournant* à l'ext. du prolongement du vieux môle ; c'est un *feu varié par des éclats* de 3′ en 3′, visible à 4 lieues.

— *Id.* (Fanal) du môle neuf, à *feu fixe;* il est éclairé par de petits réverbères.

TINO (Phare de l'île), golfe de la Spezia. Appareil lenticulaire à *feu fixe;* son élévation est de 117^m au-dessus de la mer, et sa portée de 15 milles. 44° 1′ 44″ N. et 7° 31′ 22″ E.

LONGO-SARDO (Sardaigne). Cette tour forme la p^{te} N. de l'île et se voit à une grande distance.

OLIVA (Tour), au N. O. de l'île *Asinara*.

FALCONE (Tour du cap), contournée de dangers, à 10 milles N. E. $\frac{1}{4}$ E. du cap *Negreto*.

PORTE CONTE ou DELLA CARSA (Tour), sur la p^{te} O. du port; un rocher (*scoglio*) en est tout près, à l'O.

GALERA. Cette baie a une tour d'un côté et l'île *Della Maddalena* de l'autre; cette dernière n'étant qu'à $\frac{1}{2}$ lieue d'*Alghieri*.

MANNU. Ce cap, p^{te} S. du golfe de *Bosa*, est à 14 milles S. S. O. de l'île *Bosa;* il est surmonté d'une tour. Il existe six autres tours entre ce cap et Bosa : Torre *Colombargia*, T. *Iscala Ruia*, T. *Fogu d'Olio*, une tour sans nom, T. di *Orfano Puddu*, et T. di *Scala Salo*.

SAINT-MARC, MORA et SEVO. Le cap Saint-Marc, surmonté de sa tour, est au N. de l'entrée de la baie de l'*Oristan*, 9 milles S. du cap *Mannu*. La côte intermédiaire est irrégulière, avec quelques dangers et deux tours sur ses pointes, *Mora* et *Sevo*. Un récif est en dedans du cap Saint-Marc.

Dans la baie de l'*Oristan* est une tour sans nom. Une autre tour, également sans nom, est à quelques milles S. du cap *Frasca*.

CALA DOMESTICA (Tour), à 2 milles N. E. de *Piana*.

PAGLIA et SCUSO. La première de ces tours est à $\frac{1}{2}$ mille N. N. E. du cap *Altano*; la seconde dans le S. $\frac{1}{2}$ E. du même cap.

PIOMBO (Tour). Au N. N. O. du petit havre *Cala Piombo*, à l'O. de la presqu'île *Teulada*.

GALETTA. Tour sur la p^te E. de la baie *Pilastro*.

BUDELO. Tour à $\frac{1}{2}$ mille N. de l'île *Rossa*, au fond du port S. *Sodor*.

TAVOLARO. Le cap de cette tour est encore nommé *Malfatan* et forme la p^te E. de la baie *Rosa* ou *Teulada*; une roche est à sa base à 8 milles E. N. E. du cap *Teulada*. 40° 54' 46" N., 7° 23' 13" E.

PULA et SAINT-MACARIO. La tour du cap *Pula* est à 7 milles de la p^te *Carbonari*; à $\frac{1}{2}$ lieue N. est l'île *Saint-Macario*, avec une tour de garde. Le cap *Pula* forme la p^te S. O. de la baie *Cagliari*. Avant de voir la tour *Pula*, on passe devant celles du port *Chia*, de torre *Ostia* et de *S. effisius*.

SAINT-ÉLIE (Tours du cap). Avant d'arriver à *Cagliari*, on trouve les tours *Diavolo*, *Soarro*, *Mezzo*, *Su Loi*, et une autre sans nom : viennent ensuite les trois tours qui surmontent le cap *Saint-*

Élie, à 3 ½ milles S. S. E. de Cagliari ; son éléva-tion est assez grande et son étendue d'une ½ lieue E. et O.; il est à 7 milles N. O. ¼ O. du cap *Roy*.

CAVOLI (Tour de garde de l'île), à ½ lieue S. E. du cap *Carbonara* ; on trouve les tours *Foxi*, *Mortorio*, *Regina*, *Fenocchio* et *Caterina*, sur la côte S. E. de la baie *Cagliari*.

SERPENTARIA (Château), près la p^te N. de l'île *Serpentaria*, placée à l'E. du cap *San-Luigi*.

Après Serpentaria, on trouve les tours de *Monte Ferro*, *Corallo*, *Murtas*, *S. Gio di Sallara*, *di Bari*, *Arbatax*, une tour sans nom, puis la tour *Comino*.

COMINO (Tour du cap), à 7 lieues N. N. E. du cap *Monte Santo*, comprenant le golfe Orisei. Il y a plusieurs roches autour du cap *Comino*. En sui-vant le N. E. de la Sardaigne, on trouve les tours *Sainte-Lucie*, à 1 mille N. N. O. du cap *Comino*, puis une tour sans nom, à même distance.

Suites des côtes de l'Italie.

LIVOURNE (Phare), *à feu fixe;* il est assis sur une chaîne de roches qui s'étend à ½ mille O. de la partie S. O. en dehors des murs de la ville ; la mer y brise avec force : il y a 51^m 60^c d'éléva-tion. 43° 32′ 41″ N., 7° 57′ 25″ E. Le feu est vi-sible à 15 milles.

A 5 milles S. S. E. (vrai) du môle de Livourne, est la p^te *Monte Nero*, qui a deux tours ; et, sur la côte à ½ lieue, est le fort d'*Antignano*.

A l'ext. S. du banc *Melora*, est une tour carrée, percée, nommée *Melora*; c'est une remarque très utile, au O. N. O., 4 milles du phare.

TORRE DI VADA (Fanal), *à feu fixe*, par 43° 25′ N. et 8° 8′ E. Son élévation est de 18^m 5o^c, et sa portée seulement de 3 milles. Il ne sert que pour le cabotage.

GORGOGE (Tours de la). L'île de ce nom, ses deux tours, quelques huttes et un vieux monastère ou magasin, sont à 17 milles O. S. O du phare de Livourne. C'est une excellente remarque pour se rendre à cette ville, en venant de l'O.

BARATTO. Ce cap et sa tour forment une p^{te} très élevée, à 4 milles N. O. de Piombino.

PALMARIO et CERBOLI. Ces deux îles ont une tour, au S. de Piombino et à 1 mille l'une de l'autre.

PROSTHINA (Ile d'Elbe). Tour près de Porto-Ferrajo, au sommet d'un roc escarpé, de manière à la rendre imprenable.

PORTO-FERRAJO (Fanal), *à feu fixe*, sur le sommet du fort *Della-Stella*, à droite de l'entrée du port. Son élévation est de 61^m 38^c, et sa portée de 12 milles. 42° 49′ 6″ N., 7° 59′ 52″ E.; il faut prendre garde de ne point s'engager dans les filets placés pour la pêche du thon, à $\frac{1}{2}$ mille E. S. E. du fanal.

SAN-PIETRO DEL CAMPO (Tour), sur la p^{te} O. de la baie; on y mouille.

FERRIERA (Tour de), sur la p^{te} S. E. de la crique *Ferriera*, près d'un grand rocher découvert.

TROJA (Tour carrée du cap), à 4 lieues S. E. $\frac{1}{4}$ E. de Piombino; une autre est dans l'intérieur des terres avec un village dans le fond. Enfin, la petite île au S. O. du cap, est très élevée et a une tour.

ROCHETTA (Tours). La principale est sur une roche escarpée, à 5 milles E. de l'île *Troja* ; elle est fortifiée et on voit par dessus une autre tour ronde à 1 lieue O. de *Castillone*.

SAN-STEPHANO. Ce fort est sur une p^te de roches ; à près de 2 milles E. et sur une côte basse, sont deux tours, sur deux p^tes différentes ; l'entrée du lac *Orbitello* est près de la dernière.

ROSSA. Au S. S. E. de cet îlot est une côte très élevée et accore, qui a plusieurs tours de garde sur ses p^tes et une autre au sommet d'une montagne, avec une maison dans le voisinage.

HERCULE (Fanal du port), *feu fixe*, au sommet du fort *Rocca*, à gauche de l'entrée, par 42° 28' N. et 8° 50' E. Sa portée est de 12 milles.

ANFEDONIA. Deux tours, à 1 mille l'une de l'autre, et à 4 milles E. du port *Hercule*.

Nota. On trouve ensuite plusieurs tours qui sont à peu près à 1 lieue l'une de l'autre, garnies d'un ou de deux canons pour la défense des côtes. Savoir : Torre *Graticciara*, *La Fosseta*, *Mont' Alto*, *Porto Clementino* (à l'emb. de la *Marta*), *San-Agostino* et *Valdavica*.

CIVITA-VECCHIA (Phare), sur l'ext. du môle neuf ; il a 25^m de hauteur ; il ne se voit qu'à 2 ½ lieues, parce que la côte est basse.

Après ce fanal, on a les tours *Marrangone*, *Chiarruccia*, *Santa-Marinella* (2 milles E. du cap *Linaro*), *Santa-Severa* (1 mille S. E du village du même nom), *Flavia* (3 ½ milles de la précédente), *Palo*

(2 $\frac{1}{2}$ milles de *Flavia*), *Perla* (carrée et à 2 milles vers le S. E. de *Palo*), et *Maccarese* (1 lieue S. E. plus loin).

TIBRE ou de **FIUMICINO** (Phare du). On doit avoir établi un nouveau fanal sur la tour *Saint-Clément*, à l'entrée du fleuve ; et un deuxième sur la tour d'*Anso* à 28 milles au sud. Le phare dans lequel la lumière se montre et s'éclipse alternativement, a été essayé avec un succès complet dans le port d'*Anso*. Un autre a dû être placé sur la tour Saint-Clément, pour indiquer l'entrée de la bouche *Fiumicino*. Les réflecteurs éclairent la côte entre les caps Linaro et d'Anso ; la lumière se voit à 11 milles marins.

SAINT-PIERRE de **ROME** (Dôme de), se voit à une distance considérable en mer ; c'est une excellente remarque, puisqu'en l'amenant à l'E. N. E. $\frac{3}{4}$ E., on a la ligne d'entrée de l'emb. N. O. du Tibre, qu'on reconnaît ensuite à la tour carrée de *Fiumicino*. 41° 54′ 8″ N., 10° 6′ 41″ E.

TIBRE (Tours au S. du), sur la côte basse comprise entre le Tibre et le cap d'*Anso*, sont : torre *S.-Michele* (côte E. de l'entrée de Fiumara), di *Paterno* (9 $\frac{1}{2}$ milles), *Vaianica* (14 milles), *S.-Lorenzo* (19 $\frac{1}{2}$ milles), *S.-Anastasio* (22 $\frac{1}{2}$ milles), di *Caldano* (23 $\frac{1}{2}$ milles), et *Malerna*.

ANZO (Tour du cap). Elle est carrée et se distingue de celle de *Caldano*, qui est ronde ; il y a quelques roches près du cap d'*Anzo*, qui est à 7 lieues N. O. $\frac{1}{2}$ O. du *Mont Circello* ; il paraît qu'on y a placé depuis peu un *feu tournant*.

NEPTUNE (Fanal du port), à l'E. du cap d'*Anzo*

est un môle bâti sur une plage de sable, sur les ruines d'un fort élevé par Néron : c'est le port Neptune; à son extrémité est un petit fort carré avec une tour au milieu et un fanal; la ville est à 2 milles E. $\frac{1}{4}$ N. E. du môle.

ASTURA (Tour d'), à 5 milles S. E. $\frac{1}{4}$ S. de Neptune, sur une p.te qui avance un peu.

CIRCELLO. Mont très élevé, de 3 milles de longueur et qui se projette dans la mer; à sa partie S. sont deux tours.

FICO (Torre del), carrée et à 1 mille de la p.te S. de *Circello*.

CERVA. Tour entre le mont *Circello* et la tour *del Fico*.

BADINO (Phare), à feu *tournant* et à l'entrée d'un canal ouvert dans les marais Pontins; il est élevé de 20.m, et se voit à 2 lieues.

Indépendamment de ce phare, il y a deux fanaux qui éclairent l'entrée du canal.

Après Badino sont les tours *Gregoriana, Terracina* et *Canito?*

Entre Terracina et Gaëte, la côte élevée a deux tours sur ses pointes.

PONZA (Fanal), *à feu fixe*, dans une tour de 50 palmes, placée sur un monticule élevé de 246 palmes au-dessus de la mer. C'est un appareil à réverbères. Cet établissement est très utile pour se diriger sur la baie de Naples.

ORLANDO (Torre d'), très apparente, sur la haute terre, à l'O. de Gaëte.

GAËTE (Fanal), à *feu fixe*; sa base est octangulaire, elle est surmontée d'un cylindre en guise de tour, jusqu'à 180 pieds au-dessus de la mer.

MONDRAGONE (Tour et Village), au S. de *Monte Massico*, 5 milles vers le N. de l'embouchure de la *Volturno*.

VOLTURNO. Tour à $\frac{1}{2}$ mille S. de l'emb. de la rivière, sur une côte basse. Un récif s'étend à $\frac{3}{4}$ de mille N. O.

PATRIA (Torre di), à 7 milles S. de la précédente, et 1 mille N. de la rivière *Patria*, qui communique avec le *Lago di Patria*.

MESA (Tour du cap), ronde et très élevée, à 2 lieues de la rivière *Patria*; la tour est sur la partie S. du cap; il y a un îlot un peu au large avec une tour carrée. Le cap est à 1 $\frac{1}{4}$ mille N. E. $\frac{3}{4}$ N. de la p^{te} *Chiupetto*, et à 3 $\frac{1}{2}$ milles N. O. du cap *Misene*; un récif dangereux nommé *Tavola del Rey* en est à $\frac{1}{3}$ mille S.

ISCHIA (Tour d'), sur la p^{te} O. de l'île.

MISENE. Ce cap très élevé, est surmonté de deux tours carrées. Un grand rocher est à son extrémité.

NISITA. Une grande tour fortifiée est sur la partie la plus élevée de cette île. A l'E. est un îlot et un banc; on y voit les restes d'une tour et le temple, l'*École de Virgile*.

PAUSILIPE (Le) se reconnaît par une très grande maison blanche à son sommet; on commence à y découvrir Naples: cette p^{te} est à 2 $\frac{1}{2}$ milles O. S. O. du château de l'*OEuf*.

NAPLES (Phare et fanal de). Grande tour à l'angle du môle qui a la forme d'un L : on y entretient un feu *fixe*, par 40° 50′ 16″ N. et 11° 35′ E.

L'entrée du port est signalée par un autre petit fanal, au moyen duquel on n'a aucun danger à courir : ils sont loin de répondre à ce qu'on en attend dans une ville aussi commerçante.

Dans la baie de Naples, sont torre *Resina*, torre del *Greco*, torre del *Annunziata*, etc.

Il existait autrefois un phare à *Pouzol* et un autre à *Capréc;* un tremblement de terre fit tomber ce dernier quelques jours avant la mort de *Tibère*.

SORRENTO et MASSA. Le premier cap a une tour de garde, à $1\frac{1}{2}$ mille N. E. de *Capo di Massa*, également remarquable par une tour.

SAN-LORENZO (Torre), à $\frac{3}{4}$ mille vers le S. du cap *Corno*, et au O. N. O. de *Marciano*.

LICOSA. Deux tours sont sur des p^tes avancées, entre *Agropoli* et le cap *Licosa*, ext. S. du golfe de Salerne, qui a lui-même une tour de garde; du cap Licosa à l'ex. E. de l'île *Capri*, il y a 12 lieues N. O. $\frac{1}{4}$ O.

CIRELLA. Village à 9 lieues S. de *Policastro;* la tour *Cirella* est sur un îlot à un mille S.

SUVERO (Tour du cap), à 4 milles O. de *Sainte-Euphémie*, placée à 2 milles dans les terres.

SCYLLA (Château), à $2\frac{3}{4}$ milles S. E. $\frac{1}{4}$ E. de la p^te *Faro*, en Sicile : il se voit de très loin.

ARMI. Deux tourelles font reconnaître ce cap, qui se trouve sous le mont *Pentedactyle*, à $4\frac{1}{2}$ milles S. S. E. du cap *Pelare*.

PELARE (Tour du cap), à $1\frac{1}{2}$ mille S. de ce cap, est la tour et le télégraphe, sur une terre élevée.

SPARTIVENTO (Tour du cap), à la p^te S. E. de la Calabre et à 6 lieues E. du cap *Dell-Armi*.

PALERME (Fanal) (Sicile), au N. E. de la ville est un beau môle qui s'étend vers le S. à partir de l'arsenal à peu près $\frac{1}{4}$ mille, jusqu'à 9 à 10 brasses d'eau. Son ext. est surmontée d'un fanal très mal entretenu, comme le sont tous ceux de la Sicile et de l'Italie, quoique la construction en soit belle. 38° 8′ 15″ N., 11° 2′ 40″ E.

MILAZZO (Fanal). Le promontoire de Milazzo, qui est accore, excepté au N. O., où il y a quelques rochers au-dessus de l'eau appelés *Porcelli*, a sur son ext. N. un *petit fanal* mal entretenu, élevé de 264 pieds au-dessus de la mer, dont on peut approcher le côté E., en évitant le banc des Trois-Brasses près la p^te *Presso*.

En passant devant ce fanal pour aller à Messine, il faut prendre garde de ne point s'engager à l'intérieur du cap *Vaticano*, qui a plutôt l'aspect d'un détroit que l'entrée même du chenal du phare.

RASACULMO (Tour du cap). Vestiges d'une tour arabe à l'ext. de la p^te fertile du même nom, avec quelques rochers nommés *Pietre del Rais* à sa base; près des ruines de la tour est une tourelle télégraphique.

FARO (Phare). La p^te de *Faro* (*Pelorus* des anciens) est basse et sablonneuse; c'est sur son ext. E. qu'est le fanal, contruit il y a plus de 200 ans sur les ruines d'une ancienne tour fortifiée. 38° 16′ 5″ N., 13° 19′ 30″ E. Le feu est élevé de 70 pieds et formé par 24 lampes; il *est fixe*.

MESSINE (Fanal), *feu fixe*, à bâbord en entrant; la construction octogone a 108 pieds au-dessus de la mer. Sa lumière est si faible qu'on ne peut pas la distinguer parmi les nombreuses torches des pêcheurs qui couvrent le détroit. 38° 11′ 30″ N., 13° 14′ 25″ E

PUNTA SECCA (Fanal), à *feu fixe*, sur cette p^te, à 1050 pieds du fanal de Messine ; son élévation n'est que de 21 pieds.

SCALETTA (Tour), sur une p^te rocheuse à 12 milles de Messine ; elle commande la passe pour arriver de la côte E. de la Sicile.

SAN-ALESSIO. Tour avec télégraphe sur un rocher très remarquable, près la ville *Forza*.

SCHISO (Tour de la p^te), sur la côte de *Giardini*, à l'endroit où elle se projette en avant.

BIDAIS (Castellum). Vieille tour sarrasinique, curieuse, près de *Mascali*.

CATANE (Fanal). Petit *feu fixe*, élevé seulement de 22 pieds, à l'entrée de ce port. C'est un feu de pêcheurs.

RIPOSTO (Tour) fortifiée près d'une batterie.

AUGUSTA (Phare d'). Ce feu mal entretenu, mais élevé de 75 pieds, est sur la torre d'*Avola*, isolée mais très bien bâtie. En entrant, il ne faut point courir trop au S. du fanal, par rapport au banc dangereux nommé *Hybla*, à mi-chemin entre ce fanal et la péninsule *Magnisi*, qui n'a que de 3 à 5 brasses de fond. 37° 12′ 50″ N., 12° 53′ E.

MAGNISI. Tour vis-à-vis la péninsule.

AGUGLIA (Colonne d'), érigée par *Marcellus* en commémoration des avantages qu'il remporta sur les Siciliens, près l'ext. de la même pénin-

18

sule; c'est un piédestal carré surmonté d'une colonne circulaire dont l'ext. est abattue. Elle a néanmoins encore 3o pieds.

SYRACUSE (Phare). Lorsqu'on a doublé ce phare en entrant, on remarque deux colonnes d'un ancien temple de Jupiter, sur la côte opposée du port, qui, amenées en ligne, font passer la p^te et les dangers du port, pour conduire dans un chenal de 9 à 15 brasses. En entrant de nuit et en venant du N., on tiendra le fanal à l'O. et l'O. S. O., et on gagnera un chenal très sain, près la p^te *Maniace* ou p^te du fanal. En venant du S., on tiendra le fanal par le bossoir de bâbord, et lorsqu'on le relèvera à l'O. du N. O., on pourra entrer sans danger. Fanal par 37° 2′ 58″ N., 12° 57′ 35″ E. Il est élevé de 73 pieds et contient 12 lampes.

LOGNINI (Tour), sur une p^te avancée au S. du port de ce nom.

AVOLA (Remarque flottante d'). C'est vers le S. S. E. de la marine d'*Avola*, à 2 ou 3 milles, que se trouve le navire sur lequel on a construit une remarque, pour le service des pêcheurs ; au large d'*Avola*, la tour *Passaro* a l'air d'un navire sous voiles, vers le S.

VINDICARI et MARZAMEMI. La première de ces tours est armée, et la seconde fait reconnaître le port *Marzamemi*.

PASSARO (Tour), sur la p^te E. de l'île du même nom. Un phare sur cette p^te serait très utile, pour la navigation de la Méditerranée.

POZZALO (Tour). Près d'une batterie qui sert à la défense de la ville.

CAMARINO. Tour construite par les Sarrasins, à 2 ou 3 milles en dedans de la p^te *Plaja*.

PALU (Tour) remarquable, qui fait aisément reconnaître la côte d'*Alicata*, étant au-dessous d'une montagne.

GIRGENTE (Fanaux et tours). Une première tour nommée *Rosso* et la seconde *Rosello*, sont sur des p^tes d'un brun-rouge, qu'on distingue facilement des falaises blanches qui sont de chaque côté. Le petit fanal est à l'ext. du môle, par 37° 15' 39″ N. et 11° 12' 25″ E., pour indiquer l'entrée du port. Le grand fanal est sur la montagne qui domine le port, à la p^te O. Son élévation est de 210 palmes sur la mer. Le feu est produit par 9 lampes.

SAINT-MARC. Ce cap forme l'ext. O. de *Sciacca*; il est rouge et surmonté d'une tour carrée qu'on approche sans danger.

TRE-FONTANE (Tour de). Le port *Palu* est à mi-distance entre les caps *Saint-Marc* et *Granitola*; pour le reconnaître on gouverne sur la première tour à l'O. de *Menfridi*, 8 milles N. O. du cap Saint-Marc; le port est à 1 mille dans l'O.

GRANITOLA. Cap de sable très avancé et bas, environné d'un récif et l'ext. S. O. de la Sicile. Les côtes adjacentes étant très basses, on y sent tous les inconvéniens du manque d'un feu; par un temps chargé, on ne les voit qu'au moment de se briser ou lorsqu'on est entraîné par le courant irrégulier nommé le *Marobia*.

CALDARA. Tour blanche au S. E. de *Mazzara*.

THÉODORE et **FORNICHE** (Tours). A l'ext. de la baie qui s'étend depuis *Mazzara*.

VILLATA-ALTA et **CERNISI**, Tours destinées à la défense de leurs deux îles.

MIAGRANO, **NUBIA** et **CALCARA** (Tours). Elles sont, ainsi que la tour de *Théodore*, sur la côte qui s'étend vers *Trapani*.

SIGIA (Tour), qui défend l'entrée du port de *Trapani*, dont elle forme l'ext. N. O.

COLUMBARA (Phare), sur l'îlot de ce nom, près duquel on trouve 8 et 10 brasses d'eau, en relevant le fanal au N. $\frac{1}{4}$ N. E. Ce rocher domine la rade de Trapani. Ce feu a 30 lampes, est *fixe* et élevé de 113 pieds.

AGRA (Tour). Au nord du rocher *Cofano*.

SPALMADORA (Tour). Au S. O. de l'île *Ustica*, la plus O. des *Lipari*; excellente remarque pour aller à Palerme et les ports N. de la Sicile.

FORNICHE (Tour), sur la grande *Forniche*.

VALETTE (Phare), (Malte). Feu *fixe*, sur la tour ronde de Sainte-Elme, à $\frac{1}{2}$ lieue S. E. de la baie Saint-Julien et à l'ext. de la langue de terre sur laquelle la ville et son faubourg *Floriana* sont situés; Saint-Elme défend l'entrée des ports *Marsa Musceit* et *Porto Grande*. Ce feu placé dans une lanterne de 10 pieds de diam., est composé d'une lampe d'Argant; il peut être vu depuis le N. O. du monde jusqu'à l'E S. E. $\frac{1}{2}$ E., étant ainsi visible en mer dans un espace de 13 $\frac{1}{2}$ rumbs, ou 151°52'; le reste de l'arc est obscur et garni de réflecteurs. Ce feu n'est d'aucun usage aux bâtimens aussitôt qu'ils sont entrés dans le port de la *Valette*, ou dans celui de *Marsamusceit*. En venant du N. à l'O. le feu ne peut pas être aperçu avant de le relever plus au S.

que le S. E. du monde. On se trouvera alors à 1 $\frac{3}{4}$ mille de Gozzo. Ceux qui viennent du S. et de l'E. observeront que le feu ne peut pas être vu plus N. que l'O. N. O. $\frac{1}{2}$ O.

Si un bâtiment porte sur la barre de *Marsascala*, il doit virer de bord aussitôt qu'il perd le feu de vue ; il sera à 1 mille de l'écueil de 4 brasses.

BENHISA et DELLA MARRE. La tour de la p^te *Benhisa* ou p^te S. E. de Malte, est carrée et au S. $\frac{1}{4}$ S. O., un mille de la p^te *Della Mare*, également surmontée d'une tour carrée. Le récif de Benhisa reste au S. S. E. $\frac{1}{2}$ E, un mille de la tour de la p^te Benhisa.

SAINT-LUCIEN (Château). Sur un promontoire, vis-à-vis du port *Marsa Scirocco*, qui restant au N. N. O. $\frac{1}{2}$ O., est une exc. rem. pour le milieu du chen.

Suite de l'Italie. — Depuis le cap *Spartivento* jusqu'à celui de *Stilo*, sont plusieurs tours, mais on n'y trouve aucun port pour s'abriter ; est dans le même cas, la côte comprise entre le dernier cap et celui de *Rizzuto*, distant de 34 milles N. E. $\frac{3}{4}$ N.

RIZZUTO (Tour à feu). Ce cap étant très bas, on y a placé une *tour à feu* que l'on voit à une grande distance ?

'NAU ou COLONNE. Ce cap a une tour et un rocher à sa base ; il est à 14 milles N. E. $\frac{1}{2}$ E. du cap *Rizzutto*, et 5 milles S. E. de *Crotonne*. On donne à cette tour le nom de *phare*.

TARENTE (Golfe de). Les points extrêmes de cette baie sont la p^te del *Alice* et le cap *Santa-Maria di Leuca*, à l'E. N. E., 62 milles ; plusieurs tours sont sur la côte O. ; il n'y a aucun abri.

SAN-VITO (Fanal), à *feu fixe*, haut de 5o palmes, sur la p^te au S. E. de l'entrée principale et la plus S. de *Tarente*. Cette entrée a de 14 à 16 brasses d'eau. Le feu est à lampes garnies de réverbères.

RONDINELLA. Tour sur la p^te N. O. de *Tarente*.

OVO. Le cap et la tour de l'*Ovo* sont à 6 lieues E. S. E. de la p^te *San-Vito*.

SAINT-ANDRÉ (Fanal)? Sur une île devant Gallipoli, à 26 milles de la p^te *San-Vito*. Un banc s'étend à 2 milles dans l'O. et le N. O. de l'île Saint-André, sur lequel on trouve de 6 à 12 brasses.

CESAREO (Tour), à 4 lieues N. de *Gallipoli*. La côte comprise entre les caps *Leuca* et *Ottrante*, est protégée par de nombreuses tours.

CAVALLO. La tour du cap *Cavallo* est à 26 milles N. $\frac{1}{4}$ N. O. de la p^te *Orso*, espace qui a encore quatre autres tours.

BARLETTA (Fanal), à *feu fixe* sur le barrage qui protége le môle N. E.; on arrive au mouillage par 12 brasses, en amenant le phare au S. O. $\frac{1}{2}$ S., 2 milles $\frac{1}{2}$ de distance.

CALAROSCIA et FORTORE. La côte entre *Manfredonia* et la tour *Calaroscia*, n'offrant que peu d'abri, n'a point de remarques importantes; *Viesti*, *Peschisi*, *Rodi*, les îles *Pianosa*, *Tremisi*, *Termoli*, *Vasto*, *Ortona*, *Francavilla*, *Pescara*, *Guilianova*, et plusieurs tours sont sur cette côte sablonneuse, abandonnée au cabotage. La tour *Calaroscia* est à un mille E. de la p^te *Mileto*, roche qui se projette assez avant. A 13 milles au-delà de *Mileto* est *Fortore*, avec un magasin en forme de tour, visible à une grande distance ; on a un bon mouillage par 6 brasses, fond de sable , à 5½ lieues S. E. ¼ E. de *Termoli*.

ANCONE (Phare d'). Feu *fixe*, à l'ext. du môle qui forme le port. C'est sur sa p^te qu'on trouve une batterie, le phare, et tout près , un arc de triomphe en marbre blanc construit en honneur de Trajan. 43° 37′ 42″ N. , 11° 10′ 11″ E.

CAMISA. Dans une baie au côté O. de l'île *Lissa*, ville sous une montagne garnie d'une *tour de signaux*.

SINIGAGLIA (Fanal). Feu *fixe*, à 14 milles d'Ancône et à 4 lieues S. E. de *Fano*.

FANO (Fanal). A 2 lieues E. de Pesaro ; allumé lorsqu'on attend des bateaux. 43° 51′ 16″ O. N. , 19° 40′ 56″ E.

PESARO (Fanal). Feu *fixe*, allumé pendant toute la durée des nuits : il a 9^m au-dessus du sol et se voit à 10 et 12 milles.

RIMINI (Fanal). Feu *fixe*, par 44° 3′ 33″ N. et 10° 13′ 44″ E. Il y a un bon mouillage en dehors de la ville , par 5 et 6 brasses.

CESENATICO (Fanal). La ville de ce nom est à 4 lieues N. N. O. de Rimini ; le port n'est fréquenté que par des pêcheurs.

CERVIA (Fanal). Feu *fixe* à 4 milles au-delà de *Cesenatico*.

CORNISI (Fanal du port). Feu *fixe*. Description incertaine.

RAVENNE (Fanal). Feu *fixe* pendant toute la durée des nuits : il sert en même temps de signal de jour, pour l'entrée de la rivière.

VALONA (Tour). A 15 $\frac{1}{2}$ lieues N. $\frac{1}{4}$ N. O. de Rimini.

SAINT-MARC DE VENISE. Se voit d'assez loin : on arrive à un bon mouillage, près *Malamocco*, en tenant la tour au N. O. $\frac{1}{4}$ N. et la p^{te} *Lido* au N. $\frac{1}{4}$ N. O., 3 $\frac{1}{2}$ milles de la côte.

TRIESTE (Phare), à l'ext. du môle *Teresiano*, à 113^m 79 des brisans du môle. La tour est ronde, l'élévation du feu est 33^m au-dessus des eaux moyennes, il consiste en 42 lampes et il est visible à 12 milles, l'œil étant élevé de 12 pieds ; de sorte qu'on le voit de *Pirano* du côté de l'Istrie et des hauts-fonds de *Grado* vers la côte d'Italie. Pour le distinguer, on l'a rendu *tournant* par un écran qui se place devant le foyer de 30″ en 30″.

PROMONTORE (Phare), à *feu fixe* très remarquable sur cette pointe. On le voit d'une distance considérable, et il fait éviter les roches dont ce cap est environné. Ces roches, largement séparées, sont au S. de la p^{te} la plus distante, à plus d'un mille : comme il y a en outre plusieurs bancs, on doit prendre les plus grandes précautions en l'approchant. 44° 45′ 50″ N., 11° 34′ 30″ E.

ROVIGNO (Remarque de). C'est une longue perche sur un des îlots à l'entrée des deux ports de la ville : pour passer dans le meilleur chenal, il faut la laisser à l'O. On reconnaît en outre ce port du large, par le *Caldero*, haute montagne qui offre l'aspect de deux collines et reste à l'E. N. E. du mouillage.

SALVORE (Phare de la p^{te}). A 4 milles N. d'*Umago* ; la côte y est très basse et un grand récif s'étend à près de 2 milles S. S. O

Ce phare à *feu fixe*, est sur une des trois p^tes de Salvore, appelée *delle Mosche*, par 43° 27′ 40″ N. et 11° 8′ E., à 20 milles de *Trieste*, et très remarquable de loin. A la surface du chapiteau est la lanterne octogone de 11 pieds et haute de 14. Au centre est un candélabre, à 42 becs. Autour de la lanterne règne une galerie de 4 pieds, d'où part un bras pour signaler les bâtimens qui arrivent. Le centre de la lumière est à 34^m 76 au-dessus de la mer, et la lumière peut être aperçue de 42 230^m (1818).

TIGNOSO (I. Ioniennes), (Phare). Ce rocher a un fanal à une seule lumière, à 6 $\frac{1}{2}$ milles S. E. $\frac{1}{4}$ E. de la p^te *Sainte-Catherine*, ou p^te N. de Corfou, à l'entrée du chenal du N. ; au N. $\frac{1}{4}$ N. E. de la p^te N. E. de Corfou ; au N. de la *Serpa* ; à l'O. de la *Barchetta*, $\frac{1}{2}$ mille de distance avec 16 ou 18 brasses d'eau entre deux ; au N. $\frac{1}{4}$ N. O. de la côte d'Albanie, et à l'E. 19° S. E. de la p^te N. de l'île *Merlère*. Il sert à faire éviter les *Barchetta* et la *Serpa*, très dangereux.

CORFOU (Phare), sur la vielle citadelle ; lumière, de 240 pieds d'élévation, et qui se distingue depuis l'entrée du chenal N. de Corfou, et de quelque distance S. de la p^te *Lefkimo* dans le chenal S. ; il est utile pour guider dans le port Corfou.

LEFKIMO (Feu flottant). Lumière unique, mouillé près la p^te *Lefkimo*, dans le chenal S. de Corfou, par 5 brasses d'eau, une encâblure N. O. $\frac{1}{4}$ O. de la p^te N. E. du banc *Lefkimo* ; au N. $\frac{1}{4}$ N. O. du moulin au S. de la p^te Lefkimo ; au N. N. O. de l'ext. S. E. de Corfou ; au S. S. E. 13 $\frac{1}{2}$ milles du phare Corfou ; au N. O. 17° O. , 8 milles de l'île *Nicolo*.

GAYO (Fanal). Lumière *fixe* sur une tour au côté E. de l'île *Paxo*, sur l'îlot *Madona*, à l'entrée du port *Gayo*, par 39°11′30″ N. et 17° 52′5″ E. ? Il reste à l'O. 5° S. de l'ext. S. du banc *Paxo*; à l'O. 11° S. de l'ext. N. du même banc; au S. 19° S. E. de la p^le S. E. de Corfou ; au N. O. $\frac{1}{2}$ N. de l'ext. S. E. d'*Anti-Paxo*; et au S. E. $\frac{1}{4}$ S. de l'ext. N. de *Paxo* : ce fanal est utile pour les caboteurs qui vont à *Gayo* (port *Paxo*) et pour passer par le chenal S. de Corfou. Il est composé de 60 lampes à 107 pieds au-dessus de la mer.

PAXO (Phare), à la p^le N. O. de l'île. Il a 369 pieds au-dessus de la mer ; on y relève : la partie N. de l'île *Noire* (*isola Nera*), N. 33° E. ; la bouée du cap *Bianco*, N. 23° E. ; le château de *Parga*, S. 88° E.

Ce feu se voit au large de *Paxo*, depuis le N. $\frac{1}{4}$ N. E. en allant vers le N. ; en venant du S., entre Paxo et la terre, on ne le voit pas avant de le relever à l'O. $\frac{1}{4}$ N. O. Quand on le relève au S. $\frac{1}{4}$ S. E., on se trouve dans la direction d'une roche qui est à environ $\frac{1}{9}$ mille de la partie N. de l'île. Elle a 5 pieds d'eau avec 17 brasses tout autour. Les bâtimens qui viennent de l'O. pour passer entre *Paxo* et le cap *Bianco*, amèneront le phare *Paxo* au S. O. ; portant ensuite au N. E., ils n'auront rien à craindre de la basse qui se trouve au S. E. du cap *Bianco*. Quand on relève le feu *Gayo* au S. $\frac{1}{4}$ S. O., on est à l'E. de cette basse, et l'on peut porter plus au N. (*directions de la boussole*). Ce phare peut être relevé dans toutes les directions, excepté entre le N. $\frac{1}{4}$ N. E. et le O. $\frac{1}{4}$ N. O., où il est caché par les terres plus élevées de *Paxo* (1831).

MADONA de PAXO. On a fait placer sur cet écueil une tonne blanche avec de larges cercles noirs; mouillée par $4\frac{1}{2}$ brasses d'eau, à 50 brasses N. N. E. de la partie la plus haute de l'écueil. L'écueil de la *Madona* est à $1\frac{3}{4}$ mille de l'île *Paxo*. Il s'étend dans le N. O. $\frac{1}{4}$ N. Sa longueur est $1\frac{1}{4}$ sur $\frac{1}{2}$ mille de large.

PARGA (Citadelle), sur un rocher conique, à 250 pieds au-dessus de la mer; excellente remarque qu'on voit de très loin.

SAINTE-MAURE (Fanal), à *feu fixe*, élevé de 45 pieds au-dessus de la mer, à l'ext. du môle de ce port. En se dirigeant sur ce feu, il faut se garder de porter plus E. que le S. E. $\frac{1}{4}$ E., car il y a une p^te basse qui s'étend à distance.

CÉPHALONIE (Phare), sur la p^te S. E. de la petite île basse de *Guardiana*, à l'entrée de la baie d'*Argostoli*. Le feu *fixe* est élevé de 122 pieds au-dessus de la mer; il indique l'écueil et montre l'entrée du principal port.

THEODORE (Fanal de la p^te). Point encore terminé : ce feu *fixe* servira à éviter le banc qui part de cette p^te à l'entrée de la baie d'*Argostoli*.

ZANTE (Fanal et feu de port). Le fanal est sur la p^te *Krio-Nera*, ou p^te N. O. de la baie de Zante. Il s'élève à 60 pieds au-dessus de la mer, et sert à faire connaître l'ancrage et le banc qui part de cette p^te. Le cap *Capri* (Céphalénie) lui reste au N.

$\frac{1}{4}$ E. *Castel Tornese* (Morée) à l'E. $\frac{1}{4}$ N. E. La p^{te} *Basiliko* (Zante) au S. E. $\frac{1}{4}$ S.

Un petit *feu de port* est à l'ext. du môle, ayant 28 pieds au-dessus de la mer.

STROPHADES (Phare des îles), sur la p^{te} N. O. de la principale, à 127 pieds au-dessus de la mer. Le feu est produit par 70 lampes. On le voit à 14 milles. On y relève l'ext. O. de Zante N. 15° O. ; le sommet de la *montagne noire* de Céphalonie N. 2° O. ; le mont *Scopo* (Zante) N. 10° E. ; et le sommet de l'île *Prodano,* S. 51° E. *Rhumbs non corrigés.* (1829).

MODON. Il existe encore sur la plage quatre pilastres du moyen âge, qu'on croit être d'anciennes vigies.

CANÉE (Fanal de la), (Candie). Ce fanal, à feu *fixe*, a été renversé par un coup de vent, le 6 juin 1834; j'ignore si on l'a reconstruit.

ZEA. Le port de Zea est éclairé toutes les nuits par un petit feu *fixe*.

SYRA. Un feu *fixe* signale ce port ; il n'est pas très brillant et ne se voit qu'à une petite distance.

MINERNE SUNIADE (Ruines du temple), à 200 pieds au-dessus de la mer, elles se voient à une très grande distance. Seize colonnes du temple de Minerve sont encore debout?

ATHÈNES. Un petit feu signale actuellement l'entrée du Pyrée. On y distingue également plusieurs remarques ou fanaux ruinés.

RAPHTI (Statue du port). Une île, portant une statue, est une excellente remarque pour entrer ; elle a 298 pieds sur la mer , et est au milieu de l'entrée : on la laisse à petite distance, avec de 10 à 20 brasses d'eau des deux côtés.

SIPHANTO. Il existait autrefois un phare au port *Faro* de l'île *Siphanto*.

SALONIQUE (*Turquie*). Il existe deux feux dans le golfe de Salonique. Le premier, près le cap *Saint-Georges*; l'autre au cap *Panomi*.

LAGOS. Le phare près de *Lagos* est inconnu : la ville de *Parthenion* est nommée encore aujourd'hui *Fanaraki-Parthenium*.

GALLIPOLI (Phare). Feu *fixe*, sur la jetée à gauche en entrant dans le port intérieur; c'est une tour carrée surmontée d'une lanterne, formant une excellente remarque pour les navires qui montent ou descendent les Dardanelles; en tenant le feu au N. E ÷ E., on évite tous les dangers, en remontant le canal.

Il existait autrefois deux phares à l'entrée de Gallipoli; il paraît que le vieux phare au N. est en ruines, néanmoins la carte du capitaine Gauttier marque un fanal à cette p^te.

LAMPSAKI (Fanal). La carte de M. Gauttier marque un fanal sur la côte d'Asie, à l'E. de Gallipoli et au-dessus de Tcherdakh.

MARMARA (Fanal de l'île). La p^te E. de cette île se distinguait autrefois par un fanal dont les descriptions manquent. (Le capitaine Gauttier nomme *Ile du Fanal*, un îlot près de cette p^te.)

CONSTANTINOPLE (Phare). D'après *Vanhoogstraten*, il existait un phare à l'endroit occupé par le sérail. *Ammien Marcellin* dit que sur le promontoire *Ceras*, on voyait une très haute tour servant de phare ; qu'elle était sur l'emplacement actuel de Sainte-Sophie, le plus propre à la navigation, en venant du Bosphore ou de la Propontide. L'atlas publié en 1830 par *Taitbout de Marigny*, marque un fanal dans Constantinople, entre la p^te du Sérail et les Sept-Tours.

SCUTARI. Un grand phare à feu *fixe* est près Scutari, vis-à-vis Constantinople ; au bas de ce fanal, qui offre un des plus beaux points, est un pavillon impérial nommé *Fanari-Kiosk*. Il y existait déjà du temps de *Le Bruyn*.

Le plan dressé par *Choiseul-Gouffier* présente une autre tour à feu près du cap *Fener Bournou*, côte d'Asie, à quelques milles S. de Scutari. Il paraît que c'est le même que la petite carte d'Andréossy et celle de M. Gauttier ont nommé *Fener Baktcheci*; on y entretient aujourd'hui un feu *fixe*.

KHIS-KOULLECI (Fanal). Feu *fixe* sur la tour de *Léandre* (*Khis - Koulleci*, tour des filles) des Turcs ; elle est entre Constantinople et Scutari, mais beaucoup plus rapprochée de la côte d'Asie.

TERAPIA (Fanal). D'après la carte donnée par *Sanson*, il existait un fanal à la p^te N. de la baie *Terapia*. Enfin, un autre phare est indiqué sur cette carte, à quelques milles N. E. de Scutari ; le *Philaces turris*.

TIMÉE (Tour). Célèbre phare ruiné.

BOSPHORE (Phares du). A l'entrée de la mer Noire, on trouve un phare sur chaque côte, mais très mal entretenus. Sur la côte d'Europe, *Roumeli phener*, est à l'ext. N. O. du canal, *promontorium Panim*, près du château *Phanaraki*. Au pied du fanal est le groupe des *Cyanées*, dont l'un est surmonté d'un autel dédié à Auguste, présentant l'apparence d'une petite colonne.

Le fanal asiatique, le *Phener Baktchesi*, est sur le *promontorium Hereum*, au S. E. $\frac{1}{4}$ E., 2 milles de celui de Roumeli. Fanal d'Europe 41° 14′ 10″ N., 26° 46′ 45″ E. Fanal d'Asie 41° 13′ 0″ N., 26° 49′ 0″ E.

Une carte anglaise présente le fanal d'Asie comme ayant deux feux, l'un au-dessus de l'autre ; et le fanal d'Europe, comme ayant trois feux dans une position triangulaire ; enfin à 5 milles O. du dernier serait un autre feu qu'on allume dans un vieux château blanc ?

Il ne faut point compter sur ces fanaux et se défier des feux que les barbares allument sur les côtes voisines, dans de coupables desseins.

CHEBLER (Phare de la p^te). La carte de M. Gauttier y marque un vieux fanal. Le Portulan annonce que c'est une tour pyramidale qui servait autrefois de phare : on n'y entretient donc plus de feu.

DANUBE (Fanal du). La bouche *Soulinch*, entrée principale du Danube, a un fanal à feu *fixe* ; cette embouchure a 100 brasses de large et 3 de profondeur. On annonce que la tour est en ruines ? 45° 10′ 15″ N., 27° 20′ 35″ E.

KILIA (Amers). Sur la rive droite de la bouche du Danube qui conduit à Kilia, sont deux amers, mâtures surmontées d'un petit tonneau. La direction est S. 64° E.; elle conduit au milieu de la passe, sur la limite N. de laquelle on a placé deux balises et trois bouées. La première balise est à la p^{te} de terre qui s'avance dans la mer ; la seconde se trouve vers le milieu de cette langue de terre. La première bouée est entre ces deux balises ; les deux autres sont à l'O. de la seconde balise.

RUSSIE.

FONTAN ou ODESSA (Phare), à 6 $\frac{1}{2}$ milles S. du port de la quarantaine, à fort peu près sur le même méridien que la partie de la rade dite l'*observation*, attendu que la p^{te} du grand môle de la quarantaine n'est qu'à 0° 0′ 8″ E. du phare. Son feu est *fixe*, pour le distinguer du phare de l'île *Tendra*. 46° 22′ 20″ N. et 28° 23′ 20″ E. La hauteur du feu est de 62.^m sur la mer, de sorte qu'en négligeant les effets de la réfraction, un observateur, 5 mètres au-dessus de la mer, peut apercevoir la lumière à 19 milles.

KILBOURN (Feu flottant de la p^{te}). A l'ext. du banc que projette cette p^{te} ; sa lumière se voit de deux côtés, à 3 milles. On relève de son bord les deux balises *Berezane* au N. 85° 30′ O. ; les deux balises d'*Otchakow* N. 11° N. E. et les deux balises de la côte *Kilbourn* E. 54° 50′ S. Ce feu sert pour la navigation du limane du Dnieper. Le bâtiment a son bord peint en larges raies rouges et porte, sur son mât unique, un large pavillon rouge, remplacé la nuit par deux lanternes, la première à 35 et la deuxième à 23 pieds d'élévation.

OTCHAKOF (Feux). Deux phares sont marqués entre *Otchakof* et *Adjigole* (dans le limane du Dnieper), sur le Portulan de la mer Noire, au

fond de la baie qu'on laisse à bâbord en remontant le *Boug*.

SARIKOLIK (Feu du cap). Ce cap forme la
p^te O. de l'entrée du *Boug*. J'ignore quelle est la
nature du feu.

NICOLAIEF (Feu). En remontant le *Boug*, on
trouve un phare à bâbord, au coude de la rivière
nommé *Malaia Korenikha*, d'après le même Portulan.

TENDRA (Phare). Le réverbère du phare de
l'île Tendra, à 5 milles de son ext. qui porte une
balise, est composé de 3 courbes qui se joignent
en forme triangulaire. Un quinquet est placé vis-
à-vis du centre de chacune des 3 courbes, ce qui
produit un effet de lumière qui se distingue des
feux *fixes* et des feux *tournans* : il est à l'embouchure du *Dnieper* et du *Boug*. Ce phare a 28^m au-
dessus de l'eau ; il présente donc un feu *tournant*
dont la rotation entière s'achève en 4' : la lumière
augmente graduellement jusqu'à l'éclat, qui a par
conséquent lieu toutes les 1' 20''. 46° 18' 54'' N.
et 29° 11' 42'' E ? (1827)

Étant à la balise N. de l'île *Tendra*, on relève le
phare au S. 6° O. 5 milles ; la première des deux
nouvelles balises au S. 34° E., 9 ¼ milles ; et la
seconde au S. 61° E., 25 milles.

TARKHAN (Fanal), à feu *fixe ;* ce cap forme
la p^te O. de la Crimée ; on le nomme aussi *Eski-
Foros*. La direction de la lumière est entre le N.
N. O., l'O. et le S. S. E. On la voit à 17 milles. Ce
phare a 33^m 53 au-dessus de la mer. 45° 20' 42''
N., 30° 8' 59'' E.

CHERSONÈSE (Phare du cap). Feu *tournant* et à éclipses : il a été érigé pour guider à l'entrée de Sevastopol. Le cap *Crimée* est à 16 milles N. O. du cap *Balaklava*. Le *Portulan* (1830) dit que les éclipses de ce phare sont de 1′ et les temps de lumière de 3′. Sa direction passe de l'E. N. E. par l'O. jusqu'au S. E. $\frac{1}{4}$ E. Lat. N. 44° 33′ 45″, long. E. 31° 2′ 54″.

SEVASTOPOL (Feux). Il y en a deux au fond de la baie de Sevastopol : l'un près d'*Inkermane*, l'autre à 3 milles de là, sur la montagne *Mackensie*; le premier est dominé par le second, d'environ 210 pieds. Tous les deux n'ont qu'une seule face tournée vers la mer, et il faut les mettre l'un par l'autre, pour passer de nuit dans le chenal. Le plus rapproché se voit à 22 milles, et l'autre plus élevé, à 27 milles en mer. L'élévation du plus rapproché est de 128^{m}, et celle de l'autre, de 192^{m}.

BALAKLAVA (Phare). Au côté E. de l'entrée de ce port, mais qu'on n'éclaire pas, parce qu'il y a impossibilité d'y entrer de nuit.

AZOF (Feux de la mer d'). La navigation étant rendue difficile par des écueils et des bas-fonds, on a tâché d'y parer par deux phares de côte et cinq fanaux flottans. Les deux premiers existent maintenant, mais les derniers ont été mis hors d'état de servir. Taganrock a été invité à participer à l'entretien de ces établissemens; mais les frais considérables ne permettant pas de procéder à la fois au rétablissement de cinq fanaux, on s'est borné à réorganiser le service d'un seul bâtiment.

Cette embarcation a été placée à l'endroit connu sous le nom de *Dolgaia-Kosa*.

TAKLI. Un phare à feu *fixe* est sur ce promontoire à l'entrée du canal qui conduit dans la mer d'Azof, par 45° 5' N. et 34° 7' 30" E. Ce phare a 22^m 25, depuis le sommet jusqu'à sa base, et 51^m 21 jusqu'à la mer. Le feu peut être aperçu à 22 milles, quand on est élevé de 15 pieds.

YENIKALE (Phare). D'après le *Portulan*, il est sur le cap *Maiak* ou *Fanar*, à 2 ½ milles N. E. de la ville ; son feu est *fixe* et se voit à 18 milles dans la mer d'Azof. 45° 23' 15" N. 34° 19' 18" E.

BALESTRA (Phare du cap) à feu *fixe*, visible à 16 milles par 46° 57' 30" N. et 35° 6' 0" E. ?

TAGANROG fondée en 1706, à l'endroit où s'élevait un phare? Des balises ont été établies pour indiquer l'ext. des bancs qui limitent le chenal. 1°. Des *balises rouges à pavillon rouge*, sur la p^{te} N. O. du banc *Dolgoi*, par 19 pieds ; sur la p^{te} N. du banc des îles ou banc *Sazalnitskaia*, par 15 ½ pieds; sur la p^{te} N. du banc *Grec*, par 17 pieds. Ces trois bancs limitent le chenal vers le sud. 2°. Des *balises blanches à pavillon blanc*. Sur la p^{te} S. O. du banc *Krivoi*, par 16 pieds. Sur la p^{te} S. du banc *Zolotoi*, par 15 ½ pieds. Sur la p^{te} S. du banc *Petruchin*, par 15 pieds.

TURQUIE D'ASIE.

BABA (Phare du cap) (Anatolie). Le *Portulan* (1830) place un phare sur ce cap, sans dire si on y entretient encore du feu.

HÉRACLÉE (Fanal). Il existe à l'entrée du port une tour désignée sous le nom de vieux fanal. Elle est également signalée sur la carte de M. Gauttier. 41° 17′ 8″ N., 29° 4′ 32″ E.

BOSPHORE (Fanal d'Asie). *Voir* page 218.

SIGÉE (Tour). Selon *Lesches*, il existait une tour sur le promontoire, à un des endroits choisis postérieurement par Constantin pour sa nouvelle capitale. Les *Tables Iliaques* représentent ce phare et son inscription apprend que c'est sur l'autorité de *Lesches* que le dessin en a été fait.

METELIN (Phare). Le môle du port *Metelin* était terminé par un fanal : c'était une tour carrée, surmontée d'une lanterne à feu *fixe*.

SCIO. Deux phares indiquaient autrefois la route à tenir pour entrer.

PACHA-HUSSEIN (Remarque de la roche). Un signal blanc, érigé par *Hussein-Pacha*, est sur une roche à trois encâblures S. O. du grand promontoire *Boudroun*. On peut passer à l'extérieur à une encâblure de distance, par 6 brasses. En dedans du rocher, le chenal est très étroit, avec 3 brasses.

RHODES (Phare et remarques de). Le phare, par 36° 26′ 53″ N. et 25° 52′ 36″ E., peu apparent, est de la plus grande utilité : il suffit pour apprécier la distance à laquelle on peut laisser tomber l'ancre. Il est sur la tour Saint-Nicolas, carrée, à quatre tourelles, et à tourelle centrale où est le fanal.

La tour des Arabes (*Arab-Koulessy*) qui sert de prison d'état, a 150 pieds et se voit à une grande distance, de l'E. ¼ S. E. au O. N. O.

YANAR (Feu perpétuel du); à 4 milles vers le N. du port des Génevois (Caramanie), sur la côte d'une colline boisée, est une petite ouverture volcanique nommée *Yanar*, d'où sort une flamme brillante visible à plusieurs milles. Ce feu a servi de point de remarque depuis des siècles; *Pline* dit : *Flagrat in phaselitide mons chimœra et quidem immortali diebus ac noctibus flamma.*

CHITI (Tour du cap), (Chypre), servait autrefois de phare, sur une plage basse, à 11 lieues de *Gavate*. Il faut passer un peu au large par rapport aux brisans.

PILA (Tour), sur le cap à 3 $\frac{1}{2}$ lieues vers l'E. du cap *Chiti :* on dit qu'elle a servi de phare.

BLANC (Remarques du cap), (Syrie), à 13 milles S. S. O. de Tyre; roche calcaire élevée, couronnée par une église blanche (il serait possible qu'elle n'existât plus actuellement), excellente remarque pour reconnaître cette côte. Une autre non moins importante, est une tour au bord de l'eau un peu au N. du cap *Blanc*.

JAFFA (Tours); à 3 ou 4 lieues N. de Jaffa, est une tour carrée sur une p^te, semblable aux tours de Jaffa elles-mêmes; à mi-chemin entre cette tour et la ville, est actuellement un arbre immense, qui offre de loin l'aspect d'un pavillon à la tête d'un mât.

Les deux tours de Jaffa sont plates; en dehors de la ville est un récif qui s'étend du S. au N.; on peut mouiller à l'extérieur par 10 brasses, en amenant les tours au S. E.

BEYROUT. Il existait *autrefois* un fanal, à l'angle d'une fortification.

SAINT-JEAN D'ACRE (Phare). Le bâtiment auprès duquel on doit passer en entrant, existe encore, mais sans feu.

AFRIQUE.

DAMIETTE. Deux tours forment cette reconnaissance; l'une sur la p^te E. de la bouche du Nil, l'autre sur le rivage, plus E.

BOURLOS. Une grande tour blanche couronne ce cap, le plus N. de l'Égypte.

ALEXANDRIE (Phare). L'ancien phare d'Alexandrie, par $31° 12' 53''$ N. et $27° 32' 35''$ E., était le monument le plus fameux de ce genre et compté parmi les merveilles du monde. Sa hauteur était de 540 pieds ; *Josèphe* dit qu'on apercevait le feu de 14 lieues (300 stades). C'est d'après son nom qu'on a désigné toutes les constructions semblables ; il était dû à l'île *Pharos*, sur l'ext. E. de laquelle il était bâti et où il a subsisté pendant 1600 ans.

Il y a actuellement sur la même île, un phare et un pharillon, où on entretient des feux *fixes*; le phare est dans le château carré sur la p^te *Pharos*, et le pharillon sur une petite tour, à $\frac{7}{8}$ de mille E.

POMPÉE. Colonne remarquable du large, se présentant comme une voile; elle indique l'approche d'Alexandrie.

ARABES (Tour des), à 23 milles S. O. $\frac{3}{4}$ O. du phare d'Alexandrie; la côte y est dangereuse; un banc qui n'a que 4 brasses d'eau est à 3 milles de la côte dans le N. E. $\frac{1}{4}$ N. de la tour, et le O. N. O. $\frac{1}{7}$ O. de l'île *Marabout*.

PTOLEMAIS. Au rapport de Synesius, l'îlot *Myrmex*, au N. E. du port de *Ptolemaïs*, offrait autrefois un phare aux navigateurs.

ROMAINS (Tour des), à deux lieues de la rivière *Accoudi* (golfe de *Cabès*).

KERKENNIS. La plus S. de ces îles a une tour. Il est prudent de s'en tenir très éloigné.

BON. Un édifice couronne le sommet de ce cap, par 37° 4' 45" N. et 8° 44' 0" E.

CARTHAGE. Le cap a une tour de signaux sur son sommet.

GOULETTE (Fanal de la). Pour indiquer plus sûrement le mouillage de la *Goulette*, on y a installé un fanal de 6 pieds de hauteur et de 3 pieds de diamètre, à la tête d'un mât de 40 pieds ; il sert aussi à distinguer le port *Farine* de celui de la *Goulette*.

Ce fanal est mal entretenu, et sa lumière ne dure que jusqu'à dix heures.

ALGER (Phare d'). *Feu tournant*, à éclipses qui se succèdent de 30" en 30" sur la tour du môle. L'appareil est élevé de 37^m, et les éclairs peuvent être aperçus de 5 lieues ; les éclipses ne reparaissent totales qu'au-delà d'une distance de 2 lieues. Le petit feu fixe que l'on aperçoit dans les intervalles des éclats de l'appareil tournant, est produit par un appareil additionnel ; les meilleures marques pour arriver au mouillage sont : d'amener la terre la plus N., au N. O. $\frac{1}{4}$ N.; le fanal au N. O. $\frac{1}{2}$ O.; l'emb. de la rivière au S., et le cap

Matifou à l'E., par 22 ou 24 brasses de fond, à près de 2 $\frac{1}{4}$ milles de l'ext. du môle. 36° 47′ 20″ N.; 0° 44′ 10″ E.

ORAN (Fanal), à *feu fixe*, à droite de l'entrée du port, sur le fort *Mers-el-Kibir*. Sa portée n'est que d'une lieue, et son élévation de 26ᵐ. 35° 44′ 21″ N. 3° 1′ 25″ O.

Ce feu sera remplacé par un *feu varié par des éclats* de 30″ en 30″, visibles à 4 lieues. On présume qu'il sera allumé dans le courant de 1839.

TETUAN. Ce cap a une tour blanche qu'on aperçoit à une grande distance.

NEGRO (Tours du mont), à 7 $\frac{3}{4}$ milles S. du château de *Ceuta*, très élevé et d'un aspect noirâtre; son sommet a une tour carrée. Le cap, à 5 $\frac{1}{2}$ milles S. E. $\frac{1}{4}$ S. de Negrona, est d'une élévation moyenne; il est environné d'îlots et surmonté d'une tour.

SAINT-MICHEL (Feux), (Açores). Il y a sur cette île plusieurs fanaux : au sommet de la tour de la cathédrale de *Punte-Delgado*, 110 pieds au-dessus de la mer; ce fanal, à réflecteurs, serait alimenté par huit becs à gaz. A la pᵗᵉ E. de la baie (*Punta de la Galera*) est un autre fanal, à 9 milles S. E. $\frac{1}{4}$ E. du premier; et un troisième sur un pic situé au côté S. O. de l'île, près de la pᵗᵉ *Ferraria*. Très mal entretenus, on ne les voit qu'à 6 milles.

CAPE-COAST (Fanal), sur le fort William. Il est élevé de 204 pieds au-dessus des marées moyennes, et à 2 280 pieds de la mer. Feu *fixe* et le seul qui existe sur toute cette côte; on le voit à 7 lieues. En se dirigeant sur la rade du *Cape-Coast* on doit amener le feu au N. $\frac{3}{4}$ O., avoir soin de sonder et mouiller par 7 brasses, le feu étant alors à 2 milles. Ce feu sera d'une grande utilité pour empêcher de tomber sous le vent du fort, où l'on est souvent porté par le courant S. E. qui y règne pendant dix mois de l'année.

AMÉRIQUE (COLONIES ANGLAISES).

SAINT-JOHN (Terre-Neuve). Un *feu stationnaire* est éclairé toutes les nuits sur le fort Amherst, à l'entrée du port Saint-Jean.

SPEAR (Cap), Terre-Neuve. Un phare est sur ce cap, et un *feu tournant* y est allumé. Son élévation est de 275 pieds (anglais) au-dessus de la mer, et ses éclats, très brillans, ont lieu de 1′ en 1′?

MIQUELON (Fanal), sur la *Pointe à canon* (île Saint-Pierre), *feu fixe* allumé depuis le 1er mai jusqu'au 15 novembre. Il ne se voit que de l'intérieur de la rade, à moins qu'en dehors on ne soit dans la direction de l'entrée du S. E. Il serait superflu de chercher ce feu en approchant la terre, mais il est d'un grand secours dès qu'on est à l'entrée et que l'on a connaissance de l'une des passes.

ANTICOSTI. Sur la p^te S. O. de l'île, feu *tournant* et allumé du 25 mars au 31 décembre. 49° 23′ 53″ N. 65° 59′ 24″ O.

A 10 lieues E. du fanal, à un endroit nommé le *Shallop Creek*, et à 16 vers l'O., lieu nommé *Grand bay*, ainsi qu'au fanal lui-même, sont des dépôts de provisions.

HEATH-POINT (Fanal), à *feu fixe*, vers l'ext.

E. d'Anticosti, par 49° 5′ 20″ N., 64° 5′ 54″ O.

POINTE des MONTS (Fanal). Côté N. de la rivière vis-à-vis le cap *Chat*; lanterne à 100 pieds au-dessus de la mer. Ce fanal est sur la ligne N. 52° E. de la p^te *Carribon*, et peut se voir par-dessus et à l'E. de cette pointe. 49° 19′ 40″ N. 69° 45′ 20″ O.

SAINT-ROCH (Feu flottant). Dans la *traverse* entre 4 bouées qui indiquent le passage, près des villages Saint-Jean et Sainte-Anne. Ce feu est enlevé en hiver et change de place avec les sables.

GREEN (Ile). Sur une p^te qui se projette au nord, est un phare élevé de 70 pieds au-dessus de la basse-mer; feu *fixe*, allumé du 15 avril au 15 décembre; à 13 milles O. S. O. $\frac{1}{2}$ S. de l'île des *Basques*, 7 milles S. O. $\frac{1}{4}$ O. du milieu de l'île *Apple*, et 6 milles E. S. E. de l'île *Red*. Sa lumière se voit à 6 lieues. On ne doit pas trop approcher, car un banc s'étend à $\frac{3}{4}$ de mille dans le N. E. $\frac{1}{4}$ N. 48° 3′ 25″ N. 71° 48′ 54″ O.

SIDNEY (Havre de). En entrant à bâbord (Ile du cap Breton), est un fanal à feu *fixe* placé à la p^te E. de l'entrée, élevé de 160 pieds au-dessus de la mer. On annonce qu'un autre feu doit être installé sur la partie N. du même port.

LOUISBOURH (*Ile du cap Breton*). Un signal blanc est sur l'ext. E. conduisant au port, à l'endroit où était le fanal français; on le voit à une distance considérable.

Nota. *On reproche aux fanaux de la Nouvelle-Écosse, de ne point se distinguer suffisamment des fermes et autres maisons, particulièrement vers la fin de l'hiver, lorsque la neige ayant disparu de la terre, se maintient cependant encore à l'abri des maisons, et donne à ces dernières, un aspect absolument semblable aux phares, qui sont tous peints en blanc. L'autorité locale ferait donc bien de distinguer les phares par une remarque particulière.*

CRANBERRY. Le fanal de cette île est près le cap *Canso*; 45° 19′ 33″ N. et 63° 18′ 54″ O. Des rochers d'alentour, le brisant extérieur le *Bass*, de 3 pieds, est à plus de 2 milles E. 13° N. *vrai*, du fanal.

BRIER (Fanal de l'île). Feu *fixe*, sur sa partie O., sert à reconnaître *Ship Harbour*.

SABLE (Ile), au large d'Halifax; a plusieurs signaux de jour et un canon d'alarme pour les gros temps.

SAMBRO (Phare). Feu *fixe* à 210 pieds sur l'eau; deux canons d'alarme y font le service : ce fanal est au côté S. O. de l'entrée d'Halifax, par 44° 26′ 17″ N., 65° 55′ 40″ O.

A 2 milles E. $\frac{1}{4}$ S. E. du feu, est la roche *Henercy* qui n'a que 8 pieds d'eau; et à un mille E. N. E. de cette roche, est celle *Lokwood* qui a 12 pieds : elles ne sont que très peu connues, mais très dangereuses. Le cap *Sable* reste au O. S. O. $\frac{1}{4}$ O., 36 lieues du phare Sambro; la roche *Le Have* qui découvre à marée basse, O. S. O. $\frac{1}{2}$ O., 12 lieues; l'île *Green* O. N. O. $\frac{3}{4}$ O., 7 lieues; le cap *Le Have* O. $\frac{3}{4}$ S., 12 lieues; l'entrée de la baie de Liverpool O. $\frac{1}{4}$ S. O., 17 $\frac{1}{2}$ lieues; la p^te *Chebucto* N. E. 4 $\frac{1}{2}$ milles, et la p^te *Jedore* E. $\frac{1}{4}$ N. E. $\frac{1}{2}$ E., 24 milles.

SHERBROOK, sur la côte *Maugher*; tour à feu *fixe*, élevé de 56 pieds et visible dans toutes les directions; lorsqu'on est par le travers de *Chebucto-Head* ou lorsque le phare *Sambro* reste à l'O. S. O., le feu de la côte *Maugher* ne doit jamais être amené à l'O. du N. En le tenant entre le N. et le N. $\frac{1}{4}$ N. E., on évite l'écueil du cap *Thrump*. Ce feu reste au N. $\frac{1}{2}$ O. de la bouée du cap Thrump, 2 $\frac{1}{2}$ milles. Il est *rouge* pour le distinguer de tous les autres.

LUNENBOURG (Fanal), à feu *fixe*, sur l'île *Cross*; la tour et la maison du gardien sont rouges, tandis que la lanterne est noire. L'île *Cross* est à l'entrée du port, d'un accès facile. Ce port prend aussi le nom de *Malaguash*.

COFFYN ou **LIVERPOOL** (Fanal de l'île) par 44° 1′ 52″ N. et 67° 1′ 13″ O. Feu *tournant*, dont les éclats ont lieu de 2′ en 2′, en dehors de la baie, et élevé de 75 pieds. Il faut s'en tenir à une petite distance, par rapport au banc qui contourne l'île.

L'île *Hope* lui reste au S. O., 14 milles de distance, très dangereuse. Le cap *Le Have* E. N. E. $\frac{1}{4}$ E. 16 milles; l'île *Pudding-Pan* E. N. E. $\frac{1}{2}$ E., 3 $\frac{1}{4}$ milles; et la p^te du fort Liverpool O. N. O. 3 $\frac{1}{2}$ milles.

SHELBURNE ou **ROSEWAY** (Phare). Sur le cap, par 43° 37′ 30″ N. et 67° 39′ 4″ O., à l'entrée d'un port excellent. Blanc et très remarquable le jour par rapport à un bois touffu qui est derrière; on y allume la nuit deux feux, le premier à 125 pieds au-dessus de la mer, le second à un tiers du sommet, ce qui le distingue de *Sambro*, dont il

est à environ 30 lieues dans le O. S. O. ; 7 milles
N. E. $\frac{1}{4}$ N. du cap *Negro* ; 2 $\frac{x}{4}$ milles S. O. $\frac{1}{2}$ S. de
la p^te *Beny* ; 8 milles O. N. O. $\frac{1}{4}$ O. du brisant S. O.
des îles *Rugged*, et $\frac{3}{4}$ mille N. N. E. $\frac{1}{2}$ E. du rocher
Jig qui n'a que 6 pieds d'eau.

SABLE (Fanal). En approchant la baie *Fundy*,
c'est le premier feu *fixe* qu'on voit : il est sur la
p^te S. de l'île *South-Seal*, élevé de 80 pieds sur la
haute mer et à 16 milles O. N. O. $\frac{1}{4}$ O. du cap
Sable ; il se voit de tout l'horizon. 68° 20′ 20″ O.

La *Blonde*, roche qui se découvre à basse mer,
est à 2 milles S. S. O. du compas ; elle doit son nom
à la frégate qui s'y perdit en 1777. Tout autour on
a 7 et 10 brasses d'eau. A 1 mille à l'O. de la
Blonde sont des bas-fonds très dangereux présentant un aspect alarmant ; et à l'O. de l'île *Seal* est
le *Devil's limb* qu'on voit en tout temps.

Deux îles *Seal* à l'entrée de la baie de *Fundy*
ont des feux ; l'une est l'île *Seal-Sud* près le cap
Sable ; l'autre *Seal-Ouest* près le *Grand-Manan*.

BRIER (Fanal de l'île), au côté O. par 44° 13′
51″ N., 68° 47′ 15″ O., très mal entretenu. Le
feu est à 92 pieds au-dessus de l'eau. Il est au
N. 39 milles de l'ext. S. de la roche *Gannet* ; S.
S. E. $\frac{1}{4}$ E. 21 milles du brisant S. E. du *Grand-
Manan* ; N. 14 milles de *Trinity-Ledge* ; S. $\frac{1}{4}$ E.
45 milles des *Wolves* ; S. $\frac{1}{4}$ S. O. 47 milles de la p^te
Lepreau ; S. S. O. $\frac{1}{2}$ O. 69 milles de *Saint-Jean* ;
S. $\frac{1}{2}$ O. 4 $\frac{1}{2}$ milles d'un brisant nommé *N.-W. Ledge*
et 13 milles N. N. O. du cap *Mary*.

ANNAPOLIS (Fanal à l'entrée du bassin d'), sur
la p^te *Prim* ou *Digby*, à feu *fixe*. 44° 40′ 30″ N.,

68° 10′ 40″ O. Il a été détruit par un incendie en 1832, et depuis cette époque une lanterne est suspendue à un mât de signaux, ou à la fenêtre d'une maison : il est nécessaire de reconnaître ce point, pour ne pas confondre l'*entrée d'Annapolis* avec le *trou de Gulliver*, qui lui ressemble.

QUACO, phare à *feu tournant* sur une petite roche au large du cap Quaco, O. $\frac{3}{4}$ S. de la p^te *Saint-Martin;* les révolutions se font en 30″.

PARTRIDGE (Fanal de l'île) à l'entrée du port Saint-Jean par 45° 13′ 36″ N., 68° 21′ 30″ O. La lanterne est à 166 pieds au-dessus de la mer et la lumière très belle. L'entrée de *Saint-Jean* est à 11 lieues N. $\frac{1}{2}$ O. de celle d'*Annapolis,* et l'île *Partridge* à 2 milles vers le S. du port. A $\frac{3}{4}$ de mille N. de Partridge est une tour de signal que l'on peut approcher et qui occupe le côté O. du chenal. Elle est moitié blanche et noire dans la perpendiculaire, et munie d'une cloche de brouillards.

SAINT-JEAN. Une balise éclairée marque la p^te O. de ce port, qu'il est nécessaire de passer très près pour entrer.

LE PREAU (Phare du cap) a deux feux à 18 pieds l'un au-dessus de l'autre dans une grande construction blanche. Il faut s'en tenir au large.

GANNET (Phare) à *feu fixe,* sur un rocher de 40 pieds, à 6 milles S. S. E. de la p^te S. O. du *Grand-Manan;* 21 milles N. O. $\frac{1}{2}$ O. du fanal Brier. On l'a placé pour prévenir l'approche du rocher qui s'étend depuis le *Old proprietor* jusqu'à l'île *Seal,* 20 milles au large de Machias. Le *Old proprietor,* très dangereux, est à 7 milles E. $\frac{1}{4}$ N. E.;

Black-rock (découvert de 25 pieds), au large de White-Head, N. E. $\frac{1}{4}$ E. ; la p^te S. O. du *Grand-Manan*, N. O. $\frac{1}{2}$ N. ; la plus N. des roches *Murr* (qui se montre de basse-mer), N. O. $\frac{1}{4}$ N. ; la plus S. ou *Sainte-Marie* (découverte), S. O. $\frac{1}{2}$ O., et les feux de *Seal* O. à 12 milles O. $\frac{1}{4}$ N. O.

SEAL-OUEST. Deux phares existent sur la plus O. de ces îles, pour la navigation de la passe O. du Grand-Manan. Feux *fixes*, à 140 pieds O. N. O., et 50 pieds au-dessus des hautes eaux. Du plus O. des phares, on relève : le plus S. des bancs *Murr* E. S. E. ; le feu *Gannet* E. $\frac{1}{4}$ S. E., 12 milles ; la p^te S. du *Grand-Manan* E. N. E. ; le fanal *West-Quoddy* N. N. E. ; le fanal *Machias* sur l'île *Libby* N. O. $\frac{1}{4}$ O.

CAMPO-BELLO (Fanal), à l'ext. N. E. de l'île. Lanterne de 60 pieds au-dessus de la mer ; guide à l'entrée du grand chenal des *West-Isles*, de *Moose-Island* et de la baie *Passama-Quoddy*, ainsi qu'à *Head-Harbour*. 44° 57′ N., 69° 17′ O. On y relève : la p^te E. du *Grand-Manan* S. 18° E. ; le plus S. des *Loups* S. 66° 30′ E. ; le plus N. des *Loups* S. 87° E. ; la p^te *Le Preau* N. 84° E.

ÉTATS-UNIS.

C'est à la 13e édition de *The American Coast Pilot*, du savant M. Ed.-M. Blunt, que je dois les nombreuses rectifications sur les phares américains, dont le plus grand nombre a été relevé par lui ; c'est un devoir et un plaisir pour moi, d'en témoigner ici publiquement ma reconnaissance à l'auteur.

WEST-QUODDY (Fanal), sur la p^te O. de l'entrée de Passama-Quoddy ; *feu fixe* qui se voit à 7 lieues. Lanterne à 90 pieds au-dessus de la mer. On frappe une cloche pendant les brouillards, qu'on entend à 5 milles. 44° 54′ N., 69° 14′ 15″ O.?

MACHIAS (Fanal), sur l'île *Libby* à l'entrée O. de la baie Machias ; feu *fixe* à 60 pieds au-dessus de la mer. La roche *Sainte-Marie* à l'E. S. E. ; le fanal Gannet 13 milles E. $\frac{1}{4}$ S. E.; l'ext. S. du Grand-Manan E. $\frac{1}{4}$ N. E. ; l'ext. N. du même N. E. $\frac{1}{2}$ E.

MOOSE-PECK (Fanal), sur l'île *Mistake* ; feu *tournant* à 54 pieds au-dessus de la mer ; révolutions de 4′ présentant deux lumières et deux éclipses. A 6 lieues les temps sont égaux ; mais en approchant ceux de l'éclipse diminuent. A 5 ou 6 milles l'éclipse cesse ; mais alors les lumières sont comme 24 : 1. Ce feu est au S. O. $\frac{1}{4}$ O. du précédent.

TITMANAN. Dans la baie *Pleasant*, cette île a un fanal à sa partie S. à feu *fixe* produit par des lampes à 53 pieds au-dessus de la mer, par 44° 21′ N., 7° O., et à 2 lieues S. S. E. du port *Goldsborough*.

A 4 milles O. $\frac{1}{4}$ N. O. du fanal est le récif de *Moulton*, qui ne découvre que dans les marées basses. Un récif *sans nom* est à 5 milles S. E. $\frac{1}{4}$ E., qui n'a que 5 pieds d'eau ; enfin un autre récif avec 12 pieds d'eau, est à 4 milles S. S. O.

MOUNT-DESERT-ROCK (Fanal), à 6 lieues S. de l'île du même nom ; feu *fixe* élevé de 56 pieds au-dessus de la mer, connu sous le nom de *Ba-*

ker's Island Light, ce qui peut induire en erreur, puisque le fanal de Salem a déjà ce nom.

BROWN'S HEAD, à l'entrée O. de la passe de l'île *Fox*, petit fanal à feu *fixe*, élevé de 80 pieds au-dessus de la mer. (Baie *Penobscot*.)

CAMDEN (Fanal), sur le côté S. E. de l'île *Negro*; *feu fixe* élevé de 49 pieds au-dessus de la mer. La p^te *Barrit* au côté O. du port, est à $\frac{1}{2}$ mille S. O. $\frac{1}{4}$ S.; la p^te *Morse* est vis-à-vis du fanal, et forme le côté E. du port.

CASTINE (Fanal), sur la p^te *Dice*; feu *fixe* dans la baie *Penobscot*, à 116 pieds au-dessus de la mer. Très important pour cette navigation.

Un signal se trouve sur *Otter-rock*, au S. E. $\frac{1}{4}$ E. 1 mille; et à $\frac{2}{4}$ de mille E. de ce signal, en est un autre sur la roche *Hosmar*.

OLD-FORT-POINT, au-dessus de Castine; fanal à *feu fixe*, servant à indiquer la direction de *Prospect-Harbor*.

OWLS' HEAD, au côté O. de la baie Penobscot, N. $\frac{1}{4}$ N. E. du fanal *White-Head*. C'est sur la partie E. qu'est le phare à *feu fixe*, et à 147 pieds au-dessus de l'eau. Ce feu est à 12 milles S. $\frac{1}{4}$ O. de celui de *Camden*; la roche *Grave* lui reste à 10 milles N. $\frac{1}{4}$ N. E.

WHITE-HEAD (Fanal), à l'entrée O. de la baie *Penobscot*; lanterne à 58 pieds au-dessus de la mer, et renfermant un *feu fixe* visible à 4 lieues; 43° 59' N., 71° 18' 15" O. Ce fanal est à 7 lieues N. E. de celui *Manheigin*; un récif à $\frac{1}{2}$ mille S. $\frac{1}{4}$ S. E. du fanal, se montre dans les basses mers. Une cloche y est frappée 3 fois par minute dans les brouillards.

MANTINICUS ; sur l'île de ce nom à l'entrée de la baie *Penobscot,* sont deux feux *fixes* aux ext. d'une maison qui a 40 pieds sur 20 ; leur élévation est de 82 pieds au-dessus de la mer. Leur direction est N. E. ; 43° 50′ N., 71° 11′ O.

MANHEIGIN (Fanal de l'île), à l'entrée de *Penobscot,* muni de dix lampes à réflecteurs, garnissant deux côtés d'un carré long ; un des deux a une lumière rouge ; feu *tournant,* dont la révolution s'achève en 2′ 15″, à 170 pieds au-dessus de la mer. Il reste à l'E. N. E. du fanal *Seguine.*

FRANKLIN (Fanal), sur l'île de ce nom, ext. N., à l'entrée de la rivière *Georges,* et à 50 pieds au-dessus de la mer, feu *fixe.* 43° 54′ N., 71° 32′ 15″ O.? L'île *M'Cobb* est à 1 $\frac{1}{4}$ mille ; l'île *Otter* à 4 milles N. E. Un récif très dangereux dans la rivière *George* à 6 milles E. N. E. Le rocher *Western Egg* à une lieue O. $\frac{1}{4}$ S. O. ; celui *Eastern Egg* à une lieue S. ; de sorte que ces deux dangers restent à une lieue E. S. E. Ils se ressemblent et on ne les reconnaît que par leur position. On peut en sûreté se diriger sur ce fanal quand on le relève du N. E. $\frac{1}{4}$ N. à l'E. N. E.

PENMAQUID (Fanal de la p^{te}). Tour à feu *fixe* à 30 pieds au-dessus du sol et 75 au-dessus de la mer. 43° 48′ N., 71° 49′ O. au N. O. $\frac{1}{2}$ O. du feu *Manheigin,* 12 milles.

BURNT-ISLAND (Fanal), feu *fixe.* Cette île est à l'entrée de *Town's-end* (*Booth Bay*). Le fanal élevé de 56 pieds au-dessus de la mer, est au N. 2 milles de la p^{te} O de l'île *Squirrel* ; le récif *Bunting Ledge* au S. $\frac{1}{4}$ S. O. de l'île *Burnt.*

HERRING-GUT (Fanal), sur la p^te *Marchall*, élevé de 30 pieds et à feu *fixe*. On y relève : *Old Cilly*, 3 milles S.; *Black-Rock*, 1 ½ mille S. ½ O.; l'île *Henderson*, 1 mille S. S. O.; la roche *Gunning*, 1 mille S. E. ¼ S.; les *Deux-Frères*, 2 ½ milles S. E.

POND (Fanal de l'île). La lanterne a 52 pieds au-dessus de la mer et contient un feu *fixe*.

SEGUINE (Fanal), sur un îlot de la rivière *Kennebec*, feu *fixe* du plus grand éclat à 200 pieds au-dessus de la mer et visible à 9 lieues. 43° 40′ N., 72° 4′ O. Le fanal de l'île *Pond* est à 2 ¼ milles N. N. O. (*vrai*), le cap *Small* au N. O. Plusieurs récifs sont autour ; à ¾ de mille S. ¼ S. O. avec 5 brasses d'eau, le *Five-Fathom-Ledge*; *Ellingwood* au N. ¼ de mille ; récifs *Seguine* au N. N. E. ½ mille et toujours découverts ; le *Jack's-Knife* au N. O., 1 ¼ avec 8 pieds d'eau ; le récif de l'île *Wood* au N. N. O. 1 ⅛ mille avec 4 pieds d'eau ; le *Whale's Back* au N. N. E. 1 ¾ mille.

MARK (Colonne de l'île), remarque pour passer près *Harpswell* ou *Broad-Sound* et se diriger vers la côte entre les caps *Elisabeth* et *Small*. L'île *Mark* à l'entrée de *Harpswell-Sound* (mi-chemin entre *Portland* et la riv. *Kennebec*), à ¼ de mille de long.; son élévation est de 40 pieds. La colonne est au centre, à 50 pieds d'élévation, et à bandes noires et blanches, avec un sommet noir. De la colonne au cap *Elisabeth* S. O. ½ O., 13 milles. L'île ext. *Green* S. O. ¼ O. 6 milles. La roche *Half-Way* S. ¼ S. O. 4 milles. *Drunkard's Ledge* S. ¼ O. à S. ½ O., 1 ½ mille. *Mark-Island-Ledge* S. E. ¼ S., ¾ mille. P^te S. de *Jaquish* E. ½ S., 1 ½ mille.

L'île *Turnip* E. $\frac{1}{2}$ N., 1 $\frac{1}{4}$ mille. Cap *Small* E. $\frac{1}{4}$ S. E., 10 milles. *Whale-Rock* (hors de l'eau), S. O. $\frac{1}{4}$ O., $\frac{1}{2}$ mille. P^te N. de la roche *Haddock* N. O. $\frac{1}{2}$ O., $\frac{1}{2}$ mille. P^te S. O. de l'île *Haskel* N. N. O., $\frac{1}{8}$ mille. Milieu des îles *Eagle* O. N. O. $\frac{1}{2}$ O., 1 $\frac{1}{4}$ mille. Crique *Mackerel* E. N. E., 2 milles. (Relèv. du compas.)

HENDRICK'S HEAD (Fanal), feu *fixe, blanc,* élevé de 39 pieds au-dessus de la mer., à l'entrée de la rivière *Sheepscot,* par 43° 36′ N., et 72° 4′ 0″ O.? Après avoir laissé le feu *Seguine* au S., on gouverne N. E. jusqu'à relever le feu *Hendrick* au N. inclinant à l'O., ensuite on gouverne dessus en rangeant la côte à tribord.

PORTLAND (Fanal), sur une p^te à l'O. du port. Édifice en pierre de 72 pieds, indépendamment de la lanterne à *feu fixe,* qui a 13 pieds. 43° 35′ N., 72° 30′ O. Ce fanal est à 4 milles N. 1° E. de la pyramide *Elisabeth.* Du fanal au *New-Ledge* on a le S. 67° E. du compas, 6 $\frac{1}{4}$ milles ; à *Alden-Rock* S. 20° E., 6 $\frac{1}{2}$ milles ; au *Trundy-Reef* S. 15° E., 2 $\frac{1}{2}$ milles ; à la roche *Broad-Cove* S. 9° E., 3 $\frac{1}{4}$ milles. Au *Half-Way-Rock* E. $\frac{1}{2}$ N., 11 $\frac{1}{2}$ milles, au *Cod-Ledge* E. S. E., 7 milles. Var. 8° 30′ O.

L'observatoire de Portland a 141 pieds au-dessus de la mer ; le bâtiment a 32 pieds, il est surmonté d'un télescope. Sa distance au fanal est de 4 milles N. N. O. $\frac{1}{4}$ O. On y découvre les navires à 15 lieues et leurs signaux à 8.

ALDEN-ROCK, au large du cap Elisabeth ; une remarque le surmonte, de 20 pieds au-dessus de l'eau, portant un pavillon rouge, qu'on reconnaît à 6 milles. Deux bouées sont à 15 et 20 pieds en avant de la remarque. Cette roche dangereuse n'a que 4 pieds d'eau, de basse mer.

ELISABETH (Feux et pyramide du cap). La pyramide est à $\frac{1}{8}$ de mille N. O. de son ext. S. E. Blanche et noire, elle a 50 pieds sur le sol, et 125 au-dessus de la mer. De la colonne à l'ext. du récif *Trundy*, on a le N. 20° E. $2\frac{1}{2}$ milles ; au rocher *Broad-Cove*, N. 25° E. $1\frac{1}{4}$ mille ; au *New-Ledge*, N. 74 E. $6\frac{3}{4}$ milles ; à *Alden-Rock*, S. 61° E. $3\frac{1}{2}$ milles ; à la p^te E. de *Taylor' Reef* S. 41° E. 1 mille ; à la p^te O., S. 24° E. 1 mille. Var. 8° 30′ O.

Deux phares sont sur ce cap, marquant le S. O. 5° O. et séparés de 300 verges, et à la même distance du rivage. Les lanternes sont à 140 pieds au-dessus de la mer. Le feu N. est *fixe* et le S. *tournant*, montrant une lumière et une éclipse en 2′, visibles à 10 lieues. Du feu N., on relève *Alden s Rock* E. S. E. $2\frac{2}{3}$ milles. *Huc-and-Cry* S. S. E. $\frac{1}{2}$ S. $3\frac{3}{4}$ milles. *Taylor's Reef* S. S. E. $\frac{1}{2}$ E. $1\frac{1}{4}$ mille. Fanal du cap *Portland* N. 3° E. 4 milles. *Cod-Ledge* E. $\frac{1}{4}$ N. E. $\frac{1}{2}$ N. 5 milles. *Broad-Cove-Rok* N. N. E. $\frac{1}{2}$ E. $1\frac{1}{4}$ mille. *Wat-Ledge* (p^te du large) S. O. $\frac{1}{4}$ S. 2 milles. Côte S. E. de l'île *Richmond* S. O. $2\frac{1}{4}$ milles. Fanal *Wood* S. O. $\frac{1}{2}$ O. $10\frac{1}{2}$ milles. Fanal *Seguine*, E. 14° N., 24 milles.

WOOD (Fanal de l'île), à l'entrée de la rivière *Saco* au côté E. de l'île. Lanterne à 45 pieds au-dessus de la mer ; feu *tournant* visible à 8 lieues ; l'éclipse est totale à cette distance mais à 6 milles la lumière ne disparaît plus ; l'éclat est au minimum d'intensité comme 24 à 1. 43° 27′ N., 72°

39″O. L'île *Wood* est à 3 lieues N. E. du cap *Por-poise* et à 4 S. O. $\frac{1}{4}$ O. du cap *Elisabeth*.

PORPOISE (Fanal), sur l'île *Goat* à l'entrée du port. Feu *fixe* élevé de 33 pieds au-dessus de la mer et à 10 milles S. O. de celui de *Wood* ? C'est un mauvais port.

BOON (Fanal), sur une île très basse, d'un quart de mille de long, dont le fanal occupe le côté O. par 43°8′ N. et 72° 49′ O.; au S. E. $\frac{1}{2}$ S. du cap *Neddoch*, 2 lieues. Son feu *fixe* a 70 pieds au-dessus de la mer et visible à 7 lieues. Une maison habitée et un magasin sont tout près. De l'île au récif *Boon-Island-Ledge*, il y a 1 lieue E.; on doit manœuvrer de manière à l'éviter. *Agamenti-cus-Hill* au N. O. 5 ou 6 lieues, et le fanal *Wood* 12 lieues N. N. E.

PORTSMOUTH (Fanal). Feu *fixe* élevé de 90 pieds au-dessus de la mer. Il est sur la p^te Consti-tution, île *New-Castle*, côté O. du port. *Gun boat Shoal* est à 4 milles S. 4° O.

WHALE'S BACK (Phare). Au côté E. de Ports-mouth, par 43° 4′ 0″ N. et 73° 3′ 15″ O. Il atteint 58 pieds au-dessus des basses mers et a deux lu-mières *fixes* à 10 pieds d'intervalle. Le feu su-périeur a 10 lampes à réverbères et l'inférieur 5; en entrant on peut venir jusqu'à une encâblure du feu, en le laissant à tribord, par 4 brasses d'eau. L'ancien phare de *Portsmouth* reste au N. 39° O. 1 $\frac{1}{4}$ mille de *Whale's back*; *Western-sister* à l'E. 2 milles. La partie E. de l'île *Duck* au S. 44° E. 7 milles. Le fanal *Boon* au N. 78° E. 14 milles. La p^te d'*Odiorne* au S. 40° O. 1 $\frac{1}{2}$ mille. La bouée *Kitt's Rock* au S. 23° E. $\frac{1}{2}$ mille.

SHOALS (Remarque et fanal des îles). On a construit une église sur l'île *Star;* bonne remarque à 65 pieds au-dessus de l'eau que l'on voit à 8 lieues dans toutes les directions. Cette église est à 6 $\frac{1}{4}$ lieues N. $\frac{1}{2}$ E. des feux *Ann;* à 6 $\frac{1}{2}$ N. $\frac{1}{4}$ N. E. de *Pigeon-Hill;* à 6 lieues N. E. $\frac{1}{2}$ E. des feux *New-bury-Port;* à 3 $\frac{1}{4}$ lieues S. S. E. $\frac{1}{2}$ E. du fanal *Portsmouth;* à 4 $\frac{1}{4}$ lieues S. O. $\frac{1}{2}$ S. du fanal *Boon.*

WHITE (Fanal), sur la plus O. des îles Shoals ; lanterne à 87 pieds au-dessus de la mer, contenant 15 lampes à réflecteurs placées sur un *triangle tournant,* dont la révolution est de 3′ 15″, montrant une lumière rouge, une bleue et la troisième naturelle. A 9 milles il y a une éclipse totale de 15″, mais à 3 et à 4 milles on ne perd pas la lumière de vue. Ce feu se voit à 7 lieues. 42° 56′ N., 72° 58′ O. On y relève : le fanal *Portsmouth* 9 milles N. N. O. ; le fanal *Boon* 14 milles N. E. $\frac{1}{4}$ N. ; les feux du cap *Ann* 21 milles S. $\frac{3}{4}$ O. ; la maison de l'île *Star* $\frac{7}{8}$ de mille N. E. ; le banc de l'île *Cedar* 1 $\frac{1}{2}$ mille E. $\frac{1}{4}$ N. E ; le banc *Anderson* 1 $\frac{1}{2}$ mille S. E. $\frac{1}{4}$ E., et le banc de l'île *White* $\frac{1}{3}$ de mille O. S. O. Une cloche est tintée dans les gros temps, on l'entend à 4 milles, var. en 1817, 6° 48′ O.

NEWBURY. Deux feux *fixes* sont sur des tours séparées, à l'ext. N. de l'île *Plumb;* leur construction permet de les transporter d'un lieu à un autre, ce que motivent souvent les changemens des sables. 42° 49′ N., 73° 9′ O. Les fanaux sont toujours placés pour guider sur la barre et arriver au mouillage de 4 et 5 brasses, soit par le travers, soit entre les fanaux. La maison du gardien est un peu au S. ; un hôtel est situé à quelques milles , où les naufragés trouvent les premiers secours. Les roches *Badger* au N. O. $\frac{1}{2}$ N., $\frac{1}{2}$ mille des feux, couvrent aux deux tiers de marée ; on les laisse à tribord en entrant. Les *Black-rocks* à $\frac{3}{4}$ de mille N. O. , toujours découverts et à tribord en entrant. Les *Half-tide-rocks* sur lesquels est un môle et qui découvrent à mi-marée , sont à $1\frac{1}{2}$ mille O. $\frac{1}{4}$ S. O. des *Black-rocks*. On les laisse à bâbord. Celles *North-rocks* qui ont aussi un môle, au S. $\frac{1}{4}$ S. O. des *Black-rocks*, $1\frac{1}{2}$ mille , et ne se découvrent que dans les grandes marées : on les laisse à tribord. Le chenal est entre ces rochers et celles *Half-tide-rocks*.

ANNIS-SQUAM (Phare d'). Tour octogone, en bois, sur la p^te *Wigwam*, ayant 40 pieds et un feu *fixe*, à 50 pieds au-dessus des eaux moyennes. Au côté E. de l'entrée, ce fanal est blanc et le moins élevé de tous ceux de Massachusetts. 42° 42′ N., 73° 0′ O. Le fanal *Portsmouth* lui reste à 10 lieues N. $\frac{1}{4}$ N. E. et la barre *Newbury*, à 5 lieues N. N. O. Le rocher *Haradan*, au N. $\frac{1}{4}$ N. E. $\frac{3}{8}$ de mille, à bâbord en entrant : les *Lobsters* (sur lesquels est un monument de 17 pieds, dépassant les hautes mers de 5 pieds), sont à $\frac{1}{4}$ de mille S. O. $\frac{1}{4}$ S., à bâbord ; les *Bar-rocks*, à tribord, sont découvertes presque jusqu'à la haute mer.

ANN (Feux du cap), sur l'île *Tatcher*, à 2 milles E. de la p^te S. E. du cap *Ann*, limite N. de la baie Massachusetts : ces phares sont au N. $\frac{1}{4}$ N. E. $\frac{3}{4}$ E. l'un de l'autre. Les lanternes ont 90 pieds au-dessus de la mer et des feux *fixes*, que l'on voit à 7 lieues. 42° 39′ N., 72° 54′ O. Il y a passage entre l'île et le continent pour les petits bâtimens. Quand on découvre ces feux, on connaît sa position réelle, puisqu'on ne peut les confondre avec le seul feu tournant de Boston, ni avec les feux de Plymouth, où il y en a bien également deux, mais dont la distance n'est que de 11 pieds, tandis qu'à l'île *Thatcher*, ils sont séparés de $\frac{1}{3}$ de mille, et qu'on peut les amener en ligne, lorsqu'on est par le travers de l'île. Ils sont de la plus grande utilité, comme marquant les *Salvages* au N., et le *Londonner* au S.

TEN-POUND (Fanal de l'île), dans le port *Ann*; feu *fixe*; la base du fanal est de 25 pieds au-dessus de la mer et le sommet de 45 pieds. Le récif de l'île *Ten-Pound* reste au S. $\frac{1}{4}$ S. O. $\frac{1}{2}$ O., à $\frac{1}{4}$ de mille; il n'a que 6 pieds d'eau dans les basses mers et 10 brasses de diamètre. Un autre récif à l'entrée du port *Ann*, le *Round-Rock*, au S. S. O. $\frac{3}{4}$ O. du précédent. C'est un danger marqué par une bouée et dont le brassiage de 2 $\frac{1}{4}$ est uniforme; le sommet de la bouée est noir et reste à 1 $\frac{1}{8}$ mille S. O. $\frac{1}{2}$ S. du fanal *Ten-Pound*. Une bouée est également sur le récif *Cove-Ledge* (roches *Old-Field*), par 2 brasses; son sommet est noir et à $\frac{1}{7}$ mille S. $\frac{1}{4}$ S. O. du fanal. Une autre bouée est au côté O. du récif *Dog-Bar-Ledge*; à sommet blanc et par 2 brasses d'eau, à 1 $\frac{1}{4}$ mille S. $\frac{1}{4}$ S. O. $\frac{1}{4}$ O. A 30 brasses de la p^te *Norman's woe* est un rocher du même nom, de 30 brasses de diamètre; et à 100 brasses plus S., est un récif qui n'a que 7 pieds d'eau. Le cap *Ann* est assez élevé et garni de beaucoup d'arbres ; le *Pidgeon-Hill* s'y présente comme un canot renversé.

ANN (Fanal ?) On annonce qu'un fanal à *feu fixe*, a été établi sur la p^te E. de ce port ; il faut, en entrant, s'en écarter à 1 mille, de manière à relever le feu de l'île *Ten-Pound*, au N. N. E.; c'est alors qu'on laisse à bâbord la bouée à tête rouge, qui marque le banc qui s'étend de la p^te E.

BAKER. Les fanaux de Salem sont sur l'île *Baker*, côté S. de la principale entrée. 42° 33′ N. et 73° 8′ O. L'île a $\frac{1}{7}$ de mille de long. Ils sont séparés de 40 pieds, l'un a 72 pieds et l'autre 81 pieds d'élévation, sur la ligne N. O. $\frac{1}{4}$ O. Le plus élevé est au S. et se voit à 7 lieues. L'eau est profonde tout autour de l'île, mais il n'y a point de débarquement. Les côtes N. et E. sont élevées et rocheuses avec un chenal entre les roches S. et les brisans, mais dangereux à naviguer.

La p^te E. du cap *Ann* reste E. $\frac{1}{4}$ N. E. $\frac{1}{2}$ N. 7 $\frac{1}{2}$ milles de distance. *Gale's Ledge* où une bouée blanche marque 3 pieds d'eau de basse mer, N. E. $\frac{1}{4}$ E. $\frac{1}{8}$ E. 1 $\frac{3}{4}$ mille. L'île *House* à l'entrée de Manchester, N. N. E. 1 mille. *Saube's Ledge* dans Manchester, N. $\frac{1}{2}$ O. $\frac{3}{4}$ de mille. Partie E. de *Whale's Back* N. $\frac{1}{4}$ N. E. $\frac{3}{4}$ de mille. *Pelgrim's Ledge* (13 pieds d'eau) N. E. 1 $\frac{1}{3}$ mille. *Grande-Misère* N. $\frac{1}{4}$ N. O. $\frac{1}{4}$ O. 1 mille. *Misery-Ledge* (ayant 8 pieds d'eau) N. O. $\frac{1}{4}$ O. $\frac{1}{2}$ O., 1 $\frac{1}{4}$ mille. Partie S. de petite *Misère* N. O. $\frac{1}{2}$ N., $\frac{3}{4}$ de mille. Le *Dos-de-Baleine* (*Whale*) qui se montre aux deux tiers de marée, N. $\frac{1}{4}$ N. E. $\frac{1}{2}$ E., $\frac{3}{4}$ de mille. *Bowditch-Ledge* (avec une bouée noire à son ext. E. par 2 $\frac{1}{2}$ brasses d'eau) O. N. O., $1\frac{1}{4}$ mille. Partie N. des roches *Hardy* O. $\frac{3}{4}$ N., $\frac{5}{8}$ de mille. Partie N. de *Haste Rock* (surmonté d'un signal) O. $\frac{1}{2}$ N., $2\frac{1}{2}$ milles. Partie S. de l'île *Coney* O. $\frac{1}{4}$ S. O. $2\frac{1}{2}$ milles. P^te *Nagus* sur la côte *Marblehead* O. $\frac{1}{2}$ S. La roche *Gray* O. $\frac{1}{4}$ S. O. $\frac{1}{2}$ S., $2\frac{1}{8}$ milles. Partie N. de l'île *Aigle* O. $\frac{1}{4}$ S. O. $\frac{1}{2}$ S., $1\frac{1}{2}$ mille. Partie S. du col *Marblehead* S. O. $\frac{1}{4}$ O. Partie N. de l'île *Cat*, surmontée d'un tonneau de 40 pieds, S. O. $\frac{1}{4}$ O., 2 milles. Milieu de la p^te *Pope* S. O. $\frac{1}{4}$ O., $\frac{2}{3}$ de mille. Partie N. de *West - Gooseberry* S. O. $\frac{1}{2}$ S., $\frac{2}{3}$ de mille. *South–Gooseberry* S. S. O. $\frac{1}{4}$ O., $\frac{7}{8}$ de mille. *Satan* ou Roche-Noire S. O. $\frac{1}{4}$ S., $1\frac{2}{3}$ mille. *East-Gooseberry* S. S. O. $\frac{1}{2}$ O., $\frac{3}{4}$ de mille. Roche *Half-Way* S. $\frac{1}{4}$ S. E., 2 milles. Brisans S. de l'île *Baker* S. E. $\frac{1}{4}$ S., $2\frac{1}{4}$ milles. Roche *Archer* surmontée d'une bouée rouge et qui a 7 pieds d'eau S. O. $\frac{1}{4}$ O. $\frac{1}{2}$ O., $2\frac{1}{8}$ milles. Les brisans nommés brisans ext., int. et du milieu, forment un danger très étendu, depuis les rochers *Searl*, à près de 2 milles S. E., jusqu'à $\frac{3}{4}$ de mille dans l'O. ; ils sont à $2\frac{1}{4}$ milles depuis le S. E. $\frac{1}{2}$ S. au S. S. E. $\frac{1}{2}$ E. des feux *Baker*. Pour passer à l'E. de ce danger, il faut ouvrir le feu N. (ou le plus petit) un peu à l'E. du plus grand feu. Les roches *Searl* dont une petite partie se montre dans les basses mers, sont à $\frac{3}{8}$ de mille S. E. du feu S., et $\frac{1}{4}$ de mille S. E. de la p^te S. E. de l'île *Baker*. Il y a un bon chenal entre cette île et les roches *Searl*, mais il faut tenir l'île à 30 ou 40 brasses de distance : on y a 3 à 4 brasses d'eau dans les basses mers.

MARBLE-HEAD-ROCK. Un monument est sur

cette roche, blanc à la base et noir au sommet, ayant 15 pieds d'élévation. La route, depuis *Half-Way-Rock* au fort *Marble-Head*, est le O. $\frac{1}{4}$ N. O. $\frac{1}{2}$ N., 3 milles, laissant le signal de l'île *Cat* à tribord, et le monument de *Marble-Head* à bâbord ; ce dernier restant à $\frac{7}{8}$ de mille O. $\frac{1}{2}$ S. O. $\frac{3}{4}$ S. du premier.

HALF-WAY-ROCK (Pyramide de). Cette roche a 180 pieds de diamètre sur 40 d'élévation ; elle est presque à mi-chemin entre *Boston* et le fanal *Tatcher*. On y voit une pyramide de 15 pieds surmontée d'une flèche de 15 pieds, avec une boule de cuivre de 2 pieds. La roche *Satan* lui reste à 1 $\frac{1}{4}$ mille N. O. $\frac{1}{2}$ O.

BOSTON. Le feu du phare principal est *tournant*, sur l'île *Great-Brewster*, à l'entrée ; sa lanterne est élevée de 82 pieds au-dessus de la mer, le feu est visible à 9 et 10 lieues : à 7 ou 8 lieues, les temps d'obscurité sont doubles de ceux des éclats ; en approchant, les temps d'éclipse diminuent, et à 3 lieues on ne cesse plus de voir le feu ; mais alors le maximum est au minimum comme 44 à 1. 42° 20′ N., 73° 15′ O. On a construit deux maisons sur l'île *Nantasket*, pour secourir les naufragés. La grande entrée de *Boston* est entre le phare qu'on laisse au N. et la p^{te} *Alderton* au S. De cette dernière s'étend un banc marqué par une bouée rouge. De ce feu on relève la bouée blanche des roches *Harden*, S. E. $\frac{1}{2}$ S. La rouge de la p^{te} *Alderton*, S. S. E. La noire du banc *Centurion* O. S. O. La noire des roches de l'île *Georges* O. $\frac{1}{4}$ S. O. La p^{te} S. E. de l'île *Georges* O. $\frac{1}{4}$ S. O. $\frac{3}{4}$ S. Le signal du *Spit* O. $\frac{3}{4}$ S. P^{te} E. de l'île *Pettick* S. O. $\frac{1}{4}$ O. Roches ext. de *Cohasset* S. E. $\frac{1}{4}$ E. $\frac{1}{2}$ E. Le fanal *Long* O. $\frac{1}{2}$ N. Le fanal de la p^te *Race* à 11 lieues, et ceux du cap *Ann* 8 $\frac{1}{2}$ lieues S. O. $\frac{1}{2}$ S.

LONG (Fanal de l'île). Indépendamment du feu ci-dessus, Boston a un fanal à l'ext. N. de l'île *Long*, de 73 pieds de hauteur avec une lanterne de 7 pieds; la lumière *fixe* est produite par dix lampes. On le laisse à bâbord en entrant par le *Broad-Sound*. En passant des *Graves* (roches ext.) à l'île *Long* pour entrer par le *Broad-Sound*, on laisse deux bouées à bâbord; 1°. sur le récif *Devil's Back*, rouge et par 4 brasses d'eau; 2°. sur *Ram-Head-Bar*, noire et par 15 pieds d'eau, à l'E. N. E. du fanal *Long*. On laisse également une bouée blanche à tribord, sur la p^te N. E. de la barre *Faun*, dans 2 $\frac{1}{2}$ brasses d'eau ; le fanal *Long* restant au S. O.

Les autres entrées de Boston sont aussi indiquées par des bouées, mais elles sont si étroites, qu'on ne saurait passer avec un grand navire sans pilote; les bouées ext. sont enlevées en hiver à l'exception de celles immédiatement dans le voisinage; de même que celles de *Salem* et du cap *Ann*.

SCITUATE (Phare), sur la p^te *Cedar*, formant le côté N. du port Scituate, par 42° 12′ N. et 73° 3′ O. Il sert aux étrangers pour les empêcher de tomber dans la baie au S. dés roches *Cohasset* et au N. de *Scituate*, et leur faire éviter la p^te *Cedar*, basse et qui se projette dans la baie de Scituate; le port est très petit avec une barre où l'on n'a que 12 pieds d'eau de haute mer. Ce fanal est à

4 milles S. des roches *Cohasset ;* élevé de 30 pieds au-dessus de la mer, et a *deux lumières l'une au-dessus de l'autre ;* la supérieure *blanche*, l'inférieure *rouge*. Du fanal l'ext. N. de la p^te *Cedar* et le *Long-Legde* s'étendent 1 mille N. N. O., de manière qu'en se tenant un peu plus d'un mille N du fanal, on l'amène droit au S. et l'on évite les rochers ext. de *Cohasset ;* à ½ mille E. du fanal, on évite la p^te *Cedar*, *Long-Ledge* et le *First-Cliff-Legde*.

PLYMOUTH. Deux phares à *feux fixes* sont sur la langue de terre qui s'étend de *Marsh-Field* à la roche *Gurnet*, à 15 pieds l'un de l'autre ; ils ont 86 pieds au-dessus de la mer ; ces feux ne peuvent être mis en ligne du côté du N. à moins d'être à terre ; mais au S. cette position est nécessaire pour éviter le banc *Brown*. 42° 1′ N., 72° 56′ O. Lorsqu'on arrive du N. dans Plymouth, on ne doit pas tenir les feux plus au S. que S. ¼ S. O., afin d'éviter *High-Pine-Legde* au N. de la p^te *Gurnet*, 3 milles de distance. En venant du S. il ne faut pas ouvrir le fanal N. à l'O., mais les tenir l'un par l'autre, ce qui mène sur 5 brasses de fond près la partie E. du banc *Brown ;* et plus loin, à ½ mille de la p^te *Gurnet*, où l'on a 4 brasses.

Nota. Sur la côte *Salthouse* est une maison de secours, pour les naufragés.

BARNSTAPLE (Fanal). Feu *fixe* à l'entrée du port, dans les murs d'une maison et s'élevant de 16 pieds au-dessus.

BILLINGSGATE (Phare), sur l'île *Billingsgate*, entrée de la baie *Wellfleet*. Feu *fixe* à 5 lieues S.

O. $\frac{1}{4}$ S. dn fanal *Race*; il est élevé de 40 pieds au-dessus de la mer. A 10 et 11 milles O. $\frac{1}{4}$ S. O. $\frac{1}{2}$ S. et O. $\frac{1}{4}$ N. O. du fanal, s'étend un banc de sable dur, ayant 5 ou 6 milles de long, N. O. et N. N. O. On ne doit point s'aventurer dans la baie du cap *Cod*, sans pilote.

PROVINCE-TOWN (Fanal). Feu *fixe*, sur la p^te *Long*, à l'entrée du port, élevé de 25 pieds. En se dirigeant vers ce port on peut tenir le phare de la p^te *Race* à $\frac{1}{4}$ mille, gouverner au S. S. E. jusqu'à ce que le feu de la p^te *Long* reste au N. E. $\frac{1}{4}$ N. pour éviter la barre de *Wood-End*; ensuite on se dirige sur le fanal jusqu'à $\frac{1}{4}$ mille, on le passe et l'on se met à l'ancre par 5 brasses.

RACE (Phare du cap). Feu *tournant*, sur le même principe que celui de Boston, pour le distinguer de celui du cap *Cod*; on ne peut le voir en mer qu'autant qu'il reste par le S. S. O. $\frac{1}{4}$ S. Il est à 25 p. au-dessus de la mer, et à 155 pieds de la laisse de la haute-mer. 42° 5′ N., 72° 32′ O.

COD (Phare du cap). Près des *Clay-Pounds*, par 42° 2′ 22″ N. et 72° 24′ 46″ O. ; il a 200 pieds au-dessus de la haute mer. Son feu *fixe* se distingue à 6 lieues.

Sur la côte E. et déserte du comté de Barnstaple, du cap *Cod* à la p^te *Malabar*, on a placé plusieurs signaux et des barraques, où les naufragés trouvent du secours. Le cap *Cod* est bas et sablonneux.

CHATAM. Il y a deux fanaux à l'entrée de ce port, sur *James-Head* à 70 pieds au-dessus de la mer et à 70 pieds de distance ; ce sont des feux *fixes*, que l'on voit à 6 lieues ; ils servent pour se mettre en position par rapport aux bancs de Nantucket. Ils sont à 10 ½ lieues N. N. E. du phare de la p^te N. de cette île. On les change de position suivant les altérations de la barre qu'ils marquent en les tenant en ligne. Chatam est remarquable par son grand nombre de naufrages. 41° 41′ N., 71° 17′ O.

MONOMOY (Fanal de la p^te). Feu *fixe* de 25 pieds au-dessus de la mer. 41° 33′ 30″ N., 72° 20′ 55″ O. Cette p^te est séparée et forme un îlot.

BASS (Signal de la rivière), à l'E. de la p^te *Gammon*, entre les villes *Dennis* et *Yarmouth*, pour faciliter la navigation des îles Nantucket et de la grande terre. La mer l'enlève quelquefois.

GAMMON (Feu de la p^te), sert à faire reconnaître le port *Hyannes*. Le phare est blanc et se distingue bien du large ; le feu est *fixe* et élevé de 70 pieds au-dessus de la mer. 41° 37′ N., 72° 35′ 15″ O. ? Il faut se garder d'approcher à moins de 3 milles. Il est dans le N. N. O. des roches *Bishop-and-Clercs*, marquées par un signal.

CULLER'S LEDGE (Signal). On a dû placer un signal sur ce récif très dangereux, à 3 milles de la grande terre et à 8 milles O. ½ S. du fanal *Gammon* ; il assèche en partie.

NOBSCOE (Fanal). Feu *fixe* de 80 pieds au-dessus de la mer : sert au passage sur les bancs par le chenal N. dans *Vineyard-Sound* ; le feu *Holmes-Hole* lui reste à 4 milles S. E. ½ S.; l'ext. E. du *Middle-Ground* 3 ½ milles S. E. ¾ S.; le fanal *Gay-Head* 15 milles S. O. ¼ O.; le fanal *Tarpaulin* 6 milles O. S. O.; fanal *Poge* 14 milles S. E. ½ E.

NANTUCKET (Fanal de la p^te N.). Cette p^te se nomme encore *Sandy* ; son feu est *fixe* et élevé de 70 pieds. Du fanal au *Mouchoir carré* N. $\frac{1}{4}$ N. E., 4 $\frac{1}{2}$ lieues. Au banc *Stone-Horse* N. N. E. $\frac{1}{2}$ E., 3 $\frac{1}{2}$ lieues. Sandy-Point ou *Monomoy* N. $\frac{1}{4}$ N. E. $\frac{1}{2}$ E. 5 $\frac{1}{2}$ lieues. Au petit banc *Round-Shoal* N. E., 3 $\frac{1}{4}$ lieues. Au grand banc *Round-Shoal* E. N. E., 2 $\frac{2}{4}$ lieues. Au port *Nantucket* S. S. O., 2 $\frac{2}{3}$ lieues. Au banc *Tuckanuck* O., 3 lieues. A *Holmes-Hole* O. $\frac{1}{4}$ N. O., 9 lieues. A *Hyannes* N. O. $\frac{1}{2}$ N., 7 lieues. Var. 6° 30′ O. (1821).

BRANT (Feu de la p^te). *Fixe* à l'entrée du port *Nantucket* tribord en entrant ; sert avec le feu suivant, à franchir la barre.

NANTUCKET (Feu). Au côté S. du port, sur une terrre élevée à quelque distance de la côte ; c'est une petite pyramide qui renferme une lumière *fixe*. 41° 23′ N., 72° 23′ O. Ce feu ne sert qu'à passer la barre.

CROSS-RIP, *feu flottant*, par 7 brasses d'eau : à 200 brasses S. on a 11 pieds d'eau. En amenant le phare de la p^te Nantucket à l'E. S. E. et faisant route au O. N. O. on tombe sur le *feu flottant* et ensuite dans *Holmes' hole*. On y relève : le feu de la p^te Nantucket 14 milles E. S. E. ; l'île Tuckanuck, 8 milles S. $\frac{1}{2}$ E. ; le fanal du cap Poge 10 milles O. ; le fanal Gammon 12 milles N. $\frac{1}{2}$ E.

POGE (Feu du cap), sur la p^te N. E. de *Martha's Vineyard*. La lanterne a 55 pieds au-dessus de la mer, et un feu *fixe*. 41° 25′ N., 72° 45′ 15″ O. On y relève : p^te E. de *Holmes-Hole* N. O. $\frac{1}{4}$ O.,

7 ½ milles. Banc *Squash-Meadow* N. O. ¾ O., 5 ½ milles. Banc *Norton* E. ⅛ S., 7 ½ milles. Long banc de *Moskeeket* E. ¼ S., 8 milles. Banc *Tuckanuck* E. ¾ S., 14 milles. Ext. S. du banc *Horse-Shoe* E. ½ N., 13 ½ milles. Parties découvertes du même N. E. ½ N., 10 milles. Passe de *Horse-Shoe* E. N. E., 9 milles. L'île *Skiff* S. ¼ O., 9 milles. *Hawse-Shoal* S. E. ½ E., 3 ½ milles.

EDGARTOWN (Feu), sur la jetée *fixe* et, élevé de 50 pieds. En faisant route de l'E. pour entrer à *Edgartown*, on doit, lorsqu'on est à l'ext. E. du banc *Squash-Meadow*, par 3 brasses d'eau, amener le feu au S. et celui du cap *Poge* au S. E.; on fait route au S. S. E. pour dépasser le *Long-Flat* par 4 brasses d'eau; on continue jusqu'à ce que le feu soit relevé au S. O. ¼ S. : alors on gouverne au S. S. O. et on trouve 6 ½ brasses d'eau jusqu'à ce que le feu reste à l'O.; on gouverne alors au O. ¼ S. O. pour passer à une encâblure du feu à tribord et arriver au quai.

En venant de l'O. on se met par 5 brasses près du cap *Poge* et on suit la route précédente. Si l'on veut mouiller dans le port extérieur, on suit la même route jusqu'à ce que le feu reste au O. ¼ S. O., et celui de *Poge* au N. E. 5° E.; alors on laisse tomber l'ancre par 4 brasses.

HOLMES-HOLE (Fanal). Feu *fixe*, sur la p^te O. de *Holmes-Hole* élevé de 50 pieds au-dessus de la mer. 41° 28′ 30″ N., 72° 56′ 15″ O. ?

TARPAULIN-COVE (Fanal). Au côté O. de *Vineyard-Sound*, à bâbord en entrant; feu *fixe*, de 80 pieds au-dessus de la mer, qui se distin-

gue du feu tournant de *Gay-Head*, à 3 ½ lieues S.
O. ¼ S. 41° 28′ N., 73° 6′ 15″ O.?

GAY-HEAD (Phare). A la p^te S. O. de l'île *Mar-tha's Vineyard*, entrée du détroit. La lanterne a
150 pieds au-dessus de la mer et présente un feu
tournant, pour le distinguer du feu fixe du cap
Poge que l'on voit par-dessus les terres de l'île.
Les révolutions sont de 4′ et offrent deux lumières.
A 12 milles l'obscurcissement a lieu pendant les ¾
du temps ; à 3 milles on les voit toujours. 41° 20′
N., 73° 12′ O.

L'île *Noman's Land* reste au S. 8° O. du cap
Gay, 6 milles de distance. Le récif *Old-Man* au
S. ¼ S. E. entre les îles *Vineyard* et *Noman's-land*,
aux deux tiers de distance. Les récifs *Sow-and-Pigs* au N. O. ¼ O., 3 ½ lieues, très dangereux. A
2 ½ lieues N. E. est un banc qui n'a que 3 brasses
d'eau. L'île *Block* reste à 15 lieues O. ¼ S. O., et
le fanal *Newport* (Rhode-Island) à 11 lieues O. ¼
N. O. ½ N.

CUTTEHUNK (Phare), de 48 pieds à l'ext. O.
de l'île *Cuttehunk* ; feu *fixe* produit par 9 lampes
à réflecteurs : on ne saurait confondre ce feu avec
Gay-Head, tournant, qui lui reste au S. 42° E.,
7 ¼ milles. On y relève : la partie S. du récif *Sow
and pigs* très dangereuse au S. 56° O. 2 ½ milles.
La p^te *Mishom* N. 6° E. 6 ½ milles *Round-Hills*
N. 14° E. Roches extérieures des *Round-Hills* N.
18° E. Fanal de la p^te *Clark* N. 20° E. 12 ½ milles.
P^te O. de l'île *Pune* N. 34° E. 3 milles. Le fanal
Dumplin N. 18° E., 8 ½ milles.

DUMPLIN (Feu de la roche). Dans *Buzzards-*

bay. Lanterne sur une tour au centre d'une maison. Feu *fixe* à 43 pieds au-dessus de la mer. On y relève : le feu de la p^te *Clark* N. N. E., 5 milles. Bouée *Middle-Ledge* N. E. $\frac{1}{4}$ N. 5° N., 2 $\frac{1}{2}$ milles. Bouée *North-Legde* N. E. 3° E., 3 milles. Bouée *Great-Legde* E. 5° S., 2 milles. *Wood's-Hole* E. $\frac{1}{4}$ S. E., 15 milles. *Quick's-Hole* S. $\frac{1}{4}$ S. E. 3° E., 12 milles. Bouée de *Wilkes-Ledge* S. $\frac{1}{4}$ S. E. 5° E., 2 $\frac{1}{2}$ milles. L'île *Pine* S. $\frac{1}{4}$ S. O., 10 milles. Feu de *Cutte-Hunk* S. S. O., 12 milles. *Sow-and-Pigs* S. S. O. 5° O., 14 milles. P^te *Mishom* S. O. 5° O., 2 milles: *White-Rock* N. 5° E., $\frac{1}{2}$ mille.

CLARK (Fanal de la p^te). A l'entrée de *New-Bedford*; lanterne à 152 pieds au-dessus de la mer, et à feu *fixe*. 41° 35' N., 73° 15' O. On y relève : le récif de l'île *West* S. E. $\frac{1}{4}$ E. 6 milles, il est marqué par une bouée blanche. *Norht-Legde* S. $\frac{1}{4}$ S. E. ; *Middle-Legde* S. $\frac{1}{4}$ S. O. ; *Great-Legde* S. $\frac{1}{4}$ O. ; *Wilkes-Ledge* S. $\frac{1}{4}$ S. O. ; bouée de *West-Legde* S. E. $\frac{1}{4}$ E., 6 milles. Roche de *Old-Bartholemew* E. 26° N. ; *Quick's-Hole* S. 9° E. ; *fanal Dumplin* S. S. O. 4 milles. *White-Rock* S. 25° O. ; *Round-Hills* S. 29° O.

BIRD (Phare) à *feu tournant* côté N. de *Buzzards'-bay*, dans le port Rochester, par 41° 40' N., 73° 3' 15" O.? à 12 milles E. N. E. du fanal *New-Bedfort*. C'est un îlot qui s'élève de 5 pieds. Le fanal ainsi que les habitations voisines sont blancs. La tour de 25 pieds est surmontée d'une lanterne de 7 pieds où l'on allume 10 lampes munies de réflecteurs de 16 pouces, placées sur deux côtés d'un carré long tournant en 3' 30" pour la distance de 5 lieues, *maximum* auquel on peut l'apercevoir. Les temps de l'éclipse sont doubles de ceux de la lumière ; ils diminuent en approchant et à 2 milles ils cessent d'avoir lieu ; mais alors le *maximum* est au *minimum* comme 40 à 1. On y relève : la p^te S. de l'île *West* S. O. $\frac{3}{4}$ O., 10 milles. Le récif *West,* S. O. $\frac{1}{2}$ O., 11 milles. L'entrée N. de *Quick's-Hole* S. O. $\frac{1}{4}$ S., 25 milles. *Wood's-Hole* S. vrai, 10 milles. L'entrée de la rivière *Monument* E. N. E. $\frac{1}{2}$ N., 7 $\frac{1}{2}$ milles. *Wing's-Neck* E. $\frac{1}{4}$ N. E., 2 $\frac{1}{2}$ milles. L'ext. S. de l'île *Mashow* N. E. $\frac{1}{4}$ E., 4 $\frac{1}{2}$ milles.

BUZZARD'S-BAY (Remarq.). Plusieurs bouées sont dans cette baie, savoir : sur la côte O. : 1°. une jaune sur la partie S. E. de *Norht-Legde* par 2 $\frac{1}{2}$ brasses ; 2°. une rouge au centre du *Middle,* petit récif ; 3°. une blanche sur la partie S. E. de *Great-Ledge* par 3 brasses ; 4°. une noire sur la partie S. O. de *Wilkes-Ledge* par 2 $\frac{1}{2}$ brasses ; et au côté E. de la baie, une bouée blanche par 2 $\frac{1}{2}$ br. sur *West-Island-Ledge.* On les enlève en hiver.

NEWPORT. Le phare principal est à l'ext. S. de l'île *Conanicut,* p^te O. de l'entrée nommée *Beaver-tail ;* sur un terrain à 12 pieds au-dessus de la mer, par 41° 26' N. et 73° 46' O. Depuis la base jusqu'à la corniche il y a 50 pieds ; au-dessus règne une galerie qui comprend une lanterne de 11 pieds sur 8 de diamètre ; le feu est *fixe.* On y relève : la p^te S. E. de l'île *Block* S. O. $\frac{1}{4}$ S. Phare *Judith* S. O. $\frac{1}{4}$ S., 2 lieues. *Whale-Rock* O. $\frac{3}{4}$ S. Récif *Brenton* E. S. E. P^te S. de *Rhode-Island* E. $\frac{1}{2}$ S. Sommet de *Castle-Hill* E. N. E. P^te *Brenton*

N. E. $\frac{1}{4}$ E. Fort de l'île *Goat* E. N. E. Roche S. E. de *Dumplin* N. E. $\frac{3}{4}$ E. *Kettle-Bottom* N. E. Roche *Newton* S. à peu près 200 *yards*.

Un deuxième fanal est à l'ext. N. de l'île *Goat*, 5 milles N. E. $\frac{1}{4}$ E. de *Beavertail* et vis-à-vis *Newport*. Le feu est *fixe*; on y relève la côte O. de *Castle-Hill* S. O. $\frac{3}{4}$ O., 2 $\frac{5}{8}$ milles. P^te *Brenton* S. O. $\frac{1}{2}$ O., 1 mille. Roche S. de *Dumplin* O. S. O., 1 $\frac{5}{8}$ mille. *Conanicut-Ferry* O. N. O., 2 $\frac{1}{4}$ milles. P^te S. de l'île *Rose* N. O. $\frac{1}{4}$ O., $\frac{7}{8}$ de mille. *Gull-Rock* N. $\frac{1}{4}$ N. O. $\frac{3}{4}$ de mille. Côte O. de l'île *Coasters* N., 1 $\frac{1}{4}$ mille.

Un troisième fanal existe sur l'île *Ducth*, côté S., à feu *fixe* : cette île est dans le chenal qui sépare la grande terre *Washington* de l'île *Conanicut*.

WARWICK-NECK (Fanal) au S. de la péninsule, feu *fixe* à 14 milles N. $\frac{1}{2}$ E. du feu de l'île *Dutch* : on le laisse à tribord pour aller à *Warwick* et à *East Greenwich*. Il n'est d'aucun usage pour le dehors. Une bouée est sur *Long-Point*, à l'entrée du port *Greenwich* 1 $\frac{1}{2}$ mille du feu de Warwick ; on la laisse à bâbord en entrant.

NAYATT (Fanal) feu *stationnaire* servant à guider dans la rivière, baie de Narranganset. Il a 38 pieds au-dessus de la mer. 41° 44′ 0″ N. et 73° 42′ 24″ O. On y relève : bouée du banc *Conanicut* S. 35° 20′ O. ; p^te S. de *Warwick-Neck* S. 32° 30′ O. ; pyramide de la roche *Patucket*, N. 35° O.

POPLAR (Fanal de la p^te). Feu *fixe* près l'entrée du port *Wickford*, sur une maison.

JUDITH (Phare de la p^te) octogone, avec lanterne garnie de lampes suspendues à des chaînes pour les élever à volonté ; un éclipteur se meut autour et cache la lumière pendant 20″ pour la distinguer de celui de Newport qui est fixe ; ces éclipses ont des intervalles de 2′ 30″, excepté pour ceux qui viennent de l'O. et le long de la côte *Narraganset,* où il n'y a jamais d'éclipse ; la tour en pierre a 40 pieds et les lampes ont 60 pieds au-dessus de la mer. 41° 22′ N., 73° 51′ O. Le feu reste à 2 lieues S. O. ¼ S. du fanal de Newport. Ce feu *tournant* se distingue de celui de *Watch-Hill-Point*, en ce qu'il ne disparaît pas entièrement à 3 lieues de distance.

BLOCK-ISLAND. Deux phares à *feux fixes* sont sur la p^te N. O. de *Block-Island,* distans d'environ 40 pieds S. et N. et 62 à 64 pieds au-dessus de la mer.

La p^te s'étend en mer suivant le N. 8° ½ E., et assez loin pour rendre dangereux, aux vaisseaux d'un fort tonnage, de la traverser à moins de 2 milles des phares. On y relève le phare de *Montock* S. O. ¼ O. ¼ O. ; le phare *Judith* N. E. ¼ N. ; le phare *Watch-Hill* O. N. O. ; *Clay-Head* (sur Block-Island), S. E. ¼ E.; les roches au large de Clay-Head S. E. ¼ E. ½ E. ; la partie S. O. de Block-Island S. S. O. ¾ O.

Ces phares ayant été dernièrement reculés d'un tiers de mille au sud, il est probable que les relèvemens ci-dessus doivent s'en trouver changés.

WATCH-HILL (Fanal). Sur la colline à l'entrée de la passe de l'île *Fisher.* La lanterne a 50 pieds au-dessus de la mer et renferme un feu *tournant.* 41° 20′ N., 74° 7′ O.

STONINGTON (Fanal). Feu *fixe* sur l'ext. de la p^te de ce nom : à 2 milles N. O. $\frac{1}{2}$ O. de celui de Watch-Hill ; 1 $\frac{1}{2}$ mille N. N. O. $\frac{3}{4}$ O. de la p^te *Napor-Tree* ; 2 milles N. des roches *Catumbsett* ; 2 milles N. $\frac{1}{4}$ N. E. de *Wicopesset* ; 2 milles N. E. $\frac{1}{2}$ E. du récif *Latimore* ; $\frac{1}{2}$ mille E. $\frac{1}{2}$ N. du banc *Wamphasgett* et 5 $\frac{1}{4}$ milles E. $\frac{1}{4}$ N. E. $\frac{3}{4}$ N. de *North-Dumplin*.

NEW-LONDON (Fanal) au côté O. de l'entrée, lanterne élevée de 80 pieds au-dessus de la mer ; feu *fixe* restant à 2 $\frac{1}{4}$ lieues E. N. E. du fanal *Little-Gull* et au N. N. O. (9 milles) de la remarque *Race-Rocks*. 41° 21′ N., 74° 30′ O.

Plusieurs dangers sont marqués par des bouées dans les environs de *New-London* ; *Bartlett's-Reefs* à 8 milles N. O. $\frac{1}{4}$ O. $\frac{1}{2}$ O. des *Race-Rocks* ; *Little-Goshen-Reef* à 3 milles N. E. $\frac{1}{4}$ E. de la bouée de *Bartlett's-Reeff*, et 2 milles S. S. O. $\frac{1}{2}$ O. du fanal de *New-London*. Le récif du S. O. dont la bouée est à 7 $\frac{1}{2}$ milles N. $\frac{1}{4}$ N. O. de *Race-Rocks*, à 1 $\frac{1}{2}$ mille S. $\frac{1}{4}$ S. O. $\frac{1}{4}$ O. de la p^te E. du port de *New-London*, et à 1 $\frac{1}{2}$ mille S. E. $\frac{1}{4}$ S. du fanal.

SAYBROOK (Fanal) au côté O. de l'entrée de la rivière *Connecticut* ; élevé de 44 pieds sur la mer ; feu *fixe* à 6 lieues O. N. O. du fanal *Little-Gull*. 41° 17′ 15″ N., 75° 46′ 15″ O.

BARTLETT'S-REEF. (Feu flottant). On annonce que ce bâtiment a été placé depuis peu, pour faire reconnaître ce banc dangereux.

FALKNER (Fanal) sur la grande île *Falkland*, par 41° 14′ 50″ N. et 75° 6′ 64″ O. ; à 4 milles S. E. du fanal, on a 4 brasses d'eau, tandis que les côtes S. et E. sont dégagées de hauts-fonds. Feu *fixe* élevé de 75 pieds.

NEW-HAVEN (Fanal) sur la p^te *Five-Mile* à tribord en entrant. La lanterne est élevée de 35 pieds et contient un feu *fixe*. 41° 16′ N., 75° 17′ 15″ O. On y relève : le feu de la p^te *Stratfort* 10 ¼ milles S. 63° O. ; le *Middle-Ground* 14 milles S. 42° O.; la bouée d'*Adam's Fall* S. 50° O. ; la bouée du danger S. O., au S. 30° O.; le signal sur *Quick's-Ledge*, S. 1° E.; le feu de l'île *Falkner* 12 milles S. 74° E.

STRATFORT (Fanal). *Feu tournant* dont les éclats se succèdent de 90″ en 90″ ; il est au N. E. du fanal de la p^te *Old-Field;* au O. S. O. de *New-Haven* (10 milles) et au N. E. du fanal *Black-Rock* (4 milles). 41° 10′ 30″ N., 75° 28′ 15″ O.

MIDDLE-GROUND (Remarque). Banc dangereux au S. S. E. de la p^te *Stratfort ;* N. E. de la colline *Grover* (près du port *Black-Rock*), et N. ¼ E. de *Mount-Misery*. Sa longueur est 1 lieue N. E. ; le fanal *Euton's-Neck* reste O. ¼ S. O.; la partie d'où ces relèvemens ont été pris n'a que deux pieds d'eau ; à son ext. S. est une bouée *blanche*, et au N. une autre *noire*, par 9 pieds d'eau.

Nota. Un *feu flottant* a été mis sur ce banc ?

BLACK-ROCK (Fanal) à l'entrée du port *Black-Rock*, île *Fair-Weather*, par 41° 11′ 30″ N. et 75° 32′ 45″ O.; *feu fixe* à 40 pieds au-dessus de la mer.

NORWALK (Fanal) sur la p^te S. O. de l'île *Norwalk* (ou *Sheffield*) : son feu est *tournant* et montre un de ses côtés rouge ; ce qui le distingue de tous ceux du *Long-Island-Sound*.

CAPTAIN (Fanal de l'île). Feu *stationnaire* par 40° 59′ 0″ N. et 75° 53′ O. Élevé de 62 pieds. On y relève : le feu *Trog-Point* S. 41° 45′ O.; le feu *Sand-Point* S. 38° 45′ O. (10 milles); p^te *Martinicock* S. 10° O.; le fanal *Eaton's-Neck* S. 75° E. (15 milles.)

TROG-POINT (Fanal), feu *fixe*, sur la partie E. de la presqu'île *Trog*. La tour a 40 pieds au-dessus du sol. 40° 47′ N., 76° 10′ 15″ O.

GANGWAY et SUCCESS-ROCKS (Remarques de). La roche *Gangway* à 1 $\frac{1}{4}$ mille O. 28° S. du fanal *Sand's-Point*, a une bouée noire dans 19 pieds d'eau. La roche *Success* est indiquée par une flèche en fer. Comme il n'y a que 6 pieds d'eau sur le *Gang-Way*, il est très dangereux ; la roche *Success* découvre de basse mer.

STEPPING-STONES. Ces roches sont signalées par une bouée noire, par 19 pieds d'eau.

SAND'S-POINT (Fanal), à l'ext. du golfe de *Long-Island* ; lanterne à 40 pieds au-dessus de la mer, à feu *fixe*. 40° 51′ N., 76° 7′ 15″ O. Ce feu est à 4 $\frac{1}{2}$ milles N., 42° 30′ E. du feu *Trog-Point*.

EXECUTION-ROCKS. On a placé près de ces rochers une bouée à pavillon, par 19 pieds d'eau ; et un autre signal indiquant le S. O.; il faut avoir soin de les éviter.

EATON'S-NECK (Fanal), sur une éminence de 76 pieds et à 300 pieds de la mer ; l'édifice a 50 pieds et la lanterne est à 126 pieds au-dessus des hautes eaux. C'est un feu *fixe, unique*; le fanal est peint en bandes noires et blanches. 40° 57′ N., 75° 47′ 45″ O. Un récif s'étend à 1 mille de la partie N. N. E. d'*Eaton's-Neck*. Ce fanal est à 23 milles O. de celui de *Old-Field*.

OLD-FIELD-POINT (Fanal). Feu *fixe* de 67 pieds au-dessus de la mer, à 11 milles S. 9° O. du fanal *Stratfort* avec le *Middle-Ground* à mi-chemin; à 12 milles E. du fanal *Eaton's-Neck*; 11 milles S. 19° 4′ E. du fanal *Black-Rock*, et 19 milles S. 34° 28′ O. du feu *New-Haven*.

PLUMB (Fanal de l'île), sur l'ext. O. ; feu *tournant* à 63 pieds au-dessus de la mer; il montre le passage entre la p^te *Oyster-Pond* et l'île *Plumb* pour ceux qui vont à l'E., et pour doubler la p^te *Montock*, lorsqu'on ne peut pas sortir de la rade entre les îles *Fisher* et *Little-Gull*. Dans cette nouvelle route, appelée le *Plumb-Gutt*, on laisse le fanal à bâbord jusqu'à ce qu'on ait dépassé la falaise qui le porte, puis on court au S. E. $\frac{1}{4}$ E., jusqu'à relever le fanal *Little-Gull* au N. E. $\frac{1}{4}$ E., point d'où l'on peut se diriger vers le cap *Judith*. On y relève : le fanal *Saybrook* N. O. $\frac{1}{2}$ N., 15 milles; p^te *Pine* (partie S. O. de l'île Plumb) N. O. $\frac{1}{4}$ N. - de mille; p^te du port *Cherry* (partie S. O. de l'île *Gardner*) S. E. $\frac{3}{4}$ E., 6 milles; fanal *New-London* N. E. - N., 13 $\frac{1}{2}$ milles; île *Cedar* (à l'entrée du port *Sag*), S. S. O. $\frac{1}{4}$ O., 12 milles.

LITTLE-GULL (Fanal), sur la petite île à l'entrée du *Long-Island-Sound*, feu *fixe* à 50 pieds au-dessus de la mer; il est à 16 lieues O. $\frac{1}{4}$ S. O. de celui de *Judith*, et à 6 milles O. S. O. de la p^te O. de l'île *Fisher*. 41° 14′ N., 74° 36′ O.

MONTOCK (Fanal de la p^te), à l'ext. E. de l'île *Long*, au O. $\frac{1}{4}$ S. O. de la p^te S. O. de l'île *Block*,

4 lieues de distance ; et à 8 lieues S. S. E. de la p^te O. de l'île *Fisher*. Feu *fixe* élevé de 100 pieds au-dessus de la mer, et visible à 10 lieues. 41° 4′ 30″ N., 74° 12′ 5″ O. On y relève la partie S. de l'île *Block* E. $\frac{1}{4}$ N. E., 20 milles. Récifs E. (*ayant 6, 7, 8 et 9 brasses d'eau*) E. $\frac{1}{4}$ N. E., 1 $\frac{1}{2}$ mille. Récif Shagawanoc (qui a un signal) N. O. $\frac{1}{2}$ N., 5 $\frac{1}{2}$ milles. Ext. E. de l'île *Fisher* N. $\frac{1}{4}$ N. O., 17 milles. Fanal *Watch-Hill* à peu près N., 18 milles (1). *Race-Rock* (signalé par une flèche en fer) N. O., 16 milles.

FIRE (Fanal de l'île), sur la côte S. de *Long-Island*; feu *tournant* à l'E. $\frac{1}{4}$ N. E. du phare *Sandy-Hook*, 12 lieues. Ce feu est composé de 18 lampes et élevé de 80 pieds. A 1 mille S. du fanal s'étend un banc dangereux, où la sonde passe de 8 à 6 $\frac{1}{2}$ brasses puis immédiatement sur le banc ; la marée y est très forte.

NEW-YORK. On a placé plusieurs bouées pour guider dans cette baie; on les change selon les circonstances.

SANDY-HOOK (Phare). Feu *fixe*, qu'on découvre à 10 lieues ; il est muni de 18 lampes garnies de réflecteurs métalliques de 18 pouces; sa lumière a plus d'éclat qu'aucun autre feu de la côte. 40° 27′ 0″ N., 76° 22′ O.

Deux balises munies de lampes ont encore été élevées sur la p^te *Sandy-Hook*, pour la navigation

____

(1) Il y a un récif qui s'étend de l'île *Fisher* au fanal *Watch-Hill*, laissant un passage de demi-mille entre l'ext. E. du récif et la p^te *Watch-Hill*.

de la passe. Enfin un *feu flottant* serait mouillé à 15 milles de *Sandy-Hook*. (*Renseignement très incertain.*)

NEVERSINK (Phares), sur les hauteurs à l'entrée de la baie de *New-York*. Le feu N. est *fixe*, garni de 16 lampes, dont 6 au N. O., 7 au N. E., et 3 au S. Il est élevé de 246 pieds au-dessus de la mer; celui du S., *tournant*, garni de 15 lampes, achève sa révolution en 2′ 30″. Élévation au-dessus de la mer, 241 pieds. On les voit à 40 et 50 milles, ils sont à 300 pieds N. 23° O. l'un de l'autre. Ce promontoire est souvent la première terre qu'on découvre en mer ; le *Mont-Michell*, ayant 282 pieds.

Le télégraphe de *Neversink* est au S. 7° E. du phare *Sandy-Hook*, et au S. 10° E. du télégraphe de l'île *Staten*.

PRINCE'S-BAY (Fanal), feu *fixe* élevé de 106 pieds dont 30 pour le bâtiment et 76 pour le promontoire. On y relève : la p^te des collines *Never-sink*, S. 54° E. fanal *Sandy-Hook*, 10 milles S. 71° E.; bouée à l'ext. N. du *Middle-Shoal*, à l'entrée de la baie, S. 86° E.

STATEN (Fanal de l'île), feu *fixe* au côté O. de la passe, 8 ¾ milles N. 12° O. de *Sandy-Hook* ; par 40° 35′ 42″ N. et 76° 25′ 13″ O. Il est élevé de 89 pieds au-dessus de la mer. Sert à l'intérieur de la baie de *New-York*.?

MAI (Phare). Le cap *Mai* au N. E. de l'entrée de la *Delaware*, est sablonneux, et élevé de 12 pieds au-dessus de la mer. On y voit un phare qui a 60 pieds. Le feu est *triangulaire* et *tour-*

nant, très brillant; sa révolution se fait en 1', dont 10" pour l'éclat et 50" pour l'éclipse; on l'aperçoit à 25 milles. M. *Blunt* annonce que chaque révolution se fait en 3'.

Le chenal d'entrée par le cap *Mai* ne peut servir qu'à des navires tirant 10 pieds d'eau, à cause du bas-fond *Chute-du-Four,* ayant près de 5 milles depuis le cap *Mai* dans la direction du cap *Henlopen.* Le banc des *Cinq Brasses* est à l'E. N. E., 15 milles du cap *Mai.* On y a 12 pieds d'eau, et aux abords 9 et 10 brasses.

Le phare *Mai* est au N. 33° 30' E., 12 milles du cap *Henlopen,* et le feu flottant *Brandywine* lui reste à 9 $\frac{1}{4}$ milles N. O. $\frac{1}{4}$ O. $\frac{1}{2}$ O. 38° 57' N., 77° 18' O.

HENLOPEN (Phares). Au cap S. de la *Delaware,* est une colline de sable de 60 pieds où on a bâti une tour octogone, au haut de laquelle est le feu principal. Comme cette tour a 72 pieds, la lumière est à 132 pieds au-dessus de la mer. Elle est renfermée dans une lanterne de 8 pieds carrés, *fixe* et produite par 8 lampes; on la voit à 10 lieues. 38° 47' N., 77° 25' O.

A $\frac{3}{4}$ de mille N. 5° O. du grand phare et près de l'eau (ext. N. du cap) sur un rivage sablonneux, est un petit phare de 36 pieds, dont 6 pour le rivage et 30 pour la bâtisse; c'est un feu *fixe* visible à 6 lieues.

Quand on se dirige sur la rade *Old-Kilnroads,* après avoir amené ces deux feux en ligne, on approche le plus petit à une encâblure, puis on gouverne au O. N. O jusqu'à relever le grand phare au S. E. et on mouille par 4 brasses.

Près de terre est un bas-fond, la *Poule et les Poussins*, courant 6 milles S. E.; on ne doit pas en approcher au-dessous de 10 brasses d'eau, jusqu'à ce que le grand phare reste à l'O.; alors on approche le petit phare à la longueur d'une encâblure.

LEWISTOWN (Feux de port). Ce sont deux feux de signaux, en face des jetées, qu'on n'allume qu'en hiver.

BRANDYWINE. Feu *flottant* au côté O. du banc, 12 milles N. $\frac{1}{4}$ N. O. du cap *Henlopen* et O. N. O. du cap *Mai*. Il montre *deux feux* sur des mâts différens et n'occupe sa station que du 10 mars au 10 septembre.

DELAWARE (Feux flottans), le premier, à deux lumières, est sur l'accore S. O. du *Five Fattom Bank*, par 7 $\frac{1}{2}$ brasses d'eau; le phare du cap *Mai* restant à 15 milles O. 20° 30' N. Le centre de la partie du banc la plus élevée sur laquelle on trouve 12 pieds d'eau, au N. 28° E., 2 milles $\frac{1}{4}$. Ce banc s'étend $\frac{3}{4}$ de mille N. $\frac{1}{4}$ N. E. 2 ou 3° E., et S. $\frac{1}{4}$ S. O. 2 ou 3° O.; sa largeur est de $\frac{1}{2}$ mille et il est très accore du côté E. Comme il y a 12 brasses d'eau à $\frac{1}{4}$ mille dans l'E. on ne doit pas faire route sur ce feu en venant du N., tant qu'il restera entre le S. 14° O. et le S. 41° O. On trouvera 5 brasses d'eau à $\frac{3}{4}$ de mille dans le S. E. du feu (directions *non corrigées*).

Le second *feu flottant* est sur le banc *Brandywine*, accore N. O.

Le troisième *feu flottant* est sur le banc *Upper-Middle*.

23.

BOMBAY-HOOK (Fanal). Feu d'intérieur de la Delaware, ainsi que les suivans :

MAHON'S-DITCH (Fanal). Feu *fixe*.

MISPILLION (Feu de la p^te), dans une maison et servant aux navires tirant moins de 6 pieds.

COHANCY (Feu de la p^te), au côté N. de la baie, à bâbord de la crique.

CHRISTIANA. *Feu fixe* à tribord de l'entrée de cette crique, 4 milles au-dessus de *New-Castle* et conduisant à *Welmington*.

ASSATEAGUE (Phare), sur la p^te S. E. de l'île de ce nom, feu *fixe* qui concourt à assurer la navigation jusqu'à New-York ; il marque les bancs *Chincoteague*.

SMITH (Phare de l'île), à l'E. N. E. du cap Charles. Feu *tournant*, qui se distingue des feux des caps Henlopen et Henry, qui sont fixes.

HENRY (Phare), au cap S. de l'entrée de la *Chesapeake* ; feu *fixe*, élevé de 120 pieds au-dessus de la mer. 36° 56′ N., 78° 25′ O. Le cap *Henry* est à 12 milles S. $\frac{1}{4}$ S. O. du cap *Charles*. Ce feu ne se voit pas à une grande distance ; une maison est près du phare, où se tiennent les pilotes.

WILLOUGHBY (Feu flottant) à deux lumières, l'une plus élevée que l'autre (pour le distinguer du feu de la p^te *Comfort*) sur le banc Willoughby, par 3 $\frac{1}{2}$ brasses d'eau. On y relève le fanal de la p^te *Comfort* O. $\frac{1}{4}$ N., 2 milles. Le fanal de la p^te *Back-River* N. $\frac{1}{4}$ O., 3 $\frac{1}{2}$ milles. *Willoughby-Bluff* S. S. E., 2 milles. Les *Rip-Raps* O. S. O., 3 milles.

Les navires entrant ou sortant de la rade *Hampton*, ne doivent pas passer au S. de ce feu flottant. On sonne une cloche au besoin.

OLD-COMFORT (Fanal de la p^te), à tribord en entrant dans *Hampton-Roads*, O. S. O. , 5 lieues du phare *Henry*; le feu est *fixe* et sert à la navigation de la rivière *Norfolk* ou *James*. Lat. 36° 58′ 3o″ N. , long. 78° 36′ 15″ O.

CRANEY (Ile). Feu *flottant* unique, à la tête de son grand mât et à l'ext. du banc de l'île, dans la rivière *Élisabeth*, par 4 ½ brasses.

BACK-RIVER-POINT (Fanal). Feu *tournant* élevé de 4o pieds. On y relève le cap *Henry* 16 milles S. E. ¼ E. ; le fanal *Old-Comfort* 5 ½ milles S. S. O. ; le *New-Comfort* 13 ¼ milles N.

NEW-COMFORT (Fanal de la p^te), au côté E. de la baie *Mock-Jack*, au N. de l'entrée de la rivière York; feu *fixe*.

La p^te de sable s'étend de ce cap à 5 milles S. E., où il n'y a que 3 brasses d'eau.

SMITH (Feu de la p^te), à l'entrée de la Potomac; feu *fixe*, par 37° 52′ 3o″ N. et 78° 37′ 15″ O. ?

— (Feu flottant). Un banc de sable s'étend de la p^te Smith dans la baie ; on a placé à son ext. un feu *flottant* par 4 ¾ brasses, à deux feux et à l'E. ½ N., 3 milles du fanal *Smith*. On doit éviter de passer entre ces deux feux.

RAPPAHANNOCK. Feu flottant sur la p^te *Windmill.*

BOWLER'S ROCK, à l'intérieur de la rivière *Rappahannock ; feu flottant.*

WOLF-TRAP. Feu flottant pour signaler le banc de ce nom.

UPPER-CEDAR. Feu flottant près la p^te de ce nom.

23..

POTOMAC. Feu flottant par 5 brasses d'eau, à la p^te S. E. de la barre d'*Ycate*, où la p^te aux *Cèdres* reste à 1 ¾ mille dans le N. E.; c'est le *Narrows-of-Potomac-Light*.

FOG'S POINT (Fanal). Feu *fixe* à l'ext. N. de l'île Smith. Le fanal de la p^te *Smith* lui reste S. 38° O.; la p^te *Windmill* S. 16° O.; la p^te *Stingray* S. 15° 45′ O., et la p^te *Lookout* S. 85° 20′ O.

LOOKOUT (P^te). Fanal à feu *fixe*, particulièrement utile à la navigation du Potomac.

HOOPER. Feu flottant dans le détroit de ce nom.

COVE (Fanal de la p^te). Feu *fixe* à 50 pieds au-dessus des eaux. On voit ce feu après avoir passé le précédent. Il ne faut point l'approcher trop près.

THOMAS (Fanal de la p^te), au S. de l'entrée d'*Annapolis*, feu *fixe* à bâbord en entrant. Au S. E. de la p^te est un banc qu'il faut être soigneux d'éviter, attendu qu'il est accore. La maison du gardien est entre deux noyers, près le fanal. En entrant à *Annapolis* on passe trois petites îles, à bâbord, les *Sœurs*, au-dessous de la rivière *South*.

BALTIMORE (Feux de l'entrée). Le premier de ces feux *fixes* est à la p^te S. nommée *Bodkin,* dans la Chesapeake.

Deux autres fanaux sont à la p^te *North,* au N. ¼ N. O. ½ O. du feu *Bodkin*.

Un banc s'étend 1 mille de la p^te *North;* on y a 12 pieds d'eau. Tout auprès est une bouée noire par 18 pieds, qu'on laisse à tribord en entrant.

Il y a vingt bouées dans le chenal, mais on ne doit jamais s'y risquer sans pilote; elles sont mal entretenues, et l'hydrographe M. *E. Blunt* en fait le reproche à son gouvernement, qui salarie un agent incapable d'en apprécier l'importance.

CONCORDE (Fanal de la p^te) à *feu fixe*, près *Havre-de-Grace*, à l'entrée de la *Susquehana*.

POOLE (Fanal de l'île). Feu *fixe* pour indiquer le chenal O., qui n'a que 7 pieds d'eau.

Indépendamment des feux de la Chesapeake ci-dessus, il peut en exister quelques autres pour le service purement local.

ROANOKE (Phare) à l'entrée S. du marais *Roanoke*, entre les détroits *Albemarle* et *Pamtico*. Il est possible que le feu soit distingué par un navire près de terre, la distance à l'Océan n'étant que de 10 milles et le feu du cap Hatteras au S. d'environ 50 milles. La hauteur de ce phare est de 30 pieds au-dessus du sol.

Nota. A l'intérieur, dans les mers d'*Albemarle* et de *Pamtico*, sont plusieurs feux flottans, savoir : 1°. sur le banc *Long-Shoal*; 2°. à la p^te S. O. du banc *Royal-Shoal*; 3°. sur le banc *Nine-Feet*; 4°. à l'emb. de la *Neuse*; 5°. sur le banc *Brant-Island-Shoal*; 6°. sur le banc *Wade's-Point-Shoal*; 7°. près l'île *Roanoke*; et 8°. à l'emb. de la riv. *Roanoke*.

HATTERAS (Phare du cap). *Feu fixe*, dans une construction blanche à 37 lieues S. S. E. du cap *Henry*. Les bancs qui l'entourent s'étendent à 8 milles S. E., avec 5 et 6 brasses d'eau aux extrémités. Le plus dangereux qui n'a que 9 pieds d'eau, est à 4 milles du cap; on l'appelle le *Diamant*. Il y a passage entre la côte et ce banc pour les petits bâtimens; cependant le plus sûr est de se tenir en dehors par 10, 12 et 15 brasses.

Le phare du cap *Hatteras* qui a 95 pieds d'élévation a une belle lumière qui se voit au large des bancs sur 9 et 10 brasses, avec 10 pieds d'élévation au-dessus de l'eau ; et sur 20 et 25 brasses, lorsqu'on est sur un grand navire.

Comme les bancs se sont étendus depuis la construction de ce phare, il se trouve actuellement à 1 $\frac{1}{4}$ mille de la p^te extrême.

HATTERAS (Feu flottant), stationné par 20 brasses. Il porte deux lumières, l'une à 60 et l'autre à 45 pieds d'élévation. Le phare du cap lui reste à 11 milles N 50° 57′ O., et l'*écueil sud* 4 $\frac{1}{2}$ milles S. 78° 45′ O. Par un vent du S., le courant se dirige au N. N. E. 2 milles à l'heure, et par un vent de N., au S. S. O. également 2 milles. La distance entre les écueils et le bâtiment permet de passer entre deux sans aucun risque. On estime que le courant du golfe en est à 30 milles. Ce feu est souvent chassé de ses amarrages.

OCRACOKE (Fanal), à feu *tournant* sur la partie N. d'*Ocracoke-Inlet* ; les temps de révolution sont de 2′ ; il est élevé sur la partie S. E. de l'île du même nom. Du milieu de la barre, par 13 pieds d'eau (à marée basse), le fanal est à $\frac{1}{2}$ mille O. N. O. On le laisse à tribord en entrant.

PEACH-HOLE (Feu *flottant*), ancré sur le banc de 9 pieds, près de *Peach's Hole Swash* ; le feu *Ocracoke* restant 2 $\frac{3}{4}$ milles S. E. ; le château *Shell*, 4 $\frac{1}{2}$ milles S. O. $\frac{1}{2}$ O., et le feu *flottant* du *Straddle* S. O. (At the S. W. Straddle), 9 milles O. $\frac{1}{4}$ S. O. On y frappe une cloche au besoin.

MARSH (Fanal de la p^te), à l'entrée O. de la

riv. *Neuse*, dans *Pamtico-Sound*; phare en projet.

NEUSE (Feu *flottant*), à l'emb. de la rivière, par 4 ½ brasses, près du côté O. du banc qui s'étend de la p^te *Marsh*; *Gum Thicket* restant au S. O. ½ O.; l'île *Brant* au N.; l'île *Swan* au S. E.; et le feu flottant du Straddle S. O. à l'E. Il s'y trouve une cloche.

PAMTICO (Fanal). Feu *fixe*, sur une p^te de terre au côté S. de la rivière *Pamtico*, 35 milles au-dessous de Washington; ce fanal a 30 pieds au-dessus de la mer. (*Voir* au mot *Roanoke* ci-dessus, pour les autres feux flottans.)

LOOKOUT (Phare du cap). Feu *fixe* de 100 pieds au-dessus de la mer; tour en bois, à bandes horizontales rouges et blanches, ayant l'apparence d'un navire. Le feu se voit de l'ext. des bancs; mais il vaut mieux se fier à la sonde qu'à ses relèvemens. 34° 39′ N., 78° 52′ O.

Les bancs s'étendent à 10 milles S. S. E.; leur ext. est à 22 lieues S. O. ¾ O. des bancs extér. du cap *Hatteras*. A 7 milles S. ½ E. du phare *Lookout*, est un banc qui assèche; la mer brise constamment sur sa partie S. E. et à 2 milles de distance. Entre la côte et le banc, on trouve beaucoup d'endroits où l'on n'a que 1 et 1 ½ brasse d'eau. Il est imprudent d'approcher des bancs *Lookout* pendant la nuit, à moins de 7 brasses à l'E. et 10 brasses à l'O.

FEDERAL (Fanal blanc de la p^te), à tribord de l'entrée *New-Inlet*, conduisant dans la rivière du cap *Fear*; feu *fixe*, à 48 pieds de hauteur. Le phare *Fear* lui reste à 8 ¾ milles S. O. ¼ S., et la

barre s'étend à 1 mille E. S. E. Ce fanal a été in-
cendié en avril 1836; mais il doit avoir été reconstruit depuis.

FEAR (Phare noir du cap), érigé en 1795;
On l'a garni de réflecteurs; sa lumière *fixe*,
à 110 pieds au-dessus de la mer et 50 au-dessus
des arbres qui garnissent le monticule entre le
fanal et la mer. La lanterne en fer a 10 pieds de
diamètre et 15 pieds d'élévation. 33° 51′ 15″ N.,
80° 20′ 0″ O.? On y relève le fanal *Federal* à 8 ¾
milles N. E. ¼ N. et l'ext. du banc *Frying-Pan*,
5 lieues S. E. ¼ S.

GEORGETOWN (Phare de), tour circulaire,
blanche avec lanterne noire, sur l'île N. (côtés N.
et E. du port à l'entrée de la baie *Winyaw*), par
33° 14′ N. et 81° 13′ 15″ O.; feu *fixe* à 90 pieds
au-dessus de la mer; restant à 6 milles N. ½ O. de
l'entrée de la barre; cette passe est à 15 milles N.
N. E. du cap *Roman*, et à 20 milles N. ¼ N. E. ½ E.
de l'ext. S. du banc du cap *Roman*.

Vu du côté N., le fanal paraît au milieu d'un
bois, parce que le port *Georgetown* est masqué par
l'île *North*.

ROMAN (Moulin du cap). Il a l'aspect d'un
phare dans les brouillards; il peut occasioner des
méprises fâcheuses aux étrangers, qui, croyant
voir le fanal *Charlestown*, par fausse estime dans
la latitude, en sont cependant encore à 15 lieues
E. N. E. On a dû le surmonter d'un signal.

RACOON-KEY (Phare), sur la partie N. E. de
Racoon-Key, près le cap *Roman*, feu *fixe*, distingué par des feux rouges et blancs, et élevé de

87 **pieds** au-dessus des eaux. Le phare est peint blanc et noir, en commençant par le blanc et terminant à la lanterne noire. 33° 1′ N. et 81° 34′ O. La p^te S. du cap Roman lui reste au S. E. Le *Old-Mill* au N. ¼ O. ; et le grand *Racoon-Key*, O. ¼ S. O.

CHARLESTOWN (Phare), sur l'île du fanal. **Feu *tournant*** dont les intervalles d'obscurité sont **doubles** des temps d'éclat ; à 3 lieues, les éclipses cessent, mais l'éclat y est comme 1 à 44. On l'aperçoit à 10 lieues ; il a 80 pieds d'élévation. 32° 40′ N. 82° 3′ O.

Dans le chenal du brisant S. restant au O. ¼ N. O. ¼ N. est une bouée à l'ext. E. du même brisant, par 12 pieds d'eau ; au milieu de ce chenal est une autre bouée surmontée d'un pavillon blanc, par 10 pieds d'eau, de basse mer ; on peut passer des deux côtés en entrant.

Indépendamment du phare, il y a un signal tout proche, qui, en ligne avec le feu, conduit sur le brisant N., de sorte qu'il faut toujours avoir soin de l'ouvrir vers le N. du chenal. Plusieurs bouées sont aux différens passages de la barre, mais on ne doit point les franchir sans pilote.

La tour de l'église Saint-Michel de Charlestown est blanche et s'aperçoit à 20 milles.

TYBÉE (Phare de l'île), à l'entrée de la riv. de Savannah ; feu *fixe* de 80 pieds de hauteur, sur la p^te N. E. de l'île et à 14 milles E. S. E. de Savannah. 32° 0′ N., 83° 7′ 24″ O.

Un signal *à feu* est à ½ mille E. ½ S. Quand on passe la barre on les amène en ligne. Le signal est bas et on voit un des feux au-dessus de l'autre.

Le feu principal consiste en 6 lampes ; par un temps clair il se voit à 4 et 5 lieues.

Quant au petit phare, son feu est également *fixe*, mais il n'a que 40 pieds au-dessus de la mer.

Au large de l'île *Tybée* sont deux bouées doublées en cuivre ; la première par deux brasses au N. N. O. du fanal ; la seconde dans 4 $\frac{1}{4}$ brasses au N. E. $\frac{1}{4}$ N., au milieu du chenal où les grands navires peuvent mouiller en sûreté. On ne doit point s'engager dans la rivière sans pilote.

Le port royal est à 5 lieues N. E. $\frac{1}{4}$ E. du phare *Tybée* et peut contenir toutes les flottes du monde.

SAPELO (Phare), sur l'ext. S. de l'île Sapelo (côté N. de *Doboy-Inlet*) ; ce phare est peint en bandes rouges et blanches. La lanterne a 74 pieds au-dessus de la mer et contient un feu *tournant*, dont la révolution est de 5′, produisant 3 apparitions et autant d'éclipses pour la distance entre 10 milles et au-delà, mais à 3 lieues, la lumière ne disparaît plus entièrement. La plus forte est alors à la plus faible, comme 40 à 1. Lat. N. 31° 21′, long. O. 83° 41′ 15″ ?

WOLF (*Balises éclairées*) à l'ext. N. de l'île *Wolf*, S. S. E. du phare *Sapelo* ; toutes deux sont surmontées d'une lanterne de 6 lampes avec réflecteurs : quatre de ces lampes forment dans chaque lanterne, un cercle du N. E. au S. O. ayant une lentille convexe de 9 pouces au-devant d'elles ; de manière que, toutes les fois qu'étant hors de la barre, on amènera les deux feux en ligne, la lumière aura une apparence différente que si on se trouvait soit au N. ou au S. de la barre.

La tour O. (la plus élevée) est en blanc avec la lanterne élevée de 25 pieds, tandis que la balise E. (la plus basse) est noire et que sa lanterne a 10 pieds de moins.

SAINT-SIMON (Fanal), sur la p^{te} S. O. de l'île de ce nom, 20 milles S. de Sapelo ; feu *fixe* élevé de 75 pieds au-dessus de la mer, ce qui permet de le voir à 9 milles. La tour est en pierres calcaires, tandis que les autres de la même côte sont en briques. 31° 81′ N., 83° 49′ O.

Un banc qui porte le même nom, est à 4 lieues E. S. E.; il ne faut point l'approcher à moins de 9 brasses.

L'île Saint-Simon est au côté N. du port du même nom, et sa barre est à 9 milles du fanal.

CUMBERLAND (Fanal). La p^{te} S. de l'île *Cumberland* a un fanal à feu *tournant*; il est à 40 milles S. de l'île *Saint-Simon*, à l'entrée de la p^{te} *Sainte-Marie*, par 30° 45′ N. et 83° 57′ O. On le voit à 10 milles, son élévation étant de 75 pieds au-dessus de la mer; la révolution se fait en 3′, pendant laquelle il montre deux temps de lumière de 1′30″.

AMÉLIE (Ile); a deux signaux servant à passer le vieux chenal; il faut les amener en ligne avec une bouée à l'intérieur de la barre, dans la direction O. $\frac{1}{4}$ N., pour passer au mouillage sous la côte de Cumberland.

SAINT-JEAN (Phare). Il a été démoli dans la crainte qu'il ne s'écroulât : on se propose d'en construire un autre sur un point plus favorable.

24

SAINT-AUGUSTIN (Fanal), à l'ext. N. de l'île *Saint-Anastase*, feu *fixe*. C'est une tour carrée en pierre de 70 pieds, non compris la lanterne de 7 pieds ; le sommet est en arche avec corniche de 12 pieds de diamètre. La lanterne en fer renferme six lampes. 29° 52′ 0″ N., 83° 45′ 0″ O. ?

Trois bouées sont sur la barre du port, pour en faciliter le passage. Mais il est d'ordinaire aux pilotes de chercher les navires en dehors.

MUSQUITO-INLET. On a l'intention de signaler cette entrée par un *feu fixe*.

CAYO-BISCAYO (Phare). Un peu au S. du cap Floride ; feu *fixe*, à 70 pieds au-dessus de la mer ; il se voit à 15 et 20 milles. 25° 41′ 10″ N., 82° 25′ O. Près du cap *Floride* est un récif marqué par une bouée blanche, qui se montre à 3 pieds au-dessus de l'eau. Les navires qui tirent 10 pieds d'eau ne peuvent approcher qu'à 2 $\frac{1}{2}$ milles du phare. Ce *fanal a été détruit* le 24 juillet 1836.

GUN-CAY (Phare). *Feu tournant*, à 250 yards de l'ext. S. de la Caye (banc de corail très étroit au bord O. du grand banc de *Bahama*), par 25° 34′ 30″ N. et 81° 38′ 48″ O. La base est 24 pieds au-dessus de la haute mer et la tour a 55 pieds. Le feu tourne une fois par minute et se voit sur tous les points excepté du S. $\frac{1}{4}$ S. O. $\frac{1}{2}$ O. au S. $\frac{3}{4}$ E. (relevés magnétiques) où il est intercepté à la distance de 8 milles, par les îles *Bemini* (1836).

A moins de 5 milles, on ne doit point l'amener au S. du S. O., car la chaîne des Cayes et des roches décrit une courbe à l'ouest, et comme elles sont à moins d'un mille du bord extérieur du banc, on n'aurait pas le temps d'obtenir des sondes.

La marée porte fortement à l'est, entre les Cayes; la haute mer a lieu aux syzygies et quadratures à 7 heures 30', et la mer y monte de 3 pieds.

Le feu étant à 80 pieds au-dessus du niveau de la mer, on le verra à 12 milles lorsqu'on est élevé de 10 pieds.

KEY-SAL. On se propose d'y établir un phare, par 23° 42' N., et 82° 41' O.

CARYSFORT (Feu flottant). En dedans de la grande entrée du récif *Carysfort*, bateau à deux feux l'un plus élevé que l'autre. Il est pourvu d'une cloche que l'on frappe de 30' en 30' dans les gros temps, pour faire porter au large. Le feu se voit à 15 milles.

L'une de ces deux lumières est à 40 et l'autre 50 pieds d'élévation, restant à 7 milles E. $\frac{1}{4}$ S. E. du sommet de *Cayo-Largo*, et au N. $\frac{1}{2}$ E. 3 milles du coude du récif *Carysfort.* 25° 6' N. 82° 49' 0" O.

SANDY-KEY (Fanal), sur la caye entre *Loo-Key* et l'ext. O. du récif de la Floride; feu *tournant*, à 9 milles S. O. $\frac{1}{4}$ S. du fanal *Cayo-Huesso*. Sa révolution se fait en 54" et son élévation est de 70 pieds au-dessus de la mer.

LOO-KEY (Signal). Tour blanche de 30 pieds qui a l'aspect d'un fanal : elle est surmontée d'une grosse boule à l'ext. d'un mât de pavillon, visible à 8 milles : 24° 28' N., 83° 57' 20" O.; à 28 milles du feu *Cayo-Huesso* et à 37 milles de celui *Sandy-Key*. On peut en approcher sans danger à 2 milles du côté sud. A 4 ou 5 milles E. de Loo, est une bouée sur le récif, par 4 brasses d'eau, indiquant l'eau la plus profonde vis-à-vis *Bahia-Honda*. Cette dernière caye, en avant de *Cayo-Huesso*, a été souvent la cause d'erreurs funestes.

CAYO-HUESSO (Fanal), feu *fixe* par 24° 29′ N. et 84° 15′ 20″ O.; qui se voit à près de 20 milles. L'élévation de la lanterne est de 83 pieds.

Il est semblable au phare élevé sur les Tortues ; on a placé des bouées dans le canal qui conduit au port, de sorte qu'on peut toujours reconnaître la plus profonde eau.

— (Feu flottant), il est à près de 8 milles de Cayo-Huesso, à la jonction des chenaux du N. et du N. O., de manière à servir pour l'entrée de l'un ou de l'autre. Les bâtimens venant de l'O. et entrant par le chenal N., amèneront le feu flottant au S. en se dirigeant dessus, et lorsqu'ils seront proches, ils se dirigeront sur le feu de terre.

A moins que la marée ne soit très basse, il y a 10 pieds d'eau de basse mer dans ce chenal et 12 pieds à marée haute.

Les navires entrant par la passe N. O., amèneront le feu flottant au S. E. $\frac{1}{2}$ E., courront dessus, puis gouverneront sur le feu de terre. Ce chenal est considéré comme le meilleur, ayant 1 et 2 pieds d'eau de plus que le précédent. En sortant de Cayo-Huesso, on suit les directions ci-dessus en sens contraire. Ce feu flottant est à lumière unique, élevé de 50 pieds et visible à 9 et 10 milles.

SAND-KEY (Ile Porpoise des Américains). On y a mis un signal de 49 pieds ; il est au S. 28° O. (*vrai*) 8 à 9 milles de la p^te O. de Cayo-Huesso.

TORTUES SÈCHES (Fanal), sur la partie nommée *Bush* ou *Garden-Key*. Il est composé de 15 lampes à réflecteurs; son feu *fixe* se voit à 18 milles; son élévation est de 70 pieds. On peut l'approcher à 4 milles aux côtés O., S. et E.; mais du côté N. on doit au moins le tenir à 6 milles. 24° 36′ N., 85° 18′ O.

TAMPA (Signal), sur l'île *Egmond*, à l'entrée de la baie; il est élevé de 80 pieds et surmonté d'un tonneau blanc et noir. On le découvre bien avant la terre.

SAINT-MARC (Fanal). Feu *stationnaire* à l'entrée du port, p^te E. de la rivière du même nom ouvrant dans la baie d'*Apalache*; il est élevé de 73 pieds au-dessus de la mer. 29° 59′ 41″ N., 86° 48′ 54″ O.

APALACHICOLA ou SAINT-GEORGE (Fanal), *feu fixe* sur l'ext. O. de l'île *Saint-George*, à l'entrée de la baie par la passe O. qui n'a que 60 pieds d'ouverture et 12 d'eau de haute mer. La hauteur du feu au-dessus du terrain est de 65 pieds. On trouve un bateau-pilote auprès de cette passe, et un second à la passe E., entre les îles *Dog* et *Saint-George*. 29° 37′ N. 87° 13′ 20″ O.?

On annonce qu'un feu sera prochainement installé à la passe E., où on trouve 16 pieds d'eau de basse mer.

PENSACOLA (Phare), à l'entrée de la baie, environ 100 pas du fort *Barancas*; son élévation sur la mer est de 80 pieds, dont 35 pour le sol, 35 pour le phare et 10 pour la lanterne. Le feu consiste en 10 lampes et 8 réflecteurs; il est *tour-*

nant et fait sa révolution en 5'. La lumière a beaucoup d'éclat et s'aperçoit à 20 milles.

MOBILE (Fanal de la p^te). Il est élevé de 55 pieds au-dessus de la mer et s'aperçoit à 12 milles : il est *fixe* (*Blunt*) avec des éclats de 1' en 1', par 30° 43' N. et 90° 37' O.?

Au S. 5° E. du fanal, on trouve trois brasses d'eau sur la barre; l'ext. E. de l'île *Dauphin* reste alors au N. N. O. $\frac{3}{4}$ O., et l'île *Sable* à fleur d'eau, paraît au centre de l'île *Dauphin*.

On a placé cinq bouées à l'entrée de la baie de la Mobile; en approchant la p^te on doit se maintenir par 10 brasses d'eau jusqu'à relever le phare au N. afin d'éviter les bancs dangereux situés dans l'E. et les bas-fonds en avant de l'île *Sable*, ainsi que celle du *Pélican*, dans l'O. de la barre. Lorsqu'on gouverne pour entrer en relevant le phare au N. O., le brassiage tombe tout-à-coup de 7 et 8 brasses à 3 ; alors en observant les relèvemens ci-dessus, on peut, si l'on y est contraint par le vent, gouverner au N. N. O. jusqu'à ce que l'île *Sable* reste à bâbord, par le travers, à environ deux encâblures. En courant sur la dernière aire de vent, on trouve, après avoir traversé la barre, 6, 7 et 8 brasses, l'endroit le plus profond étant près des récifs de l'E. : dans cette position, la p^te paraît presque plein N. du monde. On peut alors gouverner pour entrer, en ouvrant tant soit peu la p^te , par le bossoir de tribord et en passant à une encâblure et demie. Il y a des pilotes qui guettent les bâtimens pour les conduire sur la barre.

MOBILE (Balise de la p^te). On a érigé une balise sur l'île *Sable*, à 3 milles S. S. O. de la p^te de la Mobile. Le sommet a 30 pieds au-dessus de la mer et est supporté par une charpente en fer. Il peut être aperçu à 6 milles. En se dirigeant sur l'entrée de la baie, on ne doit point approcher la barre, jusqu'à ce-qu'on ait amené la balise entre les deux ext. E. et O. des bois de l'île *Dauphine*. Ceux qui ne tirent pas plus de 10 à 11 pieds d'eau, lorsqu'ils sont favorisés par les vents d'E., peuvent se diriger sur la barre et franchir, dès que la balise leur apparaît dans la direction de l'ext. O. de ces bois. Ils suivront cette direction jusqu'à ce qu'ils trouvent 7 à 8 brasses d'eau. Ils gouverneront alors plus N. et tous les dangers seront visibles. Les navires d'un plus fort tirant d'eau doivent amener la balise par le centre de ces mêmes bois et franchir ainsi la barre par environ 18 pieds d'eau, gouvernant N. N. O. jusqu'à ce qu'ils se trouvent par le travers ou un peu au-delà de la balise et de l'île à bâbord. Un bas-fond très étendu entoure cette île dans toutes les directions. Deux bouées sont sur la barre. On doit laisser la première à tribord et la seconde à bâbord. Le chenal au-delà de ce point est ouvert et profond ; le phare de la p^te restant entre le N. et le N. N. E.

CHOCTAW (Fanal de la p^te). Feu *fixe* au côté O. de la baie de la Mobile, établi pour indiquer les passes de la barre de la rivière *Dog*, par 30° 39′ 0″ N. et 90° 34′ 24″ O. Ce feu est d'une importance minime en raison de sa mauvaise position, qui forme un angle trop ouvert avec les passes.

BAYAU-SAINT-JEAN (Fanal). Petit feu *fixe*, élevé de 48 pieds au-dessus du lac Ponchartrain et visible à 8 milles. Il est à 25 milles S. E. $\frac{1}{4}$ E. de l'emb. de la rivière *Cheninata*; 25 milles S. O. des *Rigolets*; 15 milles S. O. de la p.te *Resence* et 5 milles N. de la *Nouvelle-Orléans*.

CAT (Fanal) à *feu fixe*, sur l'ext. O. de l'île *Cat*. Il est élevé de 30 pieds et à l'entrée des lacs *Borgne* et *Ponchartrain*.

SAINT-GEORGE. (*Voir* Apalachicola.)

CHRISTIAN (Fanal) à *feu fixe* élevé de 30 pieds, à la passe de ce nom. Ce fanal est sur le continent, au N. O. du précédent. Ces deux feux indiquent les passages *Christian* et *Mary-Ann*.

MISSISSIPI (Phares et feux du). On a élevé un nouveau fanal sur la base de l'ancien, dont les fondations avaient manqué; c'est un beau feu *fixe*, sur l'île *Franck*, à 3 milles N. (du comp.) de la barre de la passe S. E. Il est élevé de 26.m au-dessus de la mer et consiste en 30 lampes à réverbères; sa lumière claire s'aperçoit à 6 lieues; il est pourvu d'une cloche pour les brouillards, ou lorsque la lumière du fanal ou le phare lui-même ne peuvent être aperçus à la distance de moins de 4 milles. La passe *à la loutre* en est à 2 lieues N. N. O.

A la passe S. O. un autre phare a été construit; il est peint en bandes perpendiculaires blanches et noires; son feu *fixe* est double, l'un élevé de 30 pieds au-dessus de l'autre. Il est sur un îlot au côté S. du *chenal de 9 pieds*, 3 milles à l'intérieur de la barre : on le laisse à bâbord en remontant.

Enfin un troisième fanal est élevé sur un banc

près la p^te S. de la *passe sud;* son feu est *tournant* et on le laisse à tribord en entrant en rivière. La bâtisse est peinte en bandes horizontales noires et blanches.

Le feu flottant qui a été entretenu jusqu'à présent près de l'île *Wallace,* a cessé d'être allumé.

Il s'est formé un banc très dangereux dans le Mississipi, près de *Poverty-Point;* on attribue sa formation au lest des navires qu'on ne cesse d'y jeter.

POINT au FER (Fanal) à feu *fixe*, élevé de 70 pieds au-dessus de la mer, par 29° 19′ N., 94° 12′ 20″ O.; utile pour l'entrée de la baie *Achafalaya*, 12 milles S. S. E. de *Belle-Isle.*

TIMBALIER (Fanal) à *feu fixe*, élevé sur cette île comme avertissement à faire porter au large, ceux que les vents contraires auraient amenés sous cette côte peu profonde et garnie de bancs dangereux.

NATCHEZ (Fanal). Feu *fixe*, à l'usage particulier de la navigation du Mississipi.

Lac Ontario.

GENESEE (Fanal). Feu *stationnaire*, élevé de 83 pieds au-dessus du lac; 43° 12′ 30″ N., 0° 35′ O. (méridien de Washington).

SODUS (Fanal). Feu *tournant*, élevé de 66 pieds; 43° 19′ 0″ N., 0° 0′ 45″ O.

OSWEGO (Fanal). Feu *stationnaire*, élevé de 82 pieds; 43° 28′ 0″ N., 0° 28′ 0″ E.

GALLOO. Feu *stationnaire*, élevé de 59 pieds; 43° 51′ 0″ N., 0° 33′ 0″ E

TIBBETT (Pointe). Feu *stationnaire*, élevé de 52 pieds; 44° 9' 0" N., 0° 40' 0" E.

Lac Érie.

NIAGARA (Feu du fort). *Stationnaire*, élevé de 78 pieds; 43° 18' 20" N., 2° 15' 0" O.

BUFFALO. Feu *fixe*, élevé de 37 pieds; 42° 50' 10" N., 2° 4' 0" O.

DUNKERQUE. Feu *stationnaire*, élevé de 75 pieds; 42° 32' 41" N., 2° 32' 0" O.

PORTLAND. Feu *stationnaire*, élevé de 84 pieds; 42° 25' 0" N., 2° 41' 10" O.

PRESQU'ILE. Feu *stationnaire*, élevé de 83 pieds; 42° 8' 14" N., 2° 55' 0" O.

SANDUSKY. Feu *fixe*, élevé de 60 pieds.

GRANDE RIVIÈRE. Feu *stationnaire*, élevé de 100 pieds; 41° 53' 0" N., 4° 27' 30" O.

CLEVELAND. Feu *stationnaire*, élevé de 140 pieds; 41° 31' 0" N., 4° 55' 30" O. A l'ext. de la jetée E. du port, est un autre petit feu.

OTTER CREEK. Feu *fixe*, élevé de 46 pieds.

Lacs Michigan et Huron.

GRATIOT (Feu du fort). *Fixe*, élevé de 74 pieds; 42° 55' 0" N., 5° 26' 30" O.

BOIS BLANC. Feu *fixe*, sur l'île du même nom; il est élevé de 70 pieds.

SAINT-JOSEPH. Feu *fixe*, élevé de 55 pieds, sur la côte E. du lac.

CHICAGO. Feu *fixe*, élevé de 80 pieds.

WAGOOS HANCE. Feu *flottant*, dans le détroit de *Mackinaw*.

Lac Champlain.

JUNIPER (Feu de l'île). Feu *stationnaire*, élevé de 95 pieds; 44° 27′ 0″ N., 4° 0′ 0″ E.

RÉPUBLIQUES DU SUD ET COLONIES.

VERA-CRUZ (Phare). Feu *tournant*, à l'angle N. O. du château de *Saint-Jean d'Ulloa*. Le centre de la lanterne est à 79 pieds au-dessus de la mer. La lumière est réfléchie par 21 lampes. Le plus grand éclat a lieu pendant 6″ et le minimum pendant 40″. Par un temps clair, on peut la voir lorsqu'on est en dehors *de la 'Anegada de Afuera*, à 5 lieues. Des barres de perroquet d'un vaisseau de guerre, on peut la voir à 8 ¼ lieues; de celles d'une frégate à 8 lieues; et d'un bâtiment de commerce, à 7 lieues.

GOAZACOALCOS. Il a été construit une tour de remarque, avec une maison à son pied, servant de magasin à poudre, à 4 ½ milles S. 34° O. de la p^{te} E. de l'entrée. Cette vigie est sur une hauteur et très apparente. A quelque distance à l'E., est un corps-de-garde avec une batterie.

HALF - MOON - KEY (Fanal). *Feu fixe* à 50 pieds au-dessus de la mer; il est du plus grand service pour ceux qui vont à *Balize*, car il arrive souvent que le courant porte beaucoup au S., et alors il leur sert de signal. 17° 12′ 30″ N. 89° 47′ 30″ O. ? Ce feu se voit jusqu'à 4 lieues.

ENGLISH - KEY. Un mât de pavillon de 60 pieds et surmonté d'un signal octogone, a été placé sur cette caye, pour la distinguer de *Goff's-Key* ; c'est entre ces deux cayes que se trouve le seul chenal conduisant à Balize, celle au mât de pavillon restant au S., la dernière au N. Lorsqu'on a amené cette dernière du N. $\frac{1}{4}$ N. O. au N. $\frac{1}{4}$ N. E., on doit mouiller et attendre le pilote.

NASSAU (N^lle Providence). Phare à feu *fixe*, par 25° 5' N. et 79° 39' O., sur l'ext. O. de l'île *Hog* où se trouve l'entrée du port.

DOUGLAS. Deux remarques ont été élevées dans le passage *Douglas* et le *nouvel ancrage*, situés aux côtés E. et S. de l'île *Rose* à l'E. du port *Nassau*. Ces remarques sont sur deux rochers qui forment leur entrée : on les voit du pont d'une frégate, lorsqu'on navigue entre l'île *Egg* et *Nassau*.

ABACO (Phare), *feu tournant*, à un tiers de mille de la roche percée (P^te S. E. de l'île Abaco), par 25° 51' 30" N. et 79° 31' 9" O. Sa base est à 80 pieds au-dessus de la mer, et la tour a 80 pieds de hauteur. Sa révolution se fait de 1' en 1' ; il se voit de tous les points du compas, excepté où les hauteurs de l'île s'interposent ; ayant 160 pieds au-dessus de niveau de la mer, on le voit à 15 milles lorsqu'on est élevé de 10 pieds. Il y a bon fond par 10 et 11 brasses (avec vents ordinaires) en amenant le feu à l'E. $\frac{1}{4}$ N. E., demi-mille de la côte. La mer est étale à 8 h. aux syzygies et quadratures, et elle monte de 3 pieds.

HAVANE (Phare de la). Au S. du château *Morro* ; c'est un feu *tournant* qu'on voit à 25 milles ; sa révolution se fait en 2', pendant lesquelles on voit les éclats qui durent de 4" à 6" avec les éclipses de 54″ à 56″ ; son élévation est de 117 pieds. 23° 9′ 24″ N., 84° 42′ 44″ O.

JAMAIQUE (Port royal). Une remarque est élevée pour éviter le *Middle-Ground* ; elle consiste en une mâture surmontée d'un petit triangle, à 50 pieds au-dessus de la mer, et placée sur les palissades entre la grande et la petite p^te *Plum*. Quand on la tient au N. $\frac{1}{4}$ N. O. (du compas) par l'église de *Kingston*, on passe sans danger à l'E. du *Middle-Ground* oriental.

MARTINIQUE (Phare de la). Établi au fort Louis, dans la baie du fort Royal, par 14° 36′ 7″ N. et 63° 21′ 47″ O. Il est à feu *fixe*.

POINTE à PITRE (Guadeloupe). Phare projeté sur la *Petite-Terre*.

BARBADE. Une *bouée-balise* noire, est sur le banc qui s'étend au large de la p^te *Needham,* pour reconnaître l'ancrage ; elle est par 5$\frac{1}{2}$ brasses ; on l'amène en ligne avec les deux mâts de pavillon qui sont sur la pointe ; l'église Sainte-Marie restant au N. N. E. ; l'ancrage est par 13° 5′ 50″ N. et 62° 0′ 6″ O.

BON-AIR (Phare), à *feu fixe*, sur la p^te *Lacre* ou p^te S. de l'île *Bon-Air*, par 12° 2′ 12″N. et 70° 43′ 12″ O. On le reconnaît à 6 milles, et il a été principalement construit pour qu'on puisse éviter la *petite île Curaçao*, qui est presque à fleur d'eau. La tour a 21^m au-dessus du niveau de la mer.

BRAVA (Fanal de l'île), *feu fixe*, allumé sur la maison des mines quand on attend un navire. Cette île est dans le golfe *Triste* (Colombie). Le feu est par 10° 46′ 15″ N. et 70° 42′ 24″ O.

BRAMS (Signal de). La p^te *Brams* est la p^te E. de l'entrée de la rivière de Surinam ; on y avait élevé un signal de 70 pieds, mais la mer a presque entièrement emporté le *Bramspunt* ainsi que la balise qui s'y trouvait. Cette remarque ne devait point être replacée; deux bouées en fer, forme de chaloupes munies de mâts, de pavillons et de globes en cuivre, doivent indiquer l'entrée de la rivière.

DEMERARA (Fanal), à feu *fixe* sur une tour octogone et renfermé dans une lanterne en fer, sur la p^te *Cocobano*, par 6°49'20" N. et 60°31'44" O. ; la tour a 35^m ; son peu d'éclat ne permet pas de le voir à une grande distance. La même tour est surmontée d'un échafaudage télégraphique.

— (Feu flottant), ancré près de la barre, par 3½ brasses d'eau aux basses eaux ; 7° N. et 60° 19' 20" O. Sa lumière est blanche et circulaire ; le feu de la p^te *Cocobano* lui reste à 12 milles S. O. ¼ S. On y trouve toujours des pilotes. A minuit juste, le fanal est amené pour en changer les lampes, ce qui ne prend pas plus de 15' de temps, pendant lequel une lanterne ordinaire est hissée à la tête du mât.

MARANHAM ((Phare), par 2° 15' 10" S. et 46° 40' 24" O., sur l'île *Santa Anna*, près *Maranham*. C'est une tour carrée à trois étages, diminuant graduellement et avec les angles dans la direction des points cardinaux ; son feu est *tournant*. Les éclipses sont de 30" et durent 10", c'est-à-dire que la lumière disparaît pendant 45"? On l'aperçoit à 15 milles, sa hauteur étant de 90 pieds. A petite distance, il ne cesse pas d'être visible ; mais il ne présente, lors de la disparition, qu'une petite lumière fixe.

FERNAMBOUC (Phare). Feu *tournant* sur le récif formant la p^te de l'entrée du port, par 8° 4′ 7″ S. et 37° 12′ 59″ O. Ce phare est composé de trois feux dont deux blancs et un rouge, qui font une révolution complète en 3′.

Il est établi sur un massif en pierre, au-dessus duquel s'élève une tour octogone peinte en blanc, et qui sert de point de reconnaissance.

SAINT-ANTONIO, à l'entrée de la baie de *Bahia* ou de *Todos os Santos*. Feu *fixe*, sur la p^te O. du cap Saint-Antonio, sur le fort le plus S., par 13° 0′ 44″ S. et 40° 51′ 51″ O. Ce feu est faible et ne s'aperçoit guère à plus de 4 ou 5 lieues. A 2 ½ milles E. quelques degrés S. du fanal, est une p^te de terre au sommet de laquelle sont des mâts de signaux.

ABROLHOS. Phare en projet sur le rocher extérieur.

FRIO (Phare du cap), *feu tournant* dont les éclats et les éclipses sont de 2′ ; il est visible à 40 milles par un beau temps. Ce phare, très élevé, est souvent caché par les nuages et invisible ; on a proposé d'en construire un second sur la p^te extrême de l'île du cap???

RIO-JANEIRO (Phare et fanal); le feu *fixe* est sur la forteresse *Santa-Cruz* qui défend l'entrée de Rio ; il est élevé de 50 pieds au-dessus de la mer, ce qui le fait voir à 3 lieues.

RAZA (Phare), par 23° 3′ 9″ S., 45° 34′ 1″ O. Il

peut s'apercevoir à la distance d'environ 8 lieues ; le feu est *tournant* et achève sa révolution en 3′, présentant alternativement un éclat blanc et un éclat rouge. Quand on est parvenu au N. E. de l'île *Raza*, à 2 milles environ, on aperçoit le petit feu fixe du fort *Santa-Cruz*, sur lequel on peut gouverner, pour aller chercher l'entrée de la rade de *Rio* ; mais le calme qui règne ordinairement pendant la nuit, oblige presque toujours à mouiller dans l'espace compris entre l'île *Pay* et l'île *Tucinho* ; dans ce cas il vaut mieux se tenir plus rapproché de la côte E. que de la côte O., à cause de la houle qui porte de ce dernier côté. Le lendemain on entre avec la brise du large qui manque rarement.

SANTOS (Phare), à feu *fixe* sur l'île *Moela*, près du port. 24° 1′ 56″ S. 48° 42′ 7″ O. (1830).

RIO-GRANDE DE SAN-PEDRO (Fanal), *feu fixe* sur une tour carrée blanche, à l'entrée du port, par 32° 9′ S. On y fait également des signaux pour guider les navires ; un pavillon rouge indique une suffisante quantité d'eau, lorsqu'il n'est pas amené ; dans ce dernier cas, on doit gagner le large.

MONTE-VIDEO (Fanal), sur le *Cerro*, à 450 pieds au-dessus de la mer : ce fanal est garni de lampes avec réflecteurs. 34° 53′ 2″ N., 58° 36′ 45″ O.

FLORES (Phare de l'île), feu *tournant* et à éclipses sur la partie la plus élevée de l'île, dont la hauteur au-dessus de la mer est de 47 pieds, et par 34° 56′ 19″ S. et 58° 16′ 48″ O. Cette partie est à 11 milles N. O. $\frac{1}{4}$ O. de la p^{te} saillante du banc des Anglais. La lanterne de la tour étant de 56, cela place le feu à 103 pieds au-dessus de la mer. Il se voit à 15 milles (1828).

VALPARAISO (Phare), à 1 200 verges O. $\frac{1}{4}$ S. O. $\frac{1}{2}$ S. de la roche N. et extérieure nommée *Baja*, par 33° 1′ S. La tour est en bois, rectangulaire, élevée de 55 pieds. La lanterne a 12 pieds et 6 de diamètre ; son feu est *fixe* et visible à 10 lieues. Le bâtiment est blanc et sert de remarque le jour, étant élevé de 250 pieds au-dessus de la mer, ce qui avec les 55 pieds de la bâtisse et les 3 $\frac{1}{2}$ des lampes, font 308 pieds (anglais). On y relève (au compas) : la p^{te} *Quintero* N. 3° 30′ E. La p^{te} *Concon* N. 22° 30′ E. ; le mont Aconcagua N. 57° 30′ E. ; le mont Quillota N. 60° E. ; mât de pavillon de la colline S., 3 800 verges. Baja ou rochers extérieurs au-dessus de l'eau, N. 72° E., 1 200 verges. En approchant par le S., ce phare paraît derrière une p^{te} ronde, dont il reste à près de 1 $\frac{1}{4}$ mille S. E. ; on peut continuer dans cette direction, courant sur le feu et éviter la p^{te} *Coromilla* et ses dangers ; enfin continuer ainsi jusqu'à l'ouvert du port. En contournant la côte O. de l'entrée de la baie, sur laquelle est le phare, on s'en tient à 1 mille jusqu'à ce qu'on le relève au S. vrai ; ce qui évite tous les dangers. Il existe un petit tas de rochers, les *Baja*, toujours découvert, et n'ayant pas plus de 60 verges N. et S., et la moitié de cette dimension de l'E. à l'O. ; après l'avoir dépassé, on peut entrer dans la baie et mouiller entre 12 et 30 brasses, fond de sable.

En attérissant sur cette côte, le mont *Aconga-gua*, à 40 lieues dans l'intérieur, se montre le premier ; il est généralement couvert de neige : la partie N. O. du pic est inégale et rompue ; la partie opposée, celle du S. E. est uniforme. Quand ce pic reste au N. E. $\frac{1}{4}$ E. du compas, on se trouve sur la ligne du phare. Une autre montagne, celle de *Quillota*, est à 10 lieues plus loin ; c'est une rangée inégale avec un mont en forme de cloche au milieu ; quand on le relève au N. 60° E. (ou N. E. $\frac{1}{4}$ E. $\frac{1}{2}$ E.), on est encore sur la ligne du phare. Ces montagnes étant les premières que l'on découvre du large, sont d'un grand secours pour guider sur le phare et de là sur la rade (1838).

ISLAY (Pérou); fanal à *feu fixe* allumé lorsqu'un navire s'y présente. La maison de garde sert de vigie, pour empêcher de tomber sous le vent ; elle est blanche et a un pavillon ; elle est à l'E. $\frac{1}{4}$ S. E. de l'ancrage, 1 mille de distance. On l'aperçoit très bien en venant du S. ou de l'E., aussi loin que de la p^{te} Tambo (1837.)

OAHU (I. Sandwich). Un phare à *feu fixe* sera incessamment construit sur cette île, à l'endroit où Cook fut tué. Des bouées à l'extérieur de Honoruru, indiquent le chenal de la rade extérieure à la rade intérieure ; on y trouve en tout temps des pilotes, sans lesquels on ne doit point tenter le passage.

AFRIQUE, ASIE ET N^{LLE}-HOLLANDE.

BONNE-ESPÉRANCE (Phares du cap de). Un

phare à deux feux se trouve à l'entrée de la baie de la *Table*, sur la p^{te} de terre qui s'avance entre le *Great-Mill* ou la *Batterie du Moulin*, et la baie *Three-Anchor*, sous la *Croupe du Lion ;* et un autre phare à un *seul feu fixe* est en construction, également à l'entrée de la baie.

Les bâtimens venant du S. et de l'O. avec un vent portant et qui n'ont pas eu connaissance du phare avant la nuit, doivent gouverner au N. E. le long de la côte, jusqu'à ce qu'ils aient ouvert les deux feux, de la terre élevée des environs de la tête du Lion. Quand ces deux feux seront ouverts l'un par l'autre de leur largeur et resteront à environ E. $\frac{1}{4}$ N. E., on pourra se diriger pour les rapprocher, en ayant soin de les maintenir bien ouverts par le bossoir de bâbord ; on gouverne ensuite à l'E. jusqu'à ce que les deux feux soient vus l'un par l'autre, ou bien jusqu'à ce qu'ils soient relevés au S. O. 5° S. On se trouvera alors vis-à-vis la p^{te} N. O. de la baie de la *Table*, et l'on pourra gouverner au S. 5° E. ou au S. S. E., selon les circonstances, pour aller jusqu'au mouillage. Quand les feux seront masqués par les terres élevées de la Batterie du Moulin, ils resteront au N. O. 5° O. ; et l'on approchera le mouillage extérieur, où l'on pourra laisser tomber l'ancre en sûreté, par 7 ou 8 brasses d'eau, fond de sable fin, pour y passer le reste de la nuit. Il faut avoir attention de ne pas avancer par moins de 5 $\frac{1}{2}$ à 6 brasses, sans une connaissance parfaite des environs. Les navires venant du N. et de l'O. suivront les mêmes instructions, relativement à la route qu'ils doivent faire pour dépasser les feux. Les bâtimens obligés de louvoyer avec des vents de S. et d'E., après avoir mis ces feux par leur travers, ne courront pas plus de 2 $\frac{1}{2}$ à 3 milles à l'E., ou jusqu'à ce que le brassiage soit venu à 8 ou 7 $\frac{1}{2}$. Var. 27° N. O.

En venant du N. avec l'intention de passer au N. de l'île *Robben*, on doit tenir le feu au S. 9° E., à peu près S. $\frac{1}{4}$ S. E., jusqu'à moins de 20 brasses de fond, à un peu plus d'un mille du fanal. On peut ensuite gouverner à l'E. S. E. ou l'E. $\frac{1}{4}$ S. E., en ayant soin de ne pas diminuer l'eau au-dessous de 10 brasses, jusqu'à ce que le feu reste au O. S. O. ; on gouverne ensuite pour le mouillage et on laisse tomber l'ancre aussitôt que les feux se cachent derrière la queue du Lion. Cette route fait éviter tout danger, mais elle suppose qu'on n'a pas pu prendre des relèvemens exacts de l'île *Robben*, car dans ce cas il est inutile de la suivre, lorsqu'on est assuré d'être au large des dangers. (*Journal du Potomac.*)

FALSE-BAY. Phare en construction sur la roche dite l'*Arche de Noé*, à la p^{te} S. de la baie *Simon* ; on évitera ainsi les erreurs fatales en prenant la p^{te} N. de cette baie (beaucoup plus élevée) pour la p^{te} S., et qui occasionent de nombreux naufrages sur la côte de *Muysenberg*.

AIGUILLES (Cap des). Phare en construction.

BRAVA (Fanal), sur une des petites îles en avant de la ville ; par 1° 12′ N. et 44° 10′ E.

MANARA (Remarque). C'est une tour qui se voit de très loin en mer, et une excellente position pour un phare.

MADAGASCAR (Ancien phare). *Benyowski* fit établir une tour à feux sur l'île d'*Aiguillon*, à l'entrée de la baie d'*Antongil*. Elle n'existe plus.

INDUS. Une balise est à la p^te N. de la branche *Hajamari*, que l'on voit à 10 milles. Des bouées sont placées dans le fleuve, pour en assurer la navigation. Ces précautions sont très nécessaires, puisque c'est par ce bras qu'on se rend à *Bander-Vikkar*, et que les bancs sont très changeans.

SURATE (Phare). Autrefois sur la tour de *Suali*, pour indiquer le mouillage ou la rade de Surate. Il n'existe plus.

BOMBAY (Phare), à feu *fixe* sur l'îlot *Old-Womans'-Island*, en avant du port, par 18° 56' 40" N. et 70° 33' 36" E., ce qui en facilite l'entrée. C'est le rendez-vous des pilotes. Cette tour est toujours blanche, et le feu est à 130 pieds au-dessus de la mer.

Il faut prendre garde de ne pas le confondre avec les feux des casernes.

COLOMBO (Fanal). Construit dans le fort ; son feu *fixe* et brillant est très utile pour approcher. Ce feu est à 97 pieds au-dessus de la mer, et se voit à une très grande distance.

GALLE (Phare de la p^te). En construction.

DONDRA-HEAD (Fanal). En construction.

BASS-ROCK (Phare). En construction.

PORTO-NOVO. Il y existe un haut-fourneau dont la cheminée très élevée projette de son sommet une lumière brillante qu'on peut prendre pour celle d'un fanal. Il est très important de ne pas le confondre avec le feu de Pondichéry, parce que cette erreur ferait tomber sur le banc nommé le *Caleron ;* à la p^te N. (par 4 brasses d'eau) de ce banc, on relève la cheminée au O. 59° N. Le meilleur moyen pour reconnaître si on se trouve près *Porto-Novo,* est de continuer à sonder. A l'E. et au N. E. du banc, les sondes diminuent rapidement, quelquefois d'une brasse à la fois; tandis que devant Pondichéry elles diminuent graduellement et uniformément. Le *Caleron* est un banc sur lequel on peut mouiller lorsque la brise n'est pas trop forte.

PONDICHÉRY (Phare). *Feu fixe,* élevé de 89 pieds au-dessus de la mer et qui se voit de 15 milles; on en tire un grand secours pour gagner la rade, cependant il est très important de ne point le confondre avec le feu de la fonderie de *Porto-Novo,* 10 lieues S.; cette erreur pourrait être fatale. Pendant la mousson du N. E., depuis le mois d'octobre jusqu'à celui de mars, on doit mouiller sur cette rade par 10 et 12 brasses, le feu restant au O. $\frac{1}{4}$ N. O. jusqu'au O. N. O.; pendant la mousson contraire, on peut approcher davantage et mouiller par 7 et 6 brasses, le feu restant au O. jusqu'au O. $\frac{1}{4}$ N. O.

MADRAS (Fanal), sur la Bourse de Madras; la lumière est à 90 pieds au-dessus de la mer, et se voit à près de 5 lieues. Il faut le tenir au S. S. O. $\frac{1}{4}$ O. pour éviter les bancs de *Pullicate.*

Il est question d'établir un nouveau phare, qui serait placé dans les environs de la douane.

GODAWERY (Phare), sur l'île *Hope,* qui se confond avec la p^te Godawery, par 16° 47′ 0″ N.

et 79° 56′ 0″ E. Sa position est très avantageuse, puisque la p^te Godawery est à la partie S. de la baie *Coringui,* et en détermine l'entrée. Comme la côte est basse et le phare peu élevé, il faut, pour entrer de nuit, reconnaître les montagnes au N. de la baie *Coringui,* en venant de *Vizagapatam,* et une attention particulière pour ne pas confondre ce feu avec ceux de terre. On aperçoit le feu à 10 milles. Mouillage de *la Favorite :* la tour du fanal, S. 22° O. l'entrée de la riv. S. 28° O. Pegodes de *Jagnapora,* N. 66° O.

BIMILIPATAM (Pagode éclairée). Près la mer, au pied d'une assez haute montagne, sur le milieu de laquelle il y a une pagode où l'on allume toutes les nuits du feu et de la lumière, de sorte que ce temple sert de fanal aux vaisseaux qui fréquentent ces parages.

PALMIRAS (Feu). Abandonné.

FALSE (Fanal), sur la p^te False, par 20° 19′ 25′ N. et 8° 27′ 44″ E. ; *feu fixe,* élevé de 120 pieds au-dessus de la mer et visible de 20 milles, lorsqu'on est élevé de 15 pieds. On recommande à ceux qui veulent prendre connaissance de ce fanal, de le relever à l'O. par 13 et 14 brasses ; puis de faire le N. E., avec de 13 à 18 brasses, suivant que les vents le permettront, mais de ne jamais, sous aucun cas, diminuer l'eau au-dessous du premier brassiage. Par cette manœuvre, on verra les feux bleus et les marrons brûlés sur les bateaux pilotes en station près la p^te *Palmiras,* long-temps avant d'avoir perdu le feu de la p^te *False* de vue. Si cependant au commencement de septembre, par des vents d'E. ou des mauvais temps, les pilotes étaient obligés de gagner le large à l'E., on les trouvera sur la ligne entre la p^te *Palmiras* et le feu flottant à l'entrée du chenal E. Dans ce cas donc, on évitera soigneusement d'approcher la p^te *Palmiras* et on manœuvrera pour atteindre le feu flottant du chenal E., où l'on trouvera les pilotes, qui, la nuit, brûlent des feux bleus et le jour se font reconnaître à leurs pavillons.

KEDGEREE (Fanal). Maxfield fait mention d'un fanal nommé *Kedgeree-Light*, sans indiquer plus précisément sa nature. Il serait placé sur la p^te de ce nom, au côté O. de la rivière d'Ougly, par 21° 50′ 18″ N. et 85° 36′ 35″ E.

NEW-HARBOUR (Phare). Proposé par Lacan, en 1770, pour la *pointe du phare*, partie E. de l'entrée de Channel-Creek.

NEW-ANCRAGE (Phare).

« En descendant la rivière, on découvre d'a-
» bord le phare élevé de *New-Ancrage* (formé
» par des bancs à 10 lieues environ de l'entrée
» de l'Ougly). A la nuit je vis briller les feux de la
» tour *Kedgeree*, sur la rive O., et ceux du phare
» de *l'île du Sacrifice*, sur le bord opposé. »
(*Voyage récent.*)

SACRIFICE (Phare). Voir *New-Ancrage*.

SAUGOR. On construit un phare sur *Middleton-Point*.

HOOGLY (Feux flottans). Un seul feu flottant est mouillé à l'entrée du chenal E. de l'Hoogly, par 21° 4′ N. et 85° 53′ 36″ E. Mais il en existe un autre à peu près dans le N. N. O. ½ O. (du monde), 20 milles du premier. Ce dernier est sur l'accoré S. d'un petit banc qui resserre le chenal E.; on laisse ce petit banc dans l'E. La portée de leurs lumières est de 20 milles; ces feux sont à l'ext. de leurs grands mâts et brûlent toute la nuit.

Indépendamment de ces feux, chacun des bateaux-pilotes brûle alternativement de 3o' en 3o', un feu de Bengale ou un marron. A 8^h ils brûlent le premier feu, et à 8^h 3o' un marron ; 9^h un feu de Bengale, et ainsi de suite. Les feux de Bengale durent 5 à 6'. Pendant le jour, les lanternes sont remplacées par un guidon percé de blanc. Ces feux flottans ne procurent point de pilotes.

Il y a plusieurs bouées sur les principaux bancs de l'entrée du Gange, tant rouges que noires ; règle générale, en entrant ou en sortant, on laisse les bouées noires à l'E. et les bouées rouges à l'O.

MALACA (Phare), feu *fixe*, sur un monticule, avec un mât de pavillon, placé à côté ; ils sont d'un grand usage, pour reconnaître le mouillage.

SONDE (Détroit de la). Plusieurs balises servent à guider dans le détroit. Elles s'élèvent à 12 pieds au-dessus de l'eau. Elles indiquent les roches et autres dangers du détroit (1832).

MANILLE (Luçon). Phare à *feu fixe*, à l'ext. de la jetée, à bâbord en entrant. Ce feu, sur lequel on se dirige pour entrer, est bien entretenu et visible à 4 lieues. La tour, ronde et blanche, est une bonne remarque de jour. Le mouillage de *la Bonite* était : phare au N. 77° E. ; le bastion N., N. 85° E. ; le dôme S° 87° E. ; le bastion S. O., S. 76° E.

Je dois ces renseignemens à la complaisance de M. *Darondeau*, ingénieur hydrographe sur la corvette *la Bonite*.

CAVITE. On dit qu'il y a un fanal?

MINDANAO. Au rapport des voyageurs, il y a sur la partie S. de Mindanao, un volcan qui brûle continuellement; c'est une bonne reconnaissance.

CHINE. Tours à feu, à fumée et à pavillon, sur ses côtes qui nous sont inconnues.

BOSHA (Kamshatka). Un fanal est à l'entrée de la rivière de ce nom, à la côte O. de la péninsule.

AVATCHA. L'atlas de M. Lutke désigne la p^te N. E. de cette baie, sous le nom de p^te *du phare*. 52° 53′ N. et 156° 26′ 36″ E.

PORT JACKSON (Nouvelle-Hollande). Phare à *révolutions* et à *éclipses*, sa révolution entière s'accomplit en 1′ 30″, mais à la distance de 5 à 8 milles, la lumière ne disparaît jamais entièrement. Le plus grand éclat dure de 10 à 15″; il est élevé de 22^m au-dessus du sol et d'environ 114^m au-dessus de la mer; sa tour, nommée *Tour Macquarie*, a été bâtie en 1817; par un beau temps, on peut facilement l'apercevoir à 18 et 20 milles; il fait reconnaître l'entrée du havre, toujours difficile à apercevoir du large. 33° 51′ 20″ S. et 148° 57′ 53″ E.

——, *feu flottant* sur le banc *Sow and Pigs* (la truie et les pourceaux), par 22 pieds anglais de basse mer d'équinoxes et à $\frac{1}{4}$ d'encâblure de l'extrémité N. O. du banc. Il montre deux lumières l'une au-dessus de l'autre. Du feu on relève le fanal du port Jackson (en ligne avec le signal érigé sur la partie sèche du banc) S. 53° E. La colline de la p^te N. du port, N. 45° $\frac{1}{2}$ E. L'ext. de la p^te S. intérieure, N. 55° E. ; L'ext. de la p^te George, N. 53° ½ E. L'ext. de la p^te du milieu, N. 26° ¼ O. On peut l'approcher d'assez près, et en entrant de nuit par des mauvais temps, on doit mouiller le plus près possible, au nord ou à l'ouest. On y trouve toujours un pilote.

Nota. Ces relèvemens sont affectés d'erreur et il y a lieu de veiller avec soin, en naviguant dans les eaux de ce feu.

HUNTER (Phare du port). A la partie S. de ce port, sur l'îlot *Nobby*; il est à feu *fixe*, mais on ne connaît aucun de ses relèvemens, par rapport aux objets environnans. 32° 56' S. et 149° 23' E. Les Anglais connaissent ce port sous le nom de *Coal-River*.

DALRYMPLE (Phare du port), sur *Low-Head*, à l'entrée du port Dalrymple (terre Van Diemen); il est éclairé au moyen d'un nombre de petites lampes garnies de réflecteurs paraboliques. La lanterne est à 135 pieds au-dessus de la mer; le feu reste au N. 85° E. du récif de l'*Hébé*; N. 71° E. de *West-Head*; N. 32° 3o' O. du moulin de *George-Town*; S. 41° 3o' O. de l'îlot Barren-Joice, et S. 49° O. de *Five Mile Bluff*; relèvemens du compas.

TAMAR. On construit un nouveau phare à l'entrée de cette rivière.

HOBART-TOWN (Fanal). Établi sur l'île *Iron-Pot*, à l'entrée de la rivière Derwent. C'est un feu *fixe*, élevé de 70 pieds anglais au-dessus de la mer, restant au N. 66° O. du cap *Raoul*; au N. 15° O. du cap *Frédéric-Henry* dans l'île Bruny. On le voit à 5 lieues de distance.

. BRUNY (Phare). Son sommet est à 339 pieds (anglais) au-dessus des hautes mers. La tour, entièrement blanche, a 44 pieds et est une bonne remarque de jour. Son *feu est tournant*; la révolution de l'appareil s'achève en 5′, mais les éclipses ont lieu de 5o″ en 5o″.

Les relèvemens suivans y ont été pris au compas : *Whale's - Head* S. 41° 15′ O. ; S. E. Cape, S. 44° 3o′ O. ; brisant S. E. (île *Actæon*) S. 39° 4′ O. ; l'île S. d'*Actæon* S. 49° 3o′ O. ; l'île N. d'*Actæon* S. 59° O. ; le rocher *George III*, S. 69° 14′ O. ; la *Roche blanche* S. 79° 4o′ O.; le rocher *Eddystone* S. 3° 45′ O. ; *Pedra blanca* S. 5° 45′ O. ; la p^te *Tasman* S. 89° 5o′ E. ; Le Frère S. (la plus S. des îles *Borul*), S. 79° E. (var. 12° 11′ E.).

FIN.